자본주의
길들이기

자본주의 길들이기
자본과 자본 아닌 것의 역사

초판 1쇄 발행 / 2016년 5월 10일

지은이 / 장문석
펴낸이 / 강일우
책임편집 / 정편집실
조판 / 신혜원
펴낸곳 / (주)창비
등록 / 1986년 8월 5일 제85호
주소 / 10881 경기도 파주시 회동길 184
전화 / 031-955-3333
팩시밀리 / 영업 031-955-3399 편집 031-955-3400
홈페이지 / www.changbi.com
전자우편 / human@changbi.com

ISBN 978-89-364-8603-7 93920

* 이 저서는 2012년 정부(교육부)의 재원으로 한국연구재단의 지원을 받아 수행된
  연구임(NRF-2012S1A6A4021501).

자본주의 길들이기

자본과 자본 아닌 것의 역사

장문석 지음

창비

"아무도 보는 사람들이 없을 때에는 이딸리아 여자처럼
정열적이지만, 세상 사람들이 개입하기만 하면
쌀쌀하게 점잔을 뺀다."
—오노레 드 발자끄 『골짜기의 백합』

"그렇습니다. 허영심이야말로 분명한 약점이죠.
하지만 진정한 의미에서 훌륭한 지성을 갖춘 사람이라면
오만함을 적절하게 통제할 수 있다고 생각합니다."
—제인 오스틴 『오만과 편견』

　자본주의는 우리 시대에 강력한 자성을 띤 은닉된 쟁점이다. 모든 문제의 나침반이 그것을 가리키고 있다. 그런데도 정작 공적 토론에만 들어가면 나침반들이 정신없이 흔들리고 제멋대로 돌아가기 시작한다. 그러니 생산적인 토론이 이루어질 턱이 없다. 힘들게 토론이 시작돼도 변죽만 울리고 끝나버린다. 이처럼 자본주의가 그 중요성에 걸맞은 방식으로 진지한 토론의 대상이 되지 못하는 데는 몇가지 이유가 있는 듯하다. 그 이유를 열거하면서 대안을 제시하다가 자칫 결론 ── 아니, 결론이 있기는 한 건가? ── 을 미리 누설할까 두렵지만, 누설도 독자들의 이해를 돕는 한 방편일 수 있음을 고려하면 어쨌든 위안이 된다. 다시 질문하도록 하자. 자본주의라는 그토록 중요한 쟁점이 왜 생산적으로 다루어지지 못하고 있는 걸까?

　무엇보다 자본주의에 대한 정의 자체가 제각각이다. 어떤 사람들은 자본주의를 시장경제와 동일시한다(심지어 자본주의는 경제 일반이다). 그러나 시장경제가 자본주의보다 역사가 훨씬 오래되었음은 틀림없는 사실이다. 이 단순한 사실 하나만으로도 양자를 동일시할 수 없다는 점은 명백해질 것이다. 사적 소유제에 대해서도 이와 비슷한 말을 할 수 있다. 그러므로 시장과 소유권은 자본주의라는 비행기의 비즈니스 클래스에 있다고는 할 수 있지만 어디까지나 승객이지 비행기 자체는 아니다. 그런가 하면 어떤 이는 자본주의를 자본-임노동 관계로 정의한다. 그러나 역사적 사회과학의 지혜는 자본주의가 임노동제 외에 다양한 노동형태나 생산양식과 결합할 수 있음을 보여준다. 임노동이 비즈니스 클래스를 차지해오기는 했지만, 이코노미 클래스에도 노예제와 농노제, 심지어 사회주의 같은 승객들이 어엿하게 좌석을 점유해왔다. 한편, 비행기는 하늘을 날아야 의미가 있듯이, 자본도 증식되어야 가치가 있다. 그런 면에서 자본축적으로 자본주의를 정의하는 것은 앞의 경우들보다는 상대적으로 더 설득력 있어 보인다. 그러나 자본축적 자체는 비록 일회적일지라도 이미 자본주의 이전에도, 혹은 사회주의 체제에서도 있었다. 그러므로 자본축적 자체가 아니라 자본축적을 가능하게 하는 어떤 원리를 내포하는 특정한 기제(메커니즘)나 체제(시스템)가 자본주의로 불릴 만한 것이다. 그렇다면 여전히 자본주의라는 비행기는 자욱한 구름 속을 날고 있는 셈이다. 자본주의를 둘러싼 이런 정의의 모호함이야말로 생산적 토론을 방해한 원인이었을 것이다(자본주의에 대한 정의를 둘러싼 복잡한 논의는 서장에서 구체적으로 다룬다).

　그러나 자본주의에 대한 정의의 모호함뿐만 아니라 (이와는 대조적인) 자본주의에 대한 태도의 극단성도 생산적인 토론을 방해한다. 한편에서는 자본주의가 마치 공기처럼 당연하고 영원한 것으로 간주된다. 말하자면 인간 본성에서 발원한 것으로 인류사의 원초적인 현상이라는 것이다. 다른 한편에서는 자본주의가 마치 셰익스피어의 저 유명한 반영웅인 샤일록을 연상시키는 극도로 비인간적이고 반사회적인 탐욕과 착취라는, 근절되어야 할 악으로 간주된다. 적어도 한때는 그렇지 않았을지도 모르지만 지금은 인류사의 진보를 가로막는 장애물이라는 것이다. 그렇다면 이런 양 극단에서 자본주의는 영원하거나 폐절되거나 둘 중 하나여야 하는 셈이다. 다행히도, 이런 극단적 태도들 사이에 자본주의가 지속될지 붕괴할지를 합리적으로 예측하려는 입장이 있다. 이런 입장의 연구자들은 이렇게 묻는다. "자본주의는 미래가 있는가?" 그러면서 자본주의가 지속될 수 있는 조건과 그럴 수 없는 조건을 추론한다. 그리고 이런 추론으로부터 자본주의의 지속과 붕괴, 변형 등에 대한 정교한 이론을 구축하려고 한다. 확실히, 이는 극단적 호불호의 태도보다는 자본주의의 진실에 접근할 수 있는 건설적인 태도이기는 하다. 그러나 자본주의가 어디로 갈 것인지는 그것이 어디에서 왔는지를 알아야만 답변될 수 있다. 자본주의의 미래에 대한 예측은 그 과거에 대한 자료를 필요로 한다. 한마디로 이론은 역사를 요청하는 것이다.

그러므로 이 책에서는 정의의 모호함과 태도의 극단성을 교정하는 대안으로서 역사적 접근법을 채택한다. 거두절미하고 물음은 이렇다. 자본주의는 과거가 있는가? 이 물음은 일견 어리석다. 지상에 존재하는 것치고 과거가 없는 것은 없으니 말이다. 그러나 자본주의가 자신의 과거를 망각한 듯이 보이는 오늘날의 현실에서 어리석은 질문은 미몽을 깨우는 효과가 있다. 무릇 부모가 없는 자식이 없듯이, 과거가 없는 현재도 없다. 그런데도 종종 자식은 저 홀로 큰 것처럼 군다. 그러나 지치고 아프고 늙어가며 자신을 키워준 부모의 보살핌을 새삼 그리워하게 될 것이다. 자본주의도 마찬가지가 아닐까? 자본주의도 저 홀로 큰 것처럼 굴지만, 자본주의의 과거는 자본주의의 성장에 필요한, 자본주의를 둘러싼 다양한 비자본주의적 환경의 중요성을 밝혀준다. 자본주의는 비자본주의적 타자들의 도움을 얻어 발전해온 것이다. 본문에서는 자본주의적 발전의 조건이 된 다양한 비자본주의적 타자들, 예컨대 가족, 교회, 공동체, 국가, 이데올로기, 도덕, 의지, 욕망, 감정, 상상력 등이 실제 어떤 방식으로 자본주의 역사의 일부가 되었는지를 밝혀보았다. 그러나 이 목록에 머리말이라는 공간의 특권을 이용해 하나 더 추가하고 싶은 게 있다. 인문학이 그것이다. 가령 한 시민이나 직원이 투키디데스를 읽고 안 읽고의 차이가 자본주의적 발전과 그것이 야기할지 모를 사회적 비용의 절감에 어떻게 기여할 수 있을지를 한번 증명해보고 싶다. 틀림없이 시도해볼 만한 작업이리라.

이상의 논점을 인정하면, 자본주의가 저 홀로 영원하리라는 가설도, 아니면 자본주의가 조만간 사라지리라는 가설도 안이하게 받아들일 수 없다. 역사는 자본주의가 다양한 비자본주의적 요소들을 수용하는 남다른 포용성과 기민함을 통해 위기를 관리하며 혁신적 잠재성을 펼쳐냈음을 보여준다. 이 책에서 다룬 자본주의의 역사도 자본주의가 스스로를 통제하면서 동시에 발전해나간 이중적 과정에 대한 것이다. 그러므로 문제는 자본주의와 자본주의가 아닌 것들의 공존과 혼종을 통해 이루어지는, 복잡하고 모순적인 형태의 자본주의적 발전이다. 자본주의와 반자본주의를 대결시키는 입장이 아니라 자본주의와 비자본주의

8

의 조합과 배열을 사유하는 입장이 필요한 것이다. 아닌 게 아니라 자본주의의 혁신적 잠재성을 극대화하는 최적의 조합과 배열을 찾아내는 작업은 거대한 지적 도전이 아닐 수 없다. 그리고 그런 최적의 조합과 배열은 자본주의의 완성이지만 어쩌면 자본주의의 극복이 될 수도 있을 것이다(현대 자본주의에 대한 입장들을 둘러싼 토론은 부분적으로 에필로그에서 다루었다).

결국 이 책은 자본주의의 과거가 보여주는 자본주의적인 것과 비자본주의적인 것의 파노라마를 추적한다. 그리고 자본주의의 '오만'(hybris)이 그리스 비극들에서처럼 파멸을 부를 수도 있음을 경고한다. 그러므로 자본주의가 최고의 성공을 구가할 때만큼 최대의 겸양이 필요한 때는 없으리라고 조언한다. 요컨대 자본주의는 손님들을 '환대'(hospitalité)해야만 한다는 게 이 책의 문제의식이다. 일찍이 관용의 사색가 몽떼뉴(Michel de Montaigne)는 종교전쟁의 한가운데에서도 불청객들조차 거부감이나 두려움 없이 당당한 태도로 맞이했다는데, 문을 걸어 잠그지 않는 것이 집을 지킬 뿐만 아니라 집을 키우는 최선의 계책이었던 셈이다. 이런 문제의식이 필연적으로 어떤 현재적이고도 실천적인 결론으로 나아갈 것인지는 딱히 정해져 있지 않다고 생각한다. 그에 대해서는 각자가 판단할 몫일 터이다. 그럼에도 이 책의 각 부분에 자본주의의 '과정의 논리'가 어떤 현실로 귀착될지, 나아가 자본주의에 대한 '논리의 과정'이 어떤 입장으로 귀결될지 암묵적으로건 명시적으로건 나타나 있다고 생각한다. 그런 입장이 자본주의에 대한 생산적인 토론에 일조했으면 하는 바람이다.

이 책의 기원은 20여년 전 필자의 석사 과정 시절로 거슬러 올라간다.

그때 필자는 19세기 이딸리아 농촌기업을 공부하면서 비자본주의를 매개로 하는 자본주의에 의한 자본주의 통제라는, 이 책을 관통하는 문제의식을 처음 착상했다. 그와 동시에 이 책은 한 비범한 역사가의 통찰, 그러니까 자본주의는 자본주의적이기만 했기에 성공한 것은 아니라는 깨달음에도 힘입은 바가 크다. 그의 이 구절을 처음 읽을 때는 잘 몰랐으나 몇번 다시 읽는 과정에서 이 책의 구상이 한꺼번에 떠올랐다. 본문에서 재론할 테지만, 그런 점에서 그에게 제일 먼저 감사의 말씀을 드려야 온당할 것이다. 한편, 한국연구재단의 저술출판지원사업에서 이 연구 계획의 타당성을 평가하고, 그 결과물을 과분하게 인정해주신 익명의 심사위원들, 아울러 연구를 지원해주신 한국연구재단에도 감사드린다. 또한 책의 출간을 제의해주신 백영서 선생님을 비롯하여 출판을 결정하고 편집 과정에서 귀한 조언을 주신 창비 관계자 여러분과 박대우 팀장님 외 편집자들께 머리 숙여 감사의 말씀을 전한다. 좋은 책으로 보답했으면 하는 바람뿐이다. 한 연구자의 생산물은 온전히 그의 것만은 아니다. 그가 배운 모든 은사님과 선후배 동료, 그를 둘러싼 모든 환경의 도움을 통해서만 학술적 생산은 가능하다. 서울대학교 서양사학과에서 배운 모든 것과 영남대학교 역사학과에서 얻은 모든 것, 그리고 나의 가족이 베풀어준 사랑과 배려가 없었다면 이 생산물은 여기 있지 못할 것이다. 이 모든 나의 일부에게 감사하는 마음으로 토닥토닥 등을 두드려주고 싶은 심정이다.

2016년 4월
경산에서 장문석

10

일러두기

* 외국의 인명과 지명 등 고유명사는 현지 발음에 가깝게 적는 창비 표기법에 따라 경
  음으로 표기했다. 단, 일부는 관용을 존중했다. 예컨대 이딸리아 기업 피아뜨(Fiat)
  는 '피아트'로 표기했다.

자본주의 해체하기?

"바보야, 문제는 경제야!" 미국의 전 대통령 클린턴(Bill Clinton)이 유행시켜 다양하게 패러디된 유명한 문구다. 요즘도 자주 들을 수 있는 말이다. 그러나 이 말을 들으면 이렇게 되받아 응수하고 싶다. "바보야, 경제가 전부는 아니야!" 여기서 '경제'라는 단어 대신에 '자본주의'를 대입해도 좋다. "자본주의가 전부는 아니다." 그렇다면 무엇이 문제인가? 물론 경제도 중요하고 자본주의도 중요하다. 이 점은 조금도 의심할 수 없다. 그러나 경제는 홀로 설 수 없고, 자본주의도 마찬가지다. 그런데도 경제를 모든 문제의 근원으로 생각하거나 자본주의를 시장과 경쟁으로만 이루어진 순수하고 투명한 경제 시스템으로 간주한다. 한때 맑스주의가 경제결정론이라거나 자본주의 환원론이라고 비판받던 시절이 있었는데, 맑스주의가 퇴장한 다음에 새로운 방식으로 결정론과 환원론이 우리네 삶을 지배하고 있는 것 같다.

이 책은 바로 경제의 중심성, 자본주의의 순수성에 대한 하나의 반대 토론이다. 이 책에서 경제는 경제가 아닌 것과, 자본주의는 자본주의가 아닌 것과 공존하며 양자는 복잡하게 얽혀 있음을 보여주고자 한다. 그런 점에서 이 책은 일종의 해체작업을 수행한다. 일찍이 데리다(Jacques Derrida)는 텍스트가 고정된 의미의 산출자가 아니며, 기호는 흩어지는 의미와 부재하는 현존을 지시할 뿐이라고 말했다. 그는 그 어떤 고정된 중심도 거부하면서 중심에 의해 주변화된 타자성을 인정하고 차이의 논리를 해방하고자 했다. 물론 이 책에서 데리다적 의미의 엄격한 해체론을 적용하지는 못할 것이고, 또 그럴 필요도 없다. 그러나 경제의 중심성과 자본주의의 순수성에 의문을 제기할 수는 있으며, 이것이 바로 이 책에서 시도하는 해체의 의미다.

간단한 예를 들어보자. 19세기 후반 이딸리아에서 산업자본주의를 대표한 인물이 바로 직물기업가 알레산드로 로시(Alessandro Rossi)다. 그는 국가가 사회입법을 통해 자본-노동 관계에 개입하려고 했을 때 상원의원으로서 이를 비타협적으로 거부한 인물이다. 그런 그가 아이러니하게도 몇년 후 경제에 대한 국가 개입을 상징적으로 대표하는 보호주의 법안을 발의했다. 물론 외국산 직물과 치열한 경쟁을 벌이며 경제의 최전선에서 싸우던 기업가의 현실적 필요 탓이었다. 이때 그의 동료 기업가인 깜브레이-디니(Luigi Guglielmo Cambray-Digny)는 로시의 단호한 보호주의 주장을 듣고서 마치 태양이 지구 주위를 돈다는 말을 들은 것처럼 얼떨떨했다고 토로했다. 자유무역을 신주단지처럼 모셔왔던 깜브레이-디니의 정신세계에서 국가가 경제에 개입해야 한다는 주장은 천동설이 옳다고 주장하는 것과 다를 바 없는 억지에 불과했

14

던 것이다.

그러나 실제로 역사가 보여준 바는 보호주의가 일정한 한계에도 불구하고 이딸리아 자본주의의 앞길을 터주었다는 사실이다. 로시는 가장 현실적인 기업가였지만, 바로 이 현실주의 때문에 역설적이게도 선지자가 되었다. 그리고 깜브레이-디니에게는 충격적이게도 이딸리아에서 태양은 계속 지구 주위를 돌았다! 만일 당대에 통용되는 상식과 통념을 조금도 의심하지 않고 굳게 믿는 성향을 지닌 깜브레이-디니가 갈릴레이의 시대에 살았더라면, 그래서 "그래도 돈다"라는 갈릴레이의 말을 들었더라면, 마찬가지로 엄청난 충격을 받았을 가능성이 크다. 그래도 깜브레이-디니의 충격에는 아랑곳하지 않고 지구는 계속 태양 주위를 돌지 않았겠는가!

깜브레이-디니의 일화는 자본주의가 국가와 같은 자본주의가 아닌 것들의 도움을 필요로 하고 이를 통해 발전할 수 있다는 간단한 사실조차 순수한 자유무역 중심론이 받아들이지 못했음을 풍자하고 있다. 그 무엇이 되었든지 간에 고정되고 순수한 중심을 상정하는 것은 어리석고 위험한 일일 수 있다. 그렇듯 눈꽃처럼(!) 결백한 순백의 사고 속에서, 필경 경제는 경제가 아닌 것들과, 또 자본주의는 자본주의가 아닌 것들과 공존하고 협력하면서 발전한다는 주장은 일찍이 시인 릴케(Rainer Maria Rilke)가 노래했던 바대로 "순수한 모순"으로 치부될 법하다. 그러나 순수한 모순이란 시인에게는 어떨지 몰라도 역사가에게 그다지 어울리는 표현은 아니다. 역사적 현실은 결코 순수하지 않은 까닭이다. 이 책에서 탐구할 주제도 다름 아니라 경제와 경제의 타자들, 자본주의와 자본주의의 타자들 사이에 역사적으로 형성된, 어디로 보든 순수하고 단순하지 않은 혼종적이고도 복합적인 관계다.

　자본주의에는 낡은 전통을 일거에 쓸어내버리는 거대한 빗자루와 같다는 이미지가 있다. 언젠가 괴테(Johann Wolfgang von Göthe)는 메피스토펠레스의 입을 빌려 이렇게 말했다. "나는 모든 것을 부정하는 정신이다." 창조적 파괴를 외치는 자본주의적 근대성에 꼭 들어맞는 상투적 표어가 아닌가? 그런가 하면 맑스(Karl Marx)는 자본주의적 근대성을 다음과 같이 경구처럼 표현했다. "굳어진 모든 것은 사라져버리고 신성한 것은 모두 모독당한다." 굳이 거창하게 괴테와 맑스의 입을 빌릴 필요까지도 없다. 오늘날 전방위적으로 오감을 자극하는 광고의 홍수 속에서 혁신을 또 혁신하는 광속도의 변화—"파괴적 혁신"(disruptive innovation)!—가 한때의 신제품들을 급속히 폐기처분하는 과정을 목도하고 있다. 과연 이 모든 말과 영상은 앞길을 가로막는 모든 것을 깨끗이 쓸어버리는 자본주의의 빗자루라는 이미지를 불러온다. 기실, 이런 이미지는 어떤 면에서 자본주의의 본질을 잘 포착하고 있다고 할 수 있다. 그럼에도 다른 면에서는 잘못 표상한 것이기도 하다. 곧 본문에서 살펴보겠지만, 실제로 경제의 최전선에서 싸운 기업가들은 자본주의의 빗자루가 사회까지 쓸어내버리지 못하도록 늘 주의를 기울였다.

　자본주의는 숨 쉬고 목 축이며 영양을 섭취하고 휴식할 수 있는 사회를 필요로 한다. 여기서 사회란 경제나 자본주의가 아닌 것들을 편의상 총칭하는 말이다. 좀더 구체적으로 인간관계와 이로부터 파생한 제도 및 문화의 앙상블로 이해해도 좋다. '사회자본'이라는 말도 있지만, 그것이 원래부터 '자본'이었던 건 아니다. 자본주의에 의해 활용된 이후

16

에야 사회는 '사회자본'이 되었다. 그런 점에서 사회 자체는 오롯이 자본주의와 구별된다. 물론 자본주의가 등장하고 우세해진 이래로 사회는 자본주의적인 성격을 띠게 되었다. 그러나 여전히 자본주의는 사회의 일부이지 전부는 아니다. 자본주의의 첨병인 기업가들도 이 점을 잘 알고 있었다. 그들은 자본주의적 경제발전을 희구했지만, 그 발전 과정에서 사회가 파괴되는 것은 원치 않았다. 그래서 국가 외에 가족, 친족, 이웃관계, 관습, 교회, 이데올로기 등 숱한 사회관계들과 사회제도들을 유지하고 통합하면서도 이것들을 자본주의적 발전에 동원하고 이용하려고 애썼다. 요컨대 기업가들은 자본주의를 따라잡으려고 하면서 동시에 길들이려고 한 것이다.

그런데 기업가들 자신이 자본주의적인 것과 비자본주의적인 것의 경계에 있었다. 기업을 이윤추구를 위한 조직으로 간주하는 것은 정당을 권력획득을 위한 조직으로 정의하는 것만큼이나 교과서적이다. 기업과 마찬가지로 기업가도 전적으로 이윤추구라는 경제적·물질적 동기에만 좌우된다고 단정할 수 없는 것이다. 기업가에게 이윤 극대화는 어쩌면 더 고상하거나 내밀한 어떤 목적을 위한 수단일 수 있다. 기업가를 움직이는 동기는 무엇인가? 일찍이 경제학자 슘페터(Joseph A. Schumpeter)는 기업가의 동기에 왕조 개창자의 권력의지, 스포츠맨의 승부욕, 예술가의 창작열 같은 근원적인 욕구와 갈망이 있다고 주장했다. 어디 그뿐이랴! 본문에서 제시될 것이지만, 유토피아적 사회사상과 애국심 등도 기업가를 움직이는 훌륭한 동기들일 것이다. 물론 기업가가 이윤을 추구하지 않는다고 몽니를 부리려는 것은 아니다. 기업가도 기업가이기 이전에 특정한 제도와 문화 속에서 살아가는 인간임을 이야기하려는 것이다. 가령 기업가가 아버지로서, 가장으로서 갖는 의무와 욕구는 가족 기업의 연속성과 번영을 보증하는 힘이다. 이윤추구욕만이 기업가의 사고와 행동을 결정하는 것은 아니며, 그를 움직이는 욕구는 매우 다양하다. 그러므로 기업가를 연구하기 위해서는 경영학만큼이나 인류학이 필요하다. 결국 자본주의는 자신의 타자들, 즉 비자본주의적인 제도와 문화, 욕망과 감정과 결속되어 있는 것이다. 앞에서 언급한 해체전략이라는 것도 바로 이 비경제들 혹은 비자본주의들이라는 **타자성의 흔적들**을 추적함으로써 자본주의 역사의 근원적인 **탈중심성**을 드러내는 것을 말한다.

결국 이런 해체작업은 논리적으로나 실천적으로 **관용**의 요구로 이어진다. 자본주의는 자본주의의 타자들을 관대하게 허용하고 존중해야 한다는 것이다. 이런 관용의 요구는 자본주의가 아닌 것들을 위해서가 아니라 바로 자본주의 자신을 위해서 필요하다. 역사가 그점을 바로 보여준다. 자본주의의 역사는, 자본주의가 비자본주의적 요소들, 그러니까 가족, 교회, 공동체, 국가, 이데올로기, 나아가 인간의 도덕, 의지, 욕망, 감정, 상상력 등을 흡수함으로써 스스로 맞닥뜨린 숱한 고비들을 용케 헤쳐나오고 뻗어나갔음을 보여준다. 자본주의는 심지어 자신의 반명제인 사회주의마저도 흡수하는 데 성공했다(그 반대는 아니었다)! 실상, 자본주의가 위기 때마다 의지하고 이용할 수 있는 다양한 비자본주의적 도구들을 소지하고 있다는 것은 자본주의로서는 결코 나쁘지 않은 일이다. 이로부터 다음과 같은 간단한 명제가 성립한다. 자본주의의 '불순함' — 혹은 '다양성'으로 읽어도 좋다 — 은 자본주의의 약함이 아닌 강함의 증거다.

내친김에 부연하면, 사실 자본주의는 점점 더 발달할수록 자본주의 이외의 것들을 밀쳐내기는커녕 끌어당기는 경향이 있다. 일찍이 아인슈타인(Albert Einstein)은 질량이 있는 곳에서 공간이 휘어지며, 이 휘어진 공간에서 질량이 작은 물체들은 큰 물체 쪽으로 굴러떨어진다고 보았다. 이것이 바로 중력이다. 이와 유사하게, 자본주의라는 엄청난 질량이 있는 곳에서 사회적 공간도 크게 휘어질 것이다. 그 휘어짐으로 말미암아 가족, 교회, 공동체, 국가, 이데올로기, 도덕, 의지, 욕망, 감정, 상상력 등 질량이 상대적으로 작은 비자본주의적 '물체들'은 질량이 큰 자본주의 쪽으로 떨어질 것이다. 말하자면 그런 식으로 자본주의의 중력이 작용하는 셈이다. 이 자본주의의 휘어짐과 중력을 고려하지 않는 순수한 이론으로는 결코 자본주의의 현실을 온전히 설명할 길이 없을 것이다. 그런데도 우리는 의식적으로나 무의식적으로 매끄럽고 반듯하며 진공상태의 자본주의적 평면을 상정하곤 한다. 이런 오류를 바로잡기 위해서는 역사를 보아야 한다. 역사야말로 휘어지고 주름지며 굴절되는 우주이자, 그 속에서 물체들이 구르고 당기며 부딪치는 공간이 아니던가! 그러므로 한 이딸리아 역사가의 말을 패러디하자면, 자본주의를 이해하기 위해서는 먼저 자본주의의 역사를 써야 한다.

본문에서 다룰 내용도 자본주의의 현실이 잘 드러나는 무대로서 산업화 시기의 이딸리아 현대사다. 곧 이딸리아 현대 경제사가 이 책의 주제인 것이다. 혹여 이 책에서 자본주의 일반에 대한 '글로벌한' 접근이나 '일반적인' 결론을 기대한 독자들께는 송구스럽지만, 이 책은 이딸리아의 일국사를 다루고 있다. 그러나 인류사나 지구사만큼이나 일국사와 개인사도 재미와 의미가 있다. 또한 다루는 나라가 우리와 같은 후발 산업국이라면 실천적으로 이끌어낼 수 있는 함의도 풍부할 것이다. 물론 이 책은 일국사를 다루지만 필요에 따라서는 이딸리아 외에 다른 나라의 경우도 되도록 많이 언급하려고 노력할 것임을 약속드린다. 일찍이 재기 넘치는 여행 작가 브라이슨(Bill Bryson)이 이딸리아에 대해 품평했듯이, "이딸리아는 다섯번째 경제대국이니, 이토록 만성적인 무질서 속에서 그런 성과를 이루어냈다는 것은 실로 경이로운 일이 아닐 수 없다."[1] 과연 이딸리아 현대사는 연구자들에게 만성적 '무질서'와 마술적 '경제기적'의 공존을 설명하는 만만찮은 도전의 기회를 제공할 것이다.

이딸리아 자본주의의 역사가 보여주는 흥미로운 단면 하나는 그 원심적 성향에 있다. 이딸리아 자본주의를 한마디로 규정하는 단일한 특징 따위는 없다. 이딸리아 역사가 천개의 도시들로 나뉜 희대의 다양성을 보여주듯이 이딸리아 자본주의도 누적된 역사의 퇴적더미들이 켜켜이 쌓인 극히 복잡한 구조와 문화 속에서 헤매며 극도로 이질적이고 혼종적인 경제 제도들을 한아름 품고 전진해나갔다. 이런 것이 혹시 '지중해식 발전 경로'일까? 지중해 연안에서는 고대에서 현대까지 새로운 것들이 낡은 것들을 밀어내기보다는 서로 끌어당길 뿐이다. 하나가 다른 하나를 대체하는 것이 아니라 하나 위에 다른 하나가 끝없이 쌓이는 격이다. 만일 그런 '지중해식 발전 경로'가 있다면, 이딸리아는 유일하게 성공한 국가일 것이다. 이런 다양성과 혼종성 때문에 이딸리아 자본주의는 단일하고 고정된 중심을 설정하는 형이상학적 체계화 작업보다는 중복과 공백, 모순과 실수, 인용과 주석에 주목하는 해체전략이 상대적으로 더 수월하게 이루어질 수 있는 텍스트처럼 보인다. 이딸리아 자

20

본주의의 역사 자체가 '해체적'인 셈이다. 바로 이 점이 경제의 중심성과 자본주의의 순수성에 의문을 제기하려는 문제의식에 이딸리아가 제법 잘 어울리는 연구대상이라고 생각하는 이유이기도 하다.

끝으로 이딸리아 자본주의가 보여주는 정말이지 흥미로운 특징 하나를 소개함으로써 프롤로그를 마무리하고자 한다. 그 특징이란 이딸리아에서 자본주의가 국가나 가족과 같은 비자본주의적 전통 제도들은 물론이요, 파시즘이나 공산주의와 같은 반자본주의적 이데올로기들까지 발전에 동원하고 흡수했다는 것이다. 이딸리아 자본주의가 보여준 이 왕성한 소화력 앞에서는 절로 경의를 표하게 된다. 그러나 먹을 것과 못 먹을 것을 가리지 않고 먹어치운 이딸리아 자본주의의 위장에 탈이 나지 않았을까 걱정되는 것도 사실이다. 물론 이 책에서 이딸리아 자본주의라는 환자의 소화기를 정밀 검사하여 입원 치료를 제안하는 일은 하지 않을 것이다. 비록 이딸리아에서 예나 지금이나 유행하는 실패와 미완, 후진성의 담론이 보여주듯이 환자의 엄살이 다소 심하기는 해도, 아직은 때가 이른 듯하다. 이 환자는 탈이 났어도 늘 그렇듯 놀라운 치유력으로 여전히 잘 생활하고 있으니까 말이다. 다만, 환자의 식생활에 대해 문진을 실시하고 신체 징후들을 관찰할 필요는 있다. 이 정도의 문진과 관찰만으로도 자본주의의 역사라는 데이터베이스에 의미 있는 자료 하나를 추가할 수 있으리라고 기대한다.

자본주의 따라잡기, 자본주의 길들이기

자본주의의 정의

'자본주의'(capitalism)라는 말만큼 널리 사용되면서도 막상 정의하려면 막연하게 느껴지는 개념도 달리 없다. 우리는 자본주의를 어떻게 정의할 수 있을까? 자본주의라는 말의 어원이 되는 '자본'(capital)은 일반적으로 '축적된 부'를 가리키는 말로서 이 말의 유래를 거슬러 올라가면 가축의 머릿수를 나타내는 고대 라틴어 '카푸트'(caput)에 이른다. '자본'이라는 말에서 파생한 '자본가'(capitalist)란 말도 영국 산업혁명 이후인 18세기 후반경에 들어 널리 사용된 것으로 보인다. 그러나 '자본주의'란 말만큼은 매우 최근에 만들어진 개념인 듯하다.

인류학자 구디(Jack Goody)에 따르면, '자본주의'란 말은 영국 소설가 새커리(William Thackeray)가 1854년에 출간한 『뉴컴 일가』(*The*

Newcomes)에서 당시 존재하는 경제 체제를 언급하면서 처음 사용되었다고 한다. 1867년에 독일의 맑스는 자본주의에 대한 치밀하고도 비판적인 분석을 제시한 기념비적인 책『자본』(*Das Kapital*) 제1권을 발간했는데, 놀랍게도 이 책에서는 "자본주의적 생산양식"과 같은 표현은 사용되었지만 정작 '자본주의'라는 표현은 나타나지 않았다.[1]

자본주의가 하나의 개념으로서 본격적으로 발전하기 시작한 것은 20세기 들어와서의 일인 것 같다. 자본주의라는 말의 유통에 기여한 학자와 저작으로는 단연 좀바르트(Werner Sombart)와 그의 1902년작『근대 자본주의』(*Der moderne Kapitalismus*), 베버(Max Weber)와 그의 1905년작『프로테스탄티즘의 윤리와 자본주의 정신』(*Die Protestantische Ethik und der Geist des Kapitalismus*), 슘페터와 그의 1942년작『자본주의, 사회주의, 민주주의』(*Capitalism, Socialism and Democracy*) 등을 들 수 있겠다. 좀바르트와 슘페터는 자본주의가 몰고 온 변화를 "창조적 파괴"라는 표현으로써 파악하고자 했고, 베버는 맑스를 의식하면서 북서유럽에서 개인들을 노동으로 이끌고 부를 축적하게 만드는 데 프로테스탄티즘 ─ 특히 깔뱅주의 ─ 이 수행한 역할을 강조하면서 자본주의 정신의 기원을 분석했다.

그렇다면 다시 질문을 던져보자. 자본주의란 무엇인가? 이딸리아 경제학자 뜨렌또(Sandro Trento)에 따르면, 자본주의는 일단 "자본의 축적 과정을 특징으로 하고 이윤을 그 목표로 삼으며 자본재가 사적으로 소유되는 사회경제 체제"를 말한다. 이런 정의는 우리가 통상적으로 이해하는 것과 유사하여 무난하게 받아들일 수 있는 것 같다. 그런데 뜨렌또는 예컨대 소련 공산주의에서도 대략 경제개발 5개년 계획이 시작되는 1928년 이후부터 1950년대에 이르기까지 대규모 투자가 이루어지고 자본이 축적되었다고 볼 수 있으므로 자본축적 자체는 자본주의만의 특징은 아니라고 본다. 그렇다면 사적 소유는 자본주의만의 고유한 특징이라고 할 수 있는가? 이 역시도 의심쩍은데, 왜냐하면 근대 이전에도 다양한 형태의 사적 소유가 존재했으며, 근대 이후 사회주의 체제에서도 가령 티토의 유고슬라비아가 보여주었듯이 사적 소유는 상당 정도로 허용되었기 때문이다. 게다가 자본가가 꼭 생산수단의 소유자인 것만은 아닌데, 왜냐하면 생산수단을 임차하는 방식으로 생산수단을 점유한 사람도 자본가로 간주될 수 있기 때문이다.[2]

그리하여 뜨렌또의 정의에서 남는 것은 자본주의가 이윤추구를 목표로 하는 사회경제 체제라는 것이다. 누가 이윤을 추구하는가? 즉 자본주의라는 드라마의 주인공은 누구인가? 주인공을 알면 그 드라마가 보일 것이다. 예컨대 햄릿이나 리어왕이 주인공이라면 그 드라마는 비극임에 틀림없다. 만일 주인공이 페트루시오나 샤일록이라면 희극일 것이다. 자본주의라는 드라마에서 이윤을 추구하는 사람은 통상 자본의 소유자 혹은 임차인으로서의 자본가일 것이다. 그러나 자본을 단지 소유하거나 임차하는 것만으로는 가치가 창출되고 자본이 증식되지 않는다. 자본은 활용되어 가치를 창출함으로써 증식된다. 그렇다면 누가 자본을 이용하여 가치를 창출하고 자본을 증식시키는가? 그가 바로 **기업가**(entrepreneur)다. 그러므로 자본주의라는 드라마의 주인공은 자본도 아니요 자본가도 아니라 기업가라고 볼 수 있다.

기업가는 자본과 생산수단을 통제하고 기업을 경영하는 사람이다. 그는 무엇을, 어떻게 생산하고 어떻게 기업을 조직할지에 대해 선택하고 결정한다. 그런데 그의 선택과 결정은 경쟁적이고 불확실한 시장에서 이루어진다. 시장에는 수많은 기업가가 존재하고 각 기업가는 소비자들에게 경쟁자의 제품 대신 자신의 제품을 구매하라고 설득할 수 있어야 한다. 그러려면 소비자의 구매 의욕을 불러일으키고 경쟁자들의 제품에 대해 비교우위를 가질 수 있는 새로운 제품을 생산해야 하며, 이를 위해 혁신을 수행해야 한다. 그래도 결과는 여전히 불확실하다. 기업가가 수행하는 모든 선택과 결정에는 위험이 따르는 것이다. 그러므로 기업가의 본질은 위험을 무릅쓰고 혁신을 수행한다는 사실에 있다. 이런 맥락에서 뜨렌또에 따르면, 자본주의의 주인공이 기업가라면 자본주의는 "기업가가 반드시 생산수단을 소유하지는 않으나 통제하는 사회경제 체제"이자 "혁신을 야기하는 가공할 만한 사회적 기제"일 것이다.[3]

뜨렌또의 정의는 필경 슘페터의 전통을 잇고 있다. 슘페터는 경제발전의 동력이 기본적으로 혁신에 있다고 보았는데, 그가 말하는 기업가란 단순히 기업을 소유하거나 경영하는 사람이 아니라 '창조적 파괴'를 수행하는 혁신자를 뜻한다. 요컨대 슘페터가 말하는 혁신적 기업가는 기성의 생산 요소들을 새로운 방식으로 조합함으로써("새로운 결합") 경제의 순환 상태를 깨뜨리고 경제발전을 추동한다는 점에서 단순한 관리 기능을 수행하는 경영자와는 완전히 구별되는 존재다. 그와 같은 '새로운 결합'은 다음의 다섯가지 경우를 포함한다. 새로운 재화의 생산, 새로운 생산방법의 적용, 새로운 판로의 개척, 원료 및 반제품의 새로운 공급원 확보, 독점적 지위의 형성이나 독점의 타파와 같은 새로운 조직의 실현이 그것이다.[4] 그렇다면 슘페터-뜨렌또의 자본주의는 일단 무한경쟁의 시장경제 속에서 기업가들이 위험을 무릅쓰며 혁신을 주도하고 이윤을 획득하는 사회경제 체제를 뜻하는 것으로 보아도 무방할 것이다. 그리고 이는 '창조적 파괴'라는 자본주의에 대한 통상적인 이미지에도 부합한다.[5]

자본주의, 이상형에서 역사로

그렇다면 자본주의는 역사적으로 언제 등장했는가? 인류학자 폴라니(Karl Polanyi)에 따르면, 19세기 영국에서 자기조정적(self-regulating) 시장경제에 바탕을 둔 자본주의가 지배적인 질서가 되었다고 한다. 또한 이때 인간 사회는 시장의 힘에 복종해야 한다는 시장 자유주의의 교리가 확산되었다고 한다. 폴라니는 이와 같은 사회에 대한 경제의 자율성과 우위가 인류 역사에서 완전히 새로운 것이었다고 보았다. 근대 이전 사회들에서는 상호성(reciprocity)과 재분배(redistribution)의 원리에 기초하여 경제를 사회적으로 통제했으나 19세기에 들어서면서 경제적 침투에 대한 사회적 보호막이 제거되고 말았다는 것이다. 요컨대 사회에 묻혀 있던 경제가 솟아 나와 자율적인 힘으로 정립된 것이다. 폴라니는 이와 같은 인류 역사의 근원적 변화를 가리켜 "거대한 변환"(great transformation)으로 명명했다.[6]

그런데 폴라니가 말하는 '거대한 변환'에는 다른 의미도 내포되어 있다. 원래 사회에 묻혀 있던 경제가 사회에서 솟아나와 사회를 지배하게 된 '거대한 변환'과 동시에 경제를 사회에 되묻으려는 또다른 '거대한 변환'이 그것이다. 이 후자의 사회적 보호운동은 이미 19세기에 시작되어 1930년대에 미국의 뉴딜 정책, 이딸리아 파시즘, 독일 나치즘의 부상과 더불어 자본주의적 시장경제로부터 사회를 보호하려는 대대적인 움직임으로 연결되었다. 그렇다면 '거대한 변환'은 사회에 대한 경제의 지배와 경제에 대한 사회의 보호라는 두가지 운동 모두를 가리킨다. 폴라니는 이렇듯 상반되는 동시대적인 운동들에 주목하면서 19세기 사회사를 "이중적 운동"(double movement)의 결과로 파악했다. 요컨대 자기조정적 시장경제에 기초한 자본주의의 확산이 필연적으로 비자본주의 세력의 반응을 야기했다는 것이다.[7]

폴라니의 논의에서 흥미로운 것은 전(前)자본주의 세력 역시 자기조정적 시장경제에 대항하여 사회를 보호하는 힘으로 나타났다는 점이다. 그 사례가 바로 1795년부터 1834년까지 영국의 농촌 빈민을 구제하기 위해 도입된 스피남랜드법이었다. 이 법은 농촌 가계의 임금을 보전해주는 효과를 통해 사실상 '생존권'을 도입했다. 스피남랜드법으로 대표되는 농촌의 온정주의적 조치는 경쟁적 노동시장과 새로운 자본주의 경제의 등장을 방해했다. 그러나 이 법은 국고를 고갈시키고 빈민의 나태를 조장한다고 하여 신랄한 비판을 받았다. 그리하여 1834년의 신구빈법은 '생존권' 대신 시장에 기초한 '임노동제'를 도입함으로써 자본주의 경제에 대한 사회적 보호막을 철거했다. 이제 경제적 논리가 사회적 논리를 지배하기 시작했다. 자본주의적 중간계급의 야망이 전자본주의적 지주계급의 온정을 대체한 것이다. 그러나 스피남랜드법이 자본주의적 시장경제의 질주로 야기된 급격한 사회적 해체를 지연시키지 않았더라면 자본주의 경제의 번영은 지속 가능하지 못했을 것이라고 볼 수도 있다.[8]

확실히, 폴라니의 논의는 자본주의가 다양한 전자본주의 혹은 비자본주의 세력과의 관계 속에서 발전한다는 점을 잘 보여준다. 그러나 폴라니는 그와 같은 전자본주의·비자본주의 세력과 자기조정적 시장에 기초한 자본주의를 너무 선명하게 구별했다. 가령 그는 스피남랜드법과 신구빈법, 생존권과 임노동제, 온정주의와 자유경쟁을 대립시키면서 19세기 영국에서 자기조정적 시장경제가 승리했다고 보았지만, 이런 이분법적 견해는 다소 과장된 것처럼 보인다. 역사가 홉스봄(Eric Hobsbawm)은 자본주의가 전자본주의적이거나 비자본주의적인 것들에 크게 의지한 것이 엄연한 역사적 사실이라고 강조했다. 그는 자본주의가 역설적이게도 자본주의가 아닌 것들, 즉 자본주의의 타자들로 이루어진 모순적이고 복합적인 환경 속에서 발전했으며, 그런 점에서 그것을 둘러싼 환경에서 분리하여 순수한 형태로 추상화하기보다는 자본주의를 있는 그대로의 역사적 형태 속에서 이해해야 한다고 주장했다. 이와 관련하여 홉스봄은 예의 날카로운 통찰력으로 다음과 같이 쓰고 있다.

우리가 숨 쉬고 있고 우리의 모든 활동을 가능케 하는 공기를 우리가 당연한 것으로 여기듯이, 자본주의는 그것의 작동이 이루어지는 환경, 그것이 과거로부터 물려받은 환경을 당연한 것으로 여겼다. 공기가 희박해졌을 때에야 비로소 자본주의는 그런 환경이 얼마나 중요했던가를 발견했다. 바꾸어 말하면 자본주의는 자본주의적이기만 했던 것이 아니었기 때문에 성공했다.[9]

이 인용문은 중요하게 다루어져야 한다. 그것은 한 관록 있는 역사가의 오랫동안 숙성된 사유로부터 터져나온 쩌렁쩌렁한 일성일 것이니 말이다. 인용문의 요점은 이렇다. "자본주의는 자본주의적이기만 했던 것이 아니었기 때문에 성공했다." 자본주의는 자신의 타자들을 재량껏 수용하고, 스스로가 다른 것으로 변화할 수도 있음을 기꺼이 용인함으로써, 마주친 위기들을 타개하며 성공할 수 있었다는 것이다. 반면, 자본주의가 자아의 순수성을 고집하면서 비자아, 곧 타자들을 적으로 돌리게 될 때, 자본주의는 고립될 것이며 작은 위기조차 온전히 극복해내기 힘들어질 것이다. 그러므로 자본주의와, 자본주의를 둘러싼 복합적인 역사적·사회적 환경을 통합적으로 파악하고, 또 비자본주의적 환경이 자본주의에 변형을 가하는 과정을 올바르게 이해할 필요가 있다. 이런 것이 바로 자본주의에 대한 역사적 접근이다.

그렇다면 뜨렌또, 슘페터, 폴라니가 이해하는 경쟁적 시장과 위험을 무릅쓰는 기업가적 혁신에 기초한 자본주의는 역사적 형태라기보다는 베버적인 의미의 이상형인 것으로 보인다. 이상형은 의미 있는 발견 수단이자 분석 도구지만 그 자체가 역사적 현실은 아니다. 그러므로 뜨렌또, 슘페터, 폴라니의 정의로부터 시작하되 역사적 현실로 하강해야 한다. 맑스도 자본주의에서 자본을 추상화하여 자본의 순환을 법칙적으로 파악하고자 했으나 역사적 현상으로서의 자본주의에 대한 분석은 숙제로 남겨놓았다. 그런 공백을 예민하게 의식한 사람이 바로 역사가 톰슨(Edward P. Thompson)이다. 그는 "자본주의적 생산양식은 자본주의가 아니다"라고 단언하면서 "자본의 순환에서 자본주의로 옮겨가는 것, 즉 결정론이 절대적인 것으로 보이는 고도로 개념화되고 추상화된 생산양식에서 압력의 행사로서의, 다시 말해 더 폭넓은 (때때로 대항적이기도 한) 과정 속의 과정의 논리로서의 역사적 결정으로 옮겨가는 것"이 사회사의 과제라고 역설했다.[10] 즉 순수한 추상적 생산양식으로서의 **자본주의**가 아니라 사적 소유권과 시장경제에 대한 믿음, 이를 보장하는 국가와 시민사회의 다양한 제도들과 이데올로기들을 포함하는 역사적·사회적 총체로서의 자본주의를 연구해야 한다는 말이다.[11]

나아가 이와 같은 역사적 현상이자 사회적 복합체로서의 자본주의는 전자본주의 시대로부터 전수되어온 비자본주의적 성격의 다양한 제도와 가치, 예컨대 국가, 교회, 가족, 촌락공동체, 온정주의, 귀족적 생활방식 등과 복잡하게 뒤섞이면서 발전했다. 그리고 이와 같은 전자본주의적·비자본주의적 요소들은 자본주의의 무한 질주를 견제하면서 계급갈등을 예방하고 사회통합을 유지하는 **사회적** 역할을 수행했던 것으로 보인다. 바꿔 말해, 경제적 번영의 대가로 불가피하게 지불해야 할 사회적 비용을 최소화하는 데 기여했다는 것이다. 그러나 아쉽게도 이런 사실을 부각하는 자본주의 연구는 절대적으로 부족하다. 앞으로 자본주의에 대한 사회적 보호 기능과 제어 역할에 대한 역사 연구가 더 많이 이루어질 필요가 있다.

그런데 홉스봄도 암시하듯이, 비자본주의적 요소들이 자본주의적 발전에 **기능적** 역할을 수행하기도 했다는 점을 인식하는 게 중요하다. 이는 특별히 강조해둘 가치가 있다. 그점을 입증하는 간명한 사례가 국가다. 국가의 국민교육은 순응과 복종의 미덕을 함양함으로써 국민이 자본주의적 산업사회에서 노동자와 소비자로서 제 몫을 행하며 생활하는 데 필요한 덕성을 주입했다. 즉 국민 개개인은 국민교육을 통해 작업장에서 경영진과 상급자의 명령에 순응하는 법과 동시에 슈퍼마켓과 백화점에서 자신의 개인적 필요를 (이 필요와 무관하게 생산된) 표준화된 상품에 순응시키는 법을 배운다. 이런 국가의 역할과 관련하여 브레이버먼(Harry Braverman)은 다음과 같이 말했다. "교과과정의 정규교육 내용이 어떠하든지 중요한 것은 어린이가 배우는 내용이 아니라 주어진 것을 어린이가 잘 알게 하는 방법이다. 어린이와 청소년은 학교에서 어른이 되면 해야 할 것, 즉 정해진 일에 대한 순응과 자신이 요구하고 원하는 것을 격동하는 사회기구로부터 당연히 탈취하는 방법을 훈련받는다."[12]

한편, 전자본주의 시대에서 전수된 비자본주의적 요소들이 자본주의의 발전에 기능적이었다는 점보다 더 놀라운 것은, 자본주의적 발전의 드라마에서 주인공이라고 할 기업가에게도 그런 전자본주의적·비자본주의적 성향이 내재한다는 사실이다. 일찍이 혁신적 기업가관을 제시한 슘페터가 이를 지적한 바 있으나 널리 주목받지는 못했다. 그는 기업가와 경제발전의 관계를 길게 설명하는 과정에서 짧게 지나치듯 기업가의 동기를 다음 세가지로 제시했다. 첫째는 "사적 제국을 건설하려는 (…) 자기 왕조를 건설하려는 꿈과 의지"이고, 둘째는 "정복 의지", 즉 "자신이 타인보다 우월함을 입증하기 위해, 성공의 과실이 아니라 성공 그 자체를 위해 성공하려는 투쟁에의 충동"이며, 셋째는 순수한 "창조의 기쁨"이다.[13] 이런 표현들을 통해 슘페터가 말하려고 한 것은, 경제적 합리성의 화신으로 간주되는 기업가에게 **비경제적이고 비합리적인 동기**가 잠복해 있다는 점이다. 그리고 그런 동기들, 그러니까 슘페터가 제국 건설자나 스포츠맨, 혹은 예술가에 빗댄 모티프들은 근대적이고 자본주의적이라기보다는 전자본주의 시대에서 격세유전된, 다분히 비자

본주의적 성향을 내포한다.[14]

이런 본원적인 전자본주의적·비자본주의적 성향은 기업가들이 자본주의의 파괴적 영향을 목도하면서 한층 더 활성화된 것으로 보인다. 기업가들은 자본주의적 기업활동을 위한 거래와 이윤추구의 자유를 영위했지만 동시에 자본주의가 야기한 사회적 해체의 위협에 공포심을 느껴야 했다. 특히 후발국의 기업가들은 선발국의 경험에 대한 '지식'을 갖고 있었고, 따라서 선발국을 추격하기를 원하면서도 선발국이 노출한 사회적 갈등과 계급투쟁은 회피하거나 우회하기를 바랐다. 이렇듯 **경제발전**과 **사회통제**라는 두마리 토끼를 잡기 위해 후발국의 기업가들은 가족, 촌락공동체, 교회, 국가와 같은 전자본주의적·비자본주의적 제도들과 온정주의나 왕조주의와 같은 전자본주의 시대의 가치들을 적극적으로 포용하고자 했다. 이런 제도와 가치 들은 기업가들의 눈에 혼란스러운 변화와 갈등 속에서 안정과 질서의 보루처럼 보였다. 그점은 이딸리아와 같은 대표적인 유럽의 후발국, 특히 베네또 같은 이딸리아 일부 지역들에서 두드러지게 확인되는데, 베네또 지역의 산업화를 연구한 일부 이딸리아 역사가들은 그처럼 전통적 제도와 가치를 온존시키면서 경제발전을 추구하려는 노력을 가리켜 "사회적 근대화 없는 경제발전 전략"이나 "규제된 근대화"로 개념화하기도 했다.[15]

경제발전과 사회통제

그렇듯 산업화를 추구하되 그 산업화를 신중하게 통제하면서 추구하려고 하는 문제의식은 비단 이딸리아에만 국한되지 않았다. 예컨대 미국 역사가 달젤(Robert Dalzell, Jr.)은 미국 기업가들이 산업화를 추구하면서도 급격한 변화를 통제하기 위해 얼마나 노력했는지를 유려한 필치로 우리에게 전해준다. 당시 영국에 비해 후발국이었던 미국의 보스턴 기업가들은 일종의 산업스파이 활동을 통해 영국의 선진 방직기술을 도입했다. 그들에게 산업적으로 발전한 영국은 분명 선망과 동경의 대상이었다. 그러나 보스턴 기업가들은 선행한 영국 산업화를 간접 경험하면서 산업화가 지불해야 하는 사회적 비용에 대해 경각심을 갖게 되었다. 일례로 그들 중 한명인 로웰(Francis Lowell)은 영국에 대해 "지위 고하를 막론하고 모든 계급에 만연한 엄청난 부패와 엄청난 수의 거지와 도둑 들"이 들끓는 상황을 목도하면서, "우리는 제조업 도시들이 매우 더럽다는 것을 알게 되었다"라고 썼다. 그리고 이런 인식으로부터 "사회 평화와 전통 질서를 침해할지 모를 산업화의 위험한 잠재성을 통제하려는" 욕구가 나타났다. 달젤에 따르면, "유럽의 기술은 이용하되 부조화와 분열을 야기할지도 모를 일체의 위협은 제거되거나 최소한 중화될 것이었다."[16] 요컨대 보스턴 기업가들에게는 급격한 변화에 대한 통제야말로 자본주의의 파괴적 국면을 완화할 해결책이었다.

이와 동시에 달젤이 주목하는 것은 미국 직물산업을 일으킨 보스턴 기업가들의 내밀한 동기다. 그들은 이미 상인으로서 엄청난 부를 모은 사람들이었다. 그들은 더 많은 부를 모으기 위해 직물산업을 건설한 것이 아니었다. 상업은 큰 이윤을 가져다주기는 하지만 고단한 노력이 필요했기에 개인적 자유와 사회사업 혹은 정치활동을 위한 여유를 허용하지 않았다. 게다가 위험부담이 너무 크고 수입도 안정적이지 않았다.

이 때문에 그들은 "적지만 지속적인" 수입을 보장하는 방편을 찾았고, 이를 상업이 아닌 제조업에서 발견했다. 그들은 상업적 부를 직물공단에 투자함으로써 정규적인 수입원을 마련하고자 했다. 그리하여 직물업에서 발생한 이윤은 고스란히 주주들에게 배당금의 형태로 지급되었다. 이는 현대 기업의 표준과는 한참 동떨어진 모습이다. 현대 기업에서는 이윤을 배당금으로 모두 지급하지 않고 자본 투자와 회사 가치 증대를 위해 유지한다. 그러나 보스턴 기업가들이 원한 것은 현대 기업이 아니라 (그들 자신의 표현을 빌리면) "작은 왕국"이었다. 이런 태도가 반드시 전자본주의적 동기에서 비롯되었다고 말할 수는 없겠지만, 위험을 무릅쓰고 최대한의 이윤을 추구하는 기업가의 이상형과는 사뭇 다른 모습이었다.[17]

달젤이 보여주는 보스턴 기업가들의 모습은 자본주의라는 드라마의 주인공인 기업가에 대해 무엇을 말해주는가? 보스턴 기업가들은 자본주의 선발국을 추격하려는 의지와 급격한 자본주의적 변화를 통제하려는 욕구를 동시에 보여준다. 그런 점에서 미국 산업 자본주의의 건설자인 보스턴 기업가들은 위험을 무릅쓰고 혁신을 수행하며 최대한의 이윤을 추구하는 그런 존재는 아니었다. 그들은 오히려 자본주의의 질주를 신중하게 통제하려 했다. 그런 점에서 앞에서 언급한 자본주의에 대한 뜨렌또-슘페터-폴라니의 이미지를 받아들인다면, 기업가는 그와 같은 자본주의라는 드라마의 **주인공**이면서 동시에 **연출자**였다고 할 수 있다. 기업가는 주인공으로서 자본주의를 따라잡으려 하고 연출자로서 자본주의를 길들이려고 한 것이다.

이 글의 목표는 바로 그와 같은 '자본주의 따라잡기'와 동시에 연출된 '자본주의 길들이기'의 문제의식과 실천을 이딸리아의 사례를 통해 역사적으로 추적해보는 것이다. 이딸리아 현대사에서 흥미로운 것은 이딸리아인이 자기 나라를 표상하는 방식이 대부분 부정적이라는 점이다. 이런 표상에서 공통점은 이딸리아가 '후진적'이고 '전근대적'인 나라라는 인식이다. 이딸리아의 후진성에 대한 상투적 표현들은 너무도 많아서 일일이 열거하기 힘들 정도다. 예컨대 이딸리아의 국가, 지배계급, 자본주의 등을 묘사하는 데는 응당 '지체' '부재' '허약' '불안정' 등 천편일률적인 표현들이 꼬리표처럼 따라온다. 이런 맥락에서 이딸리아를 '대륙과 동떨어진' 나라라거나 아니면 '유럽에서 벗어난' 나라로 보는 인식이 자연스레 통용되곤 한다.

여기서 주목해야 할 것은 이딸리아의 후진성에 대한 인식과 표현이 철저하게 상대적이라는 점이다. 다시 말해, 그런 후진성의 담론들은 필경 선진성, 즉 영국이나 프랑스 등으로 대표되는 선진국과의 상대적 비교 속에서 나타났다는 것이다. 그러므로 이딸리아의 후진성에 대한 자기비하적인 담론들은 다른 서유럽 선진국들에 대한 선망과 동경을 그 바탕에 깔고 있는 것이라고 할 수 있다. 특히 일찍 산업화하여 경제적으로 성장한 영국이나 구체제의 봉건적 잔재를 비교적 철저히 일소한 프랑스에 대한 부러움은 이딸리아 엘리트들의 담론에서 대단히 뿌리 깊은 것이었다. 이런 선망과 동경은 선진 자본주의 경제를 향한 것이었다고 하겠는데, 놀랍게도 자본주의에 대해 급진적 비판을 수행한 지식인들에게서도 널리 확인된다. 그 대표적인 사례가 이딸리아의 독창적인 맑스주의 사상가인 그람시(Antonio Gramsci)의 경우일 것이다. 그는 프랑스혁명의 경로와 이딸리아 통일운동인 리소르지멘또

36

자본주의 따라잡기. 영국 산업혁명의 위용(셰필드)

(Risorgimento)[18]의 경로를 비교하면서 이딸리아의 혁명적 발전 경로
가 '실패'했거나 최소한 '미완성'으로 남음으로써 이딸리아 사회 특유
의 모순이 노정되었다고 진단했다. 사정이 이렇다 보니, 까부르(Camillo
Benso di Cavour)를 비롯한 이딸리아의 주류 자유주의 정치계급 사이에
서 풍요와 번영을 구가하는 선진 자본주의 국가의 경험을 배워야 한다
는 공감대가 형성된 것은 전혀 놀라운 일이 아니었다. 이것이 바로 이딸
리아 엘리트들의 '자본주의 따라잡기'의 프레임이었다.[19]

자본주의 길들이기. 영국 산업혁명의 이면(런던의 슬럼)

물론 자본주의에 대한 이딸리아 엘리트들의 담론을 단순히 '자본주의 따라잡기'로 보는 것은 일면적이다. 왜냐하면 여기에서는 선진 자본주의 국가의 풍요와 번영에 대한 선망과 동경뿐만 아니라 자본주의가 몰고 올 계급갈등과 사회해체에 대한 공포와 거부의 정서도 광범위하게 발견되기 때문이다. 예컨대 19세기 후반에 활약한 이딸리아의 대표적 기업가 로시와 같은 이들은 산업화의 최전선에서 자본주의적 기업을 경영했음에도 불구하고 영국식의 "영혼 없는" 자본주의에 대한 우려를 진솔하게 표현했다. 이런 우려 속에서 로시는 농촌공동체와 가톨릭교회에 근거한 전통적 형제애와 높은 기술 수준의 근대산업을 접목한, 이른바 "산업봉건제"(feudalesimo industriale)의 대안을 제시했다. 그의 생각에 산업봉건제는 무한 질주하는 자본주의에 다시 고삐를 채움으로써 **경제발전과 사회통제**를 동시에 달성하는 묘책이었다. 이런 생각은 비단 로시뿐만 아니라 수많은 이딸리아 엘리트들에게서 다양한 형태로 발견되는데, 이를 '자본주의 따라잡기'를 포함하면서도 그와는 구별되는 '자본주의 길들이기'의 프레임으로 요약할 수 있을 것이다. 요컨대 이 프레임은 더이상의 부연 설명을 안 해도 이딸리아의 위대한 작가 베르가(Giovanni Verga)의 경구를 인용하는 것만으로 더없이 명쾌하게 표현될 수 있다.

좋은 말에는 안장이 빠지지 않는 법이네.[20]

본문 구성에 대하여

이 책의 문제의식은 '자본주의 길들이기'와 관련된 이딸리아 엘리트들의 담론과 실천을 분석함으로써 유럽의 전형적 후발국인 이딸리아의 자본주의가 보여주는 어떤 특성을 드러낼 수 있다는 데서 출발한다. 당연한 말이지만, 후발국의 발전은 선발국의 데칼코마니가 아니다. 후발국이 선발국의 발전을 알고 있다는 사실 자체가 후발국의 발전을 선발국과 다르게 만든다. 선발국 자본주의를 따라잡으려 하면서 동시에 길들이려고 하는 후발국 주자들의 고민이 후발국의 발전을 특수하게 만드는 것이다. 바로 그런 '자본주의 길들이기'의 프레임은 비단 산업화 초기인 19세기에만 작동한 것이 아니라 20세기에도 공히 발견된다. 그런 점에서 본문에서는 19세기에서 20세기에 이르는 대략 150년간의 시간 범위에서 확인되는, 자본주의에 대한 부러움과 두려움을 동시에 표출한 이딸리아 엘리트들의 말과 행동의 기록을 역사적으로 추적해보고자 한다. 이 역사 연구를 통해서 우리가 궁극적으로 기대하는 것은 이딸리아 자본주의는 물론이요, 자본주의 일반의 어떤 중요한 특성을 간취할 수 있다는 점이다. 그럼으로써 자본주의에 대해 우리가 받아들이는 통상적이고 상식적인 이미지나 견해가 역사적 현실에는 잘 들어맞지 않는 순수한 이념형에 치우친 것임이 드러날지 모른다.

　본문의 제1부에서는 자유주의 시대 이딸리아 기업가와 지식인 들의 자본주의적 발전에 대한 담론과 실천을 살펴볼 것이다. 이딸리아 통일을 전후한 시기에 이딸리아 엘리트들 사이에서 이른바 '산업화로 가는 이딸리아의 길'을 둘러싸고 활발한 토론이 이어졌다. 이 토론에서 당시 많은 이들로부터 지지를 받은 로마뇨시(Gian Domenico Romagnosi)와 같은 지식인들은 계급적 탐욕과 증오를 유포하는 영국식 경제발전은 문명국의 본보기가 아니며, 무산대중을 대도시에 집중시키지 않으면서 농업과 산업의 '데탕트'에 기초한 새로운 산업화 모델을 개발하고 추진해야 한다고 역설했다. 이런 문제의식은 실제 19세기 이딸리아 기업가들의 담론과 실천에서 광범위하게 확인된다. 앞에서 언급된 로시뿐만 아니라 당대의 내로라하는 기업가들, 예컨대 끄레스삐(Silvio Benigno Crespi)와 마르쪼또(Gaetano Marzotto), 까메리니(Paolo Camerini) 등이 그런 기업가들이었다. 이들은 공히 촌락공동체와 가톨릭교회, 가부장적 이념 등을 새로운 자본주의적 산업화에 접붙임으로써 경제발전과 사회통제를 동시에 달성하는 대안적 경로를 구상하고 이를 실천에 옮기고자 했다. 이런 그들의 담론과 실천을 다소 느슨하게 "좋은 아버지"(Buon Padre)로서의 기업가의 소명에 기초한 일종의 산업 온정주의(paternalismo industriale)라고 표현할 수도 있다. 또한 이들은 가족과 기업을 결합시켜 거대한 "산업왕조"를 이룩했는데, 이는 이딸리아 자본주의에 특이한 색채를 부여했다.

제2부에서는 파시즘 시대 자본주의에 대한 이딸리아 엘리트들의 담론과 실천을 살펴볼 것이다. 이를 위해 먼저 파시즘과 자본주의의 관계를 둘러싼 논쟁을 정리할 것이다. 이 논쟁을 요약하기 위해서는 파시즘에 대해 두텁게 쌓인 연구사를 훑어보는 고된 작업이 필요하다. 파시즘과 자본주의의 관계는 지금까지도 파시즘 연구의 '뜨거운 감자'로 남아 있다. 그만큼 자본주의에 대한 파시스트들의 태도는 복잡하고 이율배반적이며 모호한 것이어서 연구자들 사이에 격렬한 논쟁을 야기한다. 그럼에도 적어도 한가지 중요하게 관찰해야 할 사실은, 파시스트들사이에 기본적으로 자본주의적 물질문명에 대한 정서적 거부감이 상당히 확산되어 있었다는 점이다. 특히 대공황의 충격 이후에 그런 거부감은 혐오감으로 강화되었다. 그리하여 파시스트들은 다양한 방식으로자본주의를 길들이려는 모티프에 따라 행동했다. 그들은 자유주의적자본주의도 아니요, 공산주의도 아닌 '제3의 길'로서 이른바 코포라티즘(corporatism)이라는 담합 체제를 제시하거나 "관치 자본주의"(crony capitalism)라고 불릴 수 있는 국가의 정치적 개입을 통해 경제에 영향

력을 행사하고자 했다. 다른 한편, 기업가들은 파시즘의 간섭을 물리치면서 기업경영의 자율성을 견지하고 노동자들과 직원들의 충성심을 독점하기 위해 다양한 방식의 회사복지 정책을 정력적으로 펼쳐나갔다. 이런 과정에서 '박애'(philanthropy)의 개념이 자본주의와 결합되기도 했다. 가령 '이딸리아의 록펠러'라고 불리는 기업가 가슬리니(Gerolamo Gaslini)의 경우가 바로 그런 박애 기업가의 흥미로운 사례를 제공한다.

제3부에서는 민주주의 공화국 시대 자본주의에 대한 이딸리아 엘리트들의 담론과 실천을 살펴볼 것이다. 파시즘이 붕괴한 이후 전후 공간에서도 선진 자본주의를 따라잡으면서 자본주의를 길들이는 방식들이 다양한 형태로 논의되고 제시되었다. 새로운 이딸리아 헌법에도 이처럼 '자본주의 길들이기'의 문제의식이 강화된 형태로 반영되기도 했다. 실제로 이딸리아 헌법은 '사회국가'(Stato sociale)를 표방하며 복지국가와 사회민주주의의 문제의식을 광범위하게 받아들였다. 그리하여 이딸리아는 오늘날 세간에 퍼져 있는 부정적 이미지와는 별개로 예컨대 공적 연금이 가장 잘 갖추어진 나라들 중 하나로 평가받기도 한다. 그런 가운데 한편으로 파시즘 시대의 유산인 거대한 국가지주회사(IRI)를 중심으로 국가 자본주의와 정치적 자본주의의 전통이 건재했고, 다른 한편으로 국가와 결탁한 과두적 가족 자본주의가 경제를 지배했다. 피아트(Fiat), 삐렐리(Pirelli), 팔끄(Falck), 치니(Cini), 볼삐(Volpi) 등이 막강한 가족기업과 기업 가문의 사례. 그렇듯 국가 자본주의와 가족 자본주의는 전후 이딸리아 '경제기적'의 동력이었으나, 그만큼의 많은 비난을 불러일으키기도 했다. 그러나 최근에는 '제3의 이딸리아'라는 독특한 담론에서 보이듯이 대규모 대량생산 기업이 아닌 소규모 유연

생산 가족기업의 활력과 역동성이 주목받고 있다. 이 틈새시장의 기업들은 장인 전통과 첨단 기술, 그리고 무엇보다 지방의 사회자본과 문화를 결합시키는 특출한 능력을 선보였다.

20세기 후반부터 세계화의 거센 도전을 받은 이딸리아에서는 빈번한 노사갈등과 전근대적 산업 구조로 인한 국가경쟁력 약화가 첨예한 쟁점으로 불거졌다. 후진성과 비정상의 담론이 봇물처럼 터진 것도 우연이 아니다. 이딸리아가 지난 경험을 토대로 어떻게 경제발전과 사회통합을 균형 있게 유지해나갈 수 있을지 자못 귀추가 주목된다. 과연 이딸리아에서는 르네상스 시대 이래로 이른바 '대시민'(popolo grasso)과 '소시민'(popolo minuto)이 늘 공존하면서 복잡한 역사적 계층구조가 형성되고 격렬한 사회갈등이 전개되었다. 그런 가운데 이딸리아는 모든 사람의 의표를 찌르는 방식으로 파격적인 정치실험이 나타난 무대가 되었다. 현대사만 보더라도 파시즘, 유로코뮤니즘, 베를루스꼬니주의 등이 이딸리아가 '유럽 정치의 실험실'임을 여실히 증명하고 있다. 그런데 끊임없는 역사적 퇴적과 단속적인 정치적 단층에도 불구하고, 이딸리아는 자기 또래의 지중해 연안 남유럽 국가들 중 유일하게 G7에 들어갈 정도로 성공한 경제대국이라는 이채로운 지질학을 보여준다. 게다가 이딸리아는 후발 자본주의의 특이한 발전 동학을 보여주는 범례라는 점에서도 같은 후발국인 우리 자신의 경험과 비교해볼 수 있는 흥미로운 준거점을 제공한다. 그러므로 이딸리아 자본주의와 그 역사는 우리에게 학술적으로나 실천적으로 숨은 진주처럼 귀중한 연구대상이 아닐 수 없다.

자유주의
시대

제1부

제1장

산업화로 가는 이딸리아의 길

역사가 논쟁

이딸리아의 19세기는 오랫동안 분열된 나라의 정치적 자유와 독립, 통일을 추구한 리소르지멘또 시대와 1861년 통일 이후 자유주의 시대로 대별될 수 있다. 이와 동시에 이딸리아의 19세기는 자본주의적 산업화를 통해 경제발전이 이루어진 시대이기도 했다. 그런 만큼 이딸리아에서 19세기는 정치사에서만큼이나 경제사에서도 중요한 시대다. 이 시대의 이딸리아 경제사를 해석하는 패러다임은 오랫동안 **농업혁명**의 개념에 근거하고 있었다. 농업혁명은 산업화에 필요한 자본축적의 전제 조건으로서 한마디로 농업의 자본주의적 변형을 뜻한다. 즉 그것은 첫째, 확대된 공업 부문 인구를 부양할 수 있을 만큼의 농업 생산성의 비약적인 향상과 동시에 둘째, 농촌에서 토지와 농민이 분리됨으로써 공업 부문으로의 대량의 노동력 유입을 가능하게 하는 과정을 뜻한다. 그리하여 역사가들은 농업의 이러한 자본주의적 변형 없이 산업화가 이루어질 수 없다는 이론적 잣대로 이딸리아 경제사를 가늠해왔다. 그리고 자유주의 역사가들뿐만 아니라 맑스주의 역사가들도 이런 확신을 공유했다.

맑스주의 진영에서 맹아적인 방식이지만 농업혁명론을 통해 이딸리아 경제사 해석의 원형을 제시한 인물이 바로 그람시였다. 그는 이딸리아 리소르지멘또와 프랑스혁명을 비교사적 견지에서 검토했다. 그에 따르면, 프랑스혁명기에 부르주아의 급진적 분파인 자코뱅은 토지를 농민에게 분배하는 법령을 통해 부르주아와 민중의 동맹을 공고히 하는 한편, 농촌의 자본주의적 발전을 촉진하여 농업 생산성 향상 및 본원적 자본축적을 위한 발판을 마련했다. 반면, 이딸리아의 자코뱅이 되어야 했을 급진파는 농민과의 동맹을 거부하고 온건파의 헤게모니에 "분자적으로" 흡수됨으로써 프랑스와 같은 철저한 부르주아 민주주의 혁명을 완수하는 데 실패했다. 그 결과, 이딸리아에서는 농업혁명이 저지되고 특히 남부 농촌에 광범위한 봉건적 잔재가 온존하게 되어 경제발전이 지체되었다는 것이다. 나아가 그람시의 해석 전통을 계승한 역사가 쎄레니(Emilio Sereni)에 따르면, 그렇듯 이딸리아 농촌에 온존한 봉건적 잔재들은 "이딸리아 자본주의의 발목에 채워진 납족쇄"와 다름이 없었다. 그의 해석에서 새로운 점은 경제발전에서 국민시장이라는 요인의 역할을 부각한 것이다. 그런데 쎄레니에 따르면, 이딸리아에서는 봉건적 잔재들로 말미암아 농업 생산성이 정체될 뿐만 아니라 농촌의 구매력이 낮은 수준에 머무르게 됨으로써 통일 이후에도 국민시장은

느리게 형성되어 제조업 발전에 필요한 수요를 제때 창출할 수 없었다고 한다.[1]

이와 같은 맑스주의적 해석 전통을 정면으로 비판한 인물은 역사가 로메오(Rosario Romeo)였다. 그는 명시적으로 리소르지멘또의 온건파가 주도한 자유주의 혁명을 찬양하면서 그람시가 이딸리아를 프랑스에 준거하여 해석하는 것을 못마땅하게 여겼다. 로메오에 따르면, 리소르지멘또 시기에 민주주의적 농민혁명이 일어나지 않은 것은 이딸리아의 경제발전에 해가 되기보다는 오히려 득이었다. 그점은 실증적인 통계가 잘 말해준다는 것인데, 과연 1860년대와 1870년대에 농업에서 실질적인 생산성이 향상되고 자본이 축적되고 있었다는 것이 로메오의 평가였다. 그리고 이렇게 축적된 자본은 무엇보다 철도 건설과 같은 사회간접자본에 투자되어 높은 수익을 창출했을뿐더러 국민시장의 통합도 촉진했다. 게다가 농업 부문에서 축적된 잉여 자본은 산업에 투자되어 전반적인 경제성장을 자극했다. 물론 로메오 역시 그람시와 마찬가지로 남부 농촌의 봉건적 잔재를 털어내지 못하고 그와 타협한 이딸리아 부르주아지의 허약성을 인정했다. 그럼에도 로메오는 "도시의 발전이 농촌의 희생을 대가로, 북부의 성장이 남부의 희생을 대가로" 이루어졌음을 지적하면서 이는 모든 나라의 산업화 과정에서 공히 확인되는 일시적이고도 필수적인 과정이었음을 강조했다.[2] 요컨대 로메오의 해석을 논평한 한 역사가에 따르면, 이딸리아의 '경제적' 리소르지멘또는 "영국의 인클로저 운동의 결과보다는 잔인한, 그러나 훨씬 더 잔인한 과정은 아니었고, 공산주의자들에 의해 같은 목적으로 러시아 농민들에게 가해진 조치들보다는 훨씬 덜 잔인한 과정이었다."[3]

그람시-로메오 논쟁에서 쟁점은 무엇인가? 양자 모두 이딸리아 산업화의 전제로서 농업혁명의 개념을 받아들였다는 점에서 공통점이 있다. 그러나 농업혁명을 이해하는 방식은 완전히 달랐다. 그람시는 자코뱅의 토지분배를 비교 준거로 삼아 농업혁명을 민주주의적 농민혁명과 동일시했다. 여기서 문제는 경제사가 또니올로(Gianni Toniolo)가 지적했듯이, 토지분배로 나타날 작은 농장들 혹은 소농들의 생산성이다. 즉 평등한 분배가 산업발전에 필요한 자본축적을 가능하게 할 것인가? 로메오는 이 질문에 부정적으로 답변했다. 산업발전은 **자본공급**을 전제로 한다는 것이었다. 그러나 또다른 질문이 생긴다. 산업발전이 오직 자본공급에만 의존하는가? 다시 또니올로에 따르면, 만일 자본공급이 가장 중요한 요인이라면, 왜 로메오는 철도건설과 같은 시장 확대가 중요하다고 말하는가? 요컨대 로메오는 **수요**의 문제를 간과한 것이다. 그렇다면 그람시-로메오 논쟁의 본질은 수요 중심의 접근과 공급 중심의 접근 사이의 대립이라고 할 것이다. 그리고 이런 대립은 거칠게 말해서 거의 모든 경제사 논쟁의 저변에 깔려 있는 핵심 쟁점이기도 하다.

전체적으로 볼 때, 그람시는 통일 이후 30여년간 이딸리아 경제가 직면한 어려움을 설명하는 데 유효한 시각을 제공하지만 그 이후의 경제발전에 대해서는 잘 설명하지 못하는 단점이 있다. 반면, 로메오는 남부 농촌의 희생을 대가로 하여 이루어진 이딸리아의 경제발전을 실증적으로 평가하고 설명해준다는 점에서 장점이 있다. 물론 도시와 농촌, 북부와 남부의 격차가 로메오의 낙관론처럼 경제성장의 결과로 해소되기 쉽지 않았지만 말이다.[4]

그람시-로메오 논쟁을 보면, 그람시는 프랑스식 발전모델을, 로메오는 영국식 발전모델을 준거점으로 삼았던 것으로 보인다. 어떤 경우든 영국과 프랑스는 이딸리아 지식인들에게는 영원한 본보기였던 셈이다. 그런데 다른 학자들에게는 영국과 프랑스가 이딸리아의 경제성장을 설명하는 적절한 준거점이 아닌 것으로 보였다. 이딸리아는 전형적인 산업 후발국(late-comer)으로서 선발국인 영국이나 프랑스의 모델에 근거해서는 절대로 설명될 수 없는 '특수한 길'을 걸었다는 것이다. 이런 맥락에서 거셴크론(Alexander Gershenkron)은 이딸리아를 독일이나 러시아 등과 더불어 유럽의 대표적인 산업 후발국으로 묶었다. 그는 이딸리아 산업화의 특징을 다음 네가지로 요약했다. 첫째, 이딸리아는 상대적으로 높은 성장률을 기록하며 짧은 시간에 급속하게 산업화를 이루었다. 둘째, 이딸리아는 후발의 이점을 살려 상대적으로 최근에 발전한 기술적 성과를 이용하면서 소비재보다는 생산재를 생산하는 중공업을 중심으로 산업화를 이루었다. 셋째, 이딸리아의 공업생산 구조는 소수 대기업에 집중된다. 넷째, 이딸리아 산업화에서는 은행의 투자 정책과 국가의 다양한 정책들이 중요한 역할을 수행하는 위로부터의 산업화라는 모습을 보였다. 거셴크론은 이상의 특징들이 후발국 일반의 특징과 같다고 하면서 이딸리아가 대략 1896년부터 1908년 사이에 평균 6.7%의 성장률로 산업화의 "이륙"(take off) 혹은 "대약진"(big spurt)을 경험했다고 보았다.[5]

그런데 거셴크론은 이딸리아가 선발국은 물론이요, 다른 후발국에 비해서도 상대적으로 더 후진적 성격이 강하다고 판단했다. 이는 단지 시기상의 문제 때문이 아니었다. 그에 따르면, 이딸리아의 상대적 후진성을 잘 보여주는 징표는 바로 산업화를 자극하는 이데올로기의 결여다. 거셴크론은 영국의 경제적 자유주의, 프랑스의 쌩시몽주의, 독일의 민족주의, 러시아의 맑스주의 등과 같은 산업화의 이데올로기적 자극제가 이딸리아에는 없었다고 지적했다. 그외에도 이딸리아 정부들이 노정한 정책상의 무능함, 철도의 시대가 지나갔다는 사실에서 비롯된 산업화의 타이밍상의 불리함, 그리고 1897년의 흉작과 더불어 1898년의 극심한 사회적 소요 — "끔찍한 해"(anno terribile) — 를 이딸리아 산업화를 저해한 요소들로 꼽았다. 그런 점에서 이딸리아의 경우는 유럽 후발국의 산업화 패턴에 들어맞기는 하지만, 상대적으로 더 불리한 조건에서 경제발전을 이루었다는 것이다.[6]

그러나 거셴크론의 패러다임은 이딸리아에서 19세기 말 이전부터 꾸준히 이루어진 자생적이고 점진적인 산업화의 성과와 지역적 차별성이라는 중요한 측면을 무시했다는 점에서 한계를 드러냈다. 이에 보넬리 (Franco Bonelli)나 까파냐(Luciano Cafagna)와 같은 수정주의 역사가들은 이딸리아가 19세기 내내 다양한 방식으로 산업화를 이루어낸 과정에 주목했다. 가령 보넬리는 이딸리아 이민자들이 고국에 부친 송금과 유럽 및 미국의 중간계급들이 이딸리아에 지불한 관광 수입이 이딸리아 산업화의 재원이었다고 보면서 국가와 은행 중심의 산업화 패턴에 대한 고정관념을 비판했다.[7] 까파냐는 오래 전부터 자생적이고 점진적인 방식으로 이딸리아 북부 농촌에서 이루어진 양잠업(뽕-누에 재배)과 견직업이 이딸리아 산업화의 재정적·기술적 기반이었다고 주장했다.[8] 특히 까파냐의 주장이 흥미로운 이유는, 그가 이딸리아 산업화의 선도 산업이라고 본 농촌 직물업이 19세기 이딸리아 지식인들 사이에서 논의된 **농업과 공업의 공존**을 통해 추진된 이딸리아식 산업화의 대표적인 사례이기 때문이다.

보넬리-까파냐 패러다임은 낡은 표준인 거셴크론의 패러다임을 급속히 대체하면서 오늘날 주류 해석으로 자리 잡은 듯하다. 새로운 패러다임의 특징은 이딸리아가 '정상적인' 모델에서 벗어난 '특수한' 모델이 아니라는 점을 강조하는 데 있다. 거셴크론의 패러다임도 선발국과 후발국을 구별함으로써 은연중에 선발국을 보편적이고 정상적인 모델로, 후발국을 특수하고 변형된 모델로 간주했다. 그러나 오늘날의 경제사 해석에서 선발국과 후발국, 근대성과 후진성의 날카로운 구별은 점차 사라지거나 최소한 무뎌지고 있다. 그래서 이딸리아가 '정상적인' 모델에서 일탈한 '특수한' 모델을 대표한다는 인식도 더이상 지지받지 못하는 듯하다.

또한, 종래의 많은 이딸리아 역사가들은 이딸리아 역사가 일탈하고 왜곡되며 실패한 것이라고 치부하면서 그 이유를 농업혁명의 부재, 농민혁명의 부재, 혁명적 부르주아의 부재 등 다양한 '부재론'에서 찾았다. 그래서 오랫동안 이딸리아에서 이루어진 많은 역사 연구는 선발국에는 있었던 것들이 이딸리아에는 없었다는 걸 증명하는 작업, 즉 '부재증명'을 찾는 작업과 다름없었다. 이에 만족하지 않고 좀더 정교한 논변을 찾았던 사람들은 이와 같은 '부재론'에 '존재론'을 접합시키기도 했다. 그리하여 일찍이 맑스가 자기 시대의 독일에 대해 논평했듯이 이딸리아도 "자본주의와 자본주의의 불충분한 발전 모두로부터 고통받았다"라는 식으로 이딸리아의 특수성을 설명하기도 했다. 이런 '정교한' 설명 방식은 이딸리아 지배계급에 대한 다음과 같은 특이한 비판으로 이어졌다. 즉 "이딸리아 지배계급은 '부르주아적'이라고 비난받으면서 동시에 충분히 '부르주아적'이지 못했다고 비난받았다."[9] 말하자면 부르주아라서 비난받고, 또 부르주아가 아니라서 비난받는 상황이 연출된 것이다.

이런 상황은 근본적으로 정상과 일탈, 보편과 특수라는 이분법에서 비롯된 것으로 보인다. 정상과 보편 자체도 비판적으로 보려는 이들에게 정상이 아닌 일탈성과 보편이 아닌 특수성까지 겹친 상황은 더욱 심한 비난을 자초할 만한 것이었다. 그러나 오늘날 많은 이딸리아 역사가들은 그런 이분법에서 탈피하여 후진성과 발전, 전통과 근대성이 접목된 방식의 독특한 이딸리아식 발전 경로를 제시한다. 예컨대 라나로(Silvio Lanaro)는 베네또 지역의 산업화 ──"베네또 모델"── 를 연구한 뒤에 그것이 기본적으로 "사회적 근대화 없는 경제발전의 전략"의 결과라고 파악했다. 특히 그는 베네또 기업가들의 사례를 통해 권위주의적인 온정주의와 근대적 경영 방식을 혼합하여 사회통제와 경제발전을 동시에 추구하는 의식적인 전략이 매우 성공적으로 작동하고 있었음을 꿰뚫어 보았다. 이런 맥락에서 라나로는 이딸리아 산업화에서 '전통'과 '발전'이 충돌하기보다는 상호 보완적인 관계를 맺으며 전개되었다고 주장했다.[10]

라나로의 견해는 정상과 일탈, 보편과 특수의 관계에 대해 많은 것을 우리에게 말해준다. 즉 영국과 프랑스의 선행 경험에 대한 '지식'을 가진 이딸리아와 같은 후발 주자들은 정상과 보편의 경우를 따라잡으려고 하면서도 그 결함과 모순은 회피하려고 했다는 것이다. 즉 선발 주자의 경제발전의 성과는 부러웠지만 그것이 야기한 사회갈등은 두려웠다는 말이다. 따라서 선발 주자에 대한 '지식'이 후발 주자의 발전 경로를 규정했고, 바로 그러했기 때문에 후진성과 근대성이 날카롭게 대립하기보다는 특이하게 접합되었다고 할 수 있다. 이런 맥락에서 이딸리아의 저명한 기업사가인 비가찌(Duccio Bigazzi)는 다음과 같이 쓸 수 있었다.

이딸리아식 발전이 '정상적인' 모델에서 일탈함으로써 '왜곡'이 불가피해졌다는, 그래서 (…) 모든 것이 '완벽한 체제로 행군'해야 하고 뒤쳐진 자들은 어쩔 수 없이 더 적합한 경쟁자에 의해 도태되고 말 것이라는 시각은 버려야 한다.[11]

요컨대 정상과 일탈, 보편과 특수에 대해 이분법적 시각을 포기한다는 것은 이딸리아 산업화를 좀더 깊이 있게 이해하기 위한 필수적인 전제 조건인 것이다. 그런데 흥미로운 것은 후대 역사가들보다 훨씬 먼저 과거의 지식인들과 정치인들이 이딸리아의 '특수한' 발전 경로에 대해 활발하게 토론을 벌이며 정상과 일탈 혹은 보편과 특수에 대한 심오한 통찰을 진작 보여주었다는 사실이다. 현재에 있는 것은 과거에도 이미 있었던 것이다. 삶은 반복된다. 그러나 이딸리아 산업화를 둘러싼 과거의 논쟁은 당대 산업화 과정에 내재적으로 영향을 미쳤다는 점에서 그 자체 역사의 일부이며 오늘날 우리는 그 역사를 아는 상태에서 다시 논쟁한다. 그러므로 삶은 완전히 똑같이 반복될 수는 없다. 어쨌든 이딸리아의 '특수한' 발전에 대한 토론의 기원은 저 멀리 이딸리아 통일 이전의 19세기 전반으로 거슬러 올라간다.

당대 논쟁

19세기 전반부터 이딸리아 지식인들 사이에서는 이딸리아가 걸어가야 할 바람직한 발전 경로에 대한 토론이 생기발랄하게 전개되었다. 특히 롬바르디아 지역의 중심지인 밀라노의 진보적 지식인들의 기관지 『일반통계연보』(*Annali universali di statistica*)가 논쟁의 주된 무대였다. 이 논쟁에서 이딸리아의 발전 전망을 둘러싸고 두 견해가 대립했다. 하나는 로마뇨시로 대표되는 다수파 견해로서, 이미 영국이 보여주었듯이 산업화는 빈곤한 프롤레타리아 대중을 양산해냄으로써 사회적 조화와 평화를 깨뜨리는 심각한 위협이 된다고 보면서 산업주의(industrialismo)를 비판하고 농업 중심주의(agricolturismo)를 표방한 입장이었다. 다른 하나는 조이아(Melchiorre Gioia)로 대표되는 소수파 견해로서, 산업발전을 추진하게 되면 불가피하게 프롤레타리아 대중이 나타날 수밖에 없다는 사실을 인정하면서 빈민 대중의 존재 때문에 산업화를 두려워하는 여론, 바꿔 말해 "농업 국가는 결코 제조업 국가가 되어서는 안 된다"라는 당대의 지배적 여론을 "가장 우둔하고 치명적인" 오류로 간주한 입장이었다.[12]

물론 로마뇨시가 산업화 자체를 거부한 것은 결코 아니었다. 그렇게 보는 것은 최악의 오해다. 그는 조이아와 같은 견해에 대해 산업화가 야기할 사회적 위험을 최소화하면서도 산업발전을 이룰 수 있다는 신중하고 절충적인 견해를 맞세우고자 했을 뿐이다. 과연 이런 견해는 이딸리아의 미래에 결정적으로 중요했다. 이런 문제의식에서 로마뇨시는

잔 도메니꼬 로마뇨시

농업과 산업이 평화롭게 공존하고 프롤레타리아 대중을 대도시에 집결시키지 않는 방식의 분산적 산업화를 옹호했다. 그는 이런 종류의 산업화야말로 계급투쟁을 위시한 온갖 악폐를 양산한 영국의 경험에서 이끌어낼 수 있는 귀중한 교훈으로서 이딸리아가 밟아가야 할 모델이라고 생각했다.

우리는 영국 기술의 힘에 경탄할 수는 있지만, 그것을 본보기로 삼아서는 안 된다. 만일 우리가 그것의 도덕적 측면을 검토한다면, 다음과 같은 사실을 알게 될 것이다. 모든 것이 다양한 계급들 사이에서 일어나는 직간접적인 이해관계의 개인적 충돌로 귀결되는 경향이 있다. 모든 것이 형평과 조화를 질식시키는 경향이 있다. 모든 것이 사상과 형제애를 고문하는 경향이 있다. 모든 것이 한편으로는 증오와 탐욕을, 다른 한편으로는 기근과 야만성에 대한 분노로 귀결되는 경향이 있다. 결국 모든 것이 진정한 공생을 가능케 하는 자비와 존엄성과 사회성에 반대된다. 훌륭한 정치인은 물론이요, 양식 있고 선량한 사람이라면 영국의 경제 상태를 문명화된 나라의 모델로 제시할 수는 없을 것이다.[13]

로마뇨시는 영국의 선례를 교정하는 바람직한 산업화의 맹아가 이미 이딸리아에 있다고 생각했다. 북부 롬바르디아의 견직업이 바로 그것이었다. 견직업은 뽕나무와 누에를 재배하는 농업활동과 긴밀하게 결합된 대표적인 농촌산업의 사례였다. 과연 견직업은 이딸리아 산업화의 우등생이었다. 1857년에 롬바르디아 제조업의 현황을 조사한 메를리니(Giovanni Merlini)에 따르면, 견직업은 누에고치를 생산하는 양잠업과 누에고치에서 실을 뽑고 실로 직물을 짜는 제조업의 발전을 동시에 자극하면서 "넓은 토지와 비싼 기계, 연료, 소비, 동력, 다수의 유능한 인력을 요구하는 우리 제조업에서 가장 중요한 부문"으로 자리 잡았다.[14] 로마뇨시도 견직업이야말로 농업과 산업을 공생시키는 가장 바람직한 산업이라고 추켜세웠다. 그의 말을 들어보자. "확실히, 이딸리아는 새로운 종류의 산업, 즉 견직업에서 그 사례를 끌어올 수 있는 산업이 필요하다. 이런 종류의 산업은 버밍엄과 맨체스터, 빠리의 공장들이 보여주는 그것과는 닮은 점이 없다. 그렇다면 산업도 산업 나름이다. 농업 기능과 긴밀하게 연관되고 작업장에 불확실하고 무리 지은 대중을 필요로 하지도 않는 종류의 산업이야말로 항상 국가에 해가 되지 않고 덜 부담스러우며 주민들에게도 나쁜 영향을 미치지 않을 것이다."[15]

로마뇨시의 견해는 필경 리소르지멘또의 온건파, 특히 삐에몬떼의 총리로서 훗날 이딸리아 통일에서 주도적인 역할을 하게 될 보수적 자유주의자 까부르의 사상과도 공명했다. 까부르는 이딸리아가 영국과 같은 공업국이 되는 것은 비현실적이며, 이딸리아의 미래는 어디까지나 농업 생산물과 생사(生絲) 등 일차 원료의 수출에 달려 있다고 믿고 있었다. 조이아가 거부한 것도 이와 같은 까부르 식의 뿌리 깊은 농업 중심주의였다. 물론 까부르와 로마뇨시의 생각이 동일한 것은 아니었다. 로마뇨시는 전통적인 농업사회에 향수를 품고 있었지만 이딸리아의 기술진보와 산업발전의 가능성 자체를 포기한 것은 아니었다. 그의 생각에는 오로지 프롤레타리아화를 수반하지 않고 농업과 산업이 이상적으로 결합된 산업화만이 영국식의 계급투쟁을 회피하면서 산업화를 이루는 바람직한 방식이었다. 이런 맥락에서 로마뇨시는 산업주의를 거부한 것이라기보다는 새로운 유형의 산업주의를 제창했다고 할 수 있다.

그런 점에서 로마뇨시의 충실한 계승자는 까부르라기보다는 까따네오(Carlo Cattaneo)다. 까따네오는 빠도바 대학에서 로마뇨시를 사사하고 스승 로마뇨시가 창간한 『일반통계연보』의 편집자로 활동한 19세기 롬바르디아의 대표적인 지식인이다. 그는 훗날 1848년 밀라노 혁명의 지도자로 활약하면서 이딸리아의 연방주의적 통일과 유럽 합중국을 구상한 독특한 인물이었다. 그는 당시 이딸리아에서 기술적·경제적 발전 수준이 월등한 롬바르디아의 농업 관개시설, 운하와 철도 건설, 터널 공사, 새로운 기계의 도입 등 인간 생활의 실질적인 향상을 "문명의 진보"(incivilmento)로 칭송했던 실증주의적 계몽사상가였다. '문명의 진보'라는 개념은 까따네오가 로마뇨시로부터 배운 것인데, 까따네오 사상의 중핵을 이루었다. 까따네오는 롬바르디아에서 '문명의 진보'가 농촌에서 시작되었음을 간파했다. 그는 롬바르디아의 상업적 영농을 수행한 자본주의적 차지농들에 주목하면서 이들의 노력으로 롬바르디아는 자연이 인간에게 부과한 한계를 극복하며 빈곤을 퇴치하고 풍요로워질 수 있었다고 주장했다.

이처럼 인간이 자연을 변형하는 과정에서 물질적 진보가 이루어진다는 까따네오의 발상은 그와 동시대를 살았던 맑스의 발상과도 많은 면에서 통한다. 그러나 까따네오는 맑스와는 달리 진보의 가장 중요한 요인이 노동이 아니라 자본이라고 생각했다. 또한 최초 자본의 축적—이른바 "자본의 원시 축적"—이 농민에 대한 폭력과 약탈이 아니라 상업적 영농에서 나온 이윤으로 가능하다고 설명했다는 점에서도 맑스와 달랐다. 까따네오의 생각에 이딸리아의 미래는 그와 같은 농업과 상업의 생산적인 결합에 달려 있었다. 그리고 이로부터 축적된 부가 자본으로서 새로운 산업 분야에 투자되어 나라를 부강하게 만들 수 있다고 낙관했다.[16] 이렇게 보면, 까따네오야말로 이딸리아 자본주의의 진정한 예언자였다고 할 수 있다. 요컨대 역사가 뿌초(Umberto Puccio)에 따르면, 까따네오의 논거야말로 "자본주의 체제를 가장 명석하고 일관되게 이론화하고 정당화한 시도들 가운데 하나"였다.[17]

로마뇨시와 까따네오의 사례로부터 당시 이딸리아 엘리트들이 특정한 형태의 자본주의, 그러니까 도시의 계급투쟁을 우회하면서 농업과 상업과 공업을 나란히 공존시키는 형태의 자본주의를 이상화하고 있었음을 알 수 있다. 앞에서 인용한 로마뇨시의 표현을 빌리자면, "산업도 산업 나름"이듯이, 자본주의도 자본주의 나름이었던 것이다. 역사가 후

60

네케(Volker Hunecke)도 로마뇨시의 견해를 고찰하면서 그의 사회철학이 외관상으로는 산업주의를 반대하는 것처럼 보이지만, 실상은 산업발전을 거부하지 않는, 이른바 "가장된 반(反)산업주의"(antiindustrialismo mascherato)라고 보았다. 그러면서 이는 당대 이딸리아 지식인과 기업가 들이 광범위하게 공유한 이데올로기였다고 진단했다. 확실히, 이런 후네케의 해석은 산업화에 필요한 이데올로기적 자극이 이딸리아에 부재했다는 거셴크론의 전통적인 견해에 도전한다. 다른 나라들과 마찬가지로 이딸리아에도 산업화를 자극한 이데올로기가 분명히 존재했다는 것이다.

후네케는 '가장된 반산업주의'의 이데올로기가 진취적이기보다는 소심하고, 역동적이기보다는 정적으로 보이지만, 농업국 이딸리아의 미래가 사회적 평화를 유지하는 점진적 산업화에 달려 있다는 확신에 근거한 근대화 이념이었다고 보았다. 이런 맥락에서 그는 '가장된 반산업주의'가 산업발전과 사회통제에 대한 이딸리아인들의 동시적인 관심을 반영하는 것이라고 단언할 수 있었다.[18] 이처럼 로마뇨시와 유사한 발상은 당대의 많은 텍스트들에서 확인된다. 예컨대『일반통계연보』의 편집장이던 싸끼(Giuseppe Sacchi)는 이렇게 썼다. "기계가 생산에 강력한 도움을 줄 수 있다는 것을 누군들 부정할 수 있겠는가? 그러나 문제의 핵심은 사회질서를 실질적으로 고려했을 때 기계의 도입이 분배 경제에 미칠 수 있는 결과에 있다. (⋯) 기계 문제는 하나의 다른 국면, 즉 사회적·정치적 국면 아래에서 파악되어야 한다."[19]

과연 로마뇨시의 사회철학은 당대의 많은 지식인들, 특히 빠도바 대학을 중심으로 형성된, 이른바 '롬바르디아-베네또 학파'의 지식인들,

즉 메세달리아(Angelo Messedaglia), 람뻬르띠꼬(Fedele Lampertico), 꼬사(Luigi Cossa), 루짜띠(Luigi Luzzatti), 모르뿌르고(Emilio Morpurgo) 등에 큰 영향을 미쳤다. 이 대목에서 이 학파에 대한 약간의 설명이 필요하다. 이 학파의 두드러진 지식인들 가운데 한명인 메세달리아는 '문명의 진보'나 '균형 잡힌 진보'(equilibrato progresso)와 같은 로마뇨시의 주요 개념들을 이른바 "사회적 뉴턴주의"(newtonianesimo sociale)의 시각에서 한층 더 발전시키려고 애쓴 인물이었다. 여기서 '사회적 뉴턴주의'란 뉴턴으로 표상되는 과학적 지식을 자연 세계만이 아니라 인간 사회에도 적용하려는 철학적 태도를 일컫는다. 특히 메세달리아는 인간을 둘러싼 구체적인 사회적·역사적 조건들을 무시하는 일체의 추상적 형이상학을 배격하고자 했다는 점에서 명백히 실증주의의 전통을 잇고 있었다.[20] 이런 철학적 입장에서 메세달리아는 유용한 과학적 지식을 국가행정에 결합시키고자 했다. 그에 따르면, 관료는 단순히 "경직된 법무부 장관이 아니라 국가 효용에 봉사하는 유연한 기관"이어야 했고, 그럼으로써 "전신과 기차"와 같은 과학기술적 성취로만 평가받으면서 최적의 행정 서비스를 제공할 수 있으리라고 주장했다.[21]

그러나 '롬바르디아-베네또 학파'의 주된 관심은 단연 사회 문제였고, 사회 문제를 다루는 경제학적 방식이 그들의 이론적 핵심이었다. '롬바르디아-베네또 학파'라는 명칭 자체도 경제학적 쟁점을 둘러싼 논쟁에서 적대자들이 붙여준 것이었다. 이론적 측면에서 '롬바르디아-베네또 학파'는 사회적 영역에 대한 광범위한 공적 개입을 옹호했던 독일 경제학파, 즉 그들 자신의 명명법을 빌리자면, "역사적 혹은 실험적 경제학자들"에게서 큰 영향을 받았다. 이리하여 그들은 고전 경제학에 바탕을 둔 자유무역론의 보편적 유효성을 부정하고, 자유방임을 제한하는 국가활동의 필요성을 인정했다. 그들이 산업화의 현실에 직면하여 사회 문제를 푸는 방식으로서 다양한 사회입법을 적극 추진해나갔던 것도 바로 이런 입장에서였다. 사회입법에 대한 크나큰 관심으로 말미암아 그들은 고전 경제학을 신봉한 적대자들로부터 "강단 사회주의자들"(socialisti della cattedra)이라는 원색적인 비난을 받을 정도였다.[22]

이와 비슷한 맥락에서 '롬바르디아-베네또 학파'는 추상적 경제이론을 거부하고 현실에 바탕을 둔 구체적인 사회경제적 조사법, 그러니까 역사가 푸미안(Carlo Fumian)의 표현을 빌리자면 "실재할 뿐만 아니라 끊임없이 진화하는 현실에 대한 관찰, 곧 통계와 역사에 근거한 실증적이고 귀납적이며 '실험적인' 방법"을 옹호했다.[23] 그들이 롬바르디아-베네또의 독특한 사회적·역사적 환경에 대한 경험적 연구를 통해 이상적인 경제발전의 경로를 구상하려고 한 것도 바로 그런 입장에서였다. 가령 메세달리아는 (일찍이 로마뇨시가 그러했듯이) "물질적 문명의 진보"가 진보의 필요조건이라고 생각하면서도 자유방임의 경쟁 체제가 "무정부 상태"를 야기하거나 "불손하고 나태한 프롤레타리아 대중"을 양산하는 상황은 기필코 회피되어야 한다고 보았다. 그러려면 노동자들이 공동체의 "사회적 가치" 실현에 참여할 수 있는 방식들, 예컨대 롬바르디아-베네또 농촌사회와 근대공업이 공존할 수 있는 방식을 발견해야 한다는 것이 그의 생각이었다.[24] 이런 사실들은 '롬바르디아-베네또 학파'가 지역사회의 특수한 현실과 사회 문제에 크나큰 관심을 갖고 있었음을 잘 보여준다. 또한 이런 관심으로 말미암아 그들의 사상은 경험주의와 지역주의라는 비난을 받기도 했다.[25]

이상의 문제의식으로부터 독특한 산업 온정주의의 이념이 나타났다. 이를 대표하는 인물이 람뻬르띠꼬였다. 그는 근대 산업발전이 야기한 사회변동을 착잡한 심정으로 지켜보면서 "부단한 기술-입법 활동"을 통해 롬바르디아-베네또 농촌사회의 전통적 유대관계를 파괴하지 않는 방식으로의 조화로운 산업발전을 모색했다. 역사가 말리아레따(Leopoldo Magliaretta)에 따르면, 람뻬르띠꼬는 "반(反)산업주의자" (anti-industrialista)가 아니었지만 그의 이상은 기본적으로 "반(反)도시주의"(antiurbanesimo)에 근거해 있었다.[26] 또한 람뻬르띠꼬는 국가의 정책적 노력 외에 노동자를 위한 사회적 행동주의를 제창하면서 사용자와 노동자의 "치명적인 분리"에 맞서 사회적 적대를 봉쇄하는 자선사업과 구호활동의 중요성을 강조했다. 그에게 민중은 늘 현실에서 고통받고 무언가를 필요로 하는 존재였다. 이런 생각에는 필경 롬바르디아-베네또 가톨릭교회의 '민중주의적' 사회활동의 전통이 반영되어 있었다.[27] 나아가 람뻬르띠꼬는 사용자와 노동자가 흉금을 터놓고 서로 간의 간극을 메울 수 있는 근본적인 방도가 필요하며, 이런 맥락에서 "사용자도 땀 흘려 일하고 일상적으로 사용자가 노동자와 함께하는" 롬바르디아-베네또의 전통적 소기업의 가족윤리가 미래의 대규모 산업을 조직하는 데도 필요하다고 역설했다.[28] 이와 같은 람뻬르띠꼬의 온정주의 이념은 롬바르디아-베네또의 독특한 환경에서 산업화를 추진한 많은 기업가들에게 큰 영향을 미쳤다.

이딸리아 기업가들의 산업 온정주의 이념은 이딸리아 엘리트들의 '자본주의 따라잡기'와 '자본주의 길들이기'의 프레임을 분석할 수 있는 훌륭한 사례를 제공한다. 물론 산업 온정주의가 반근대적이고 반자

'가난한 자들의 아버지' 알레산드로 로시

본주의적인 성격의 퇴행적 이데올로기라는 견해도 있다. 역사가 발리
오니(Guido Baglioni)에 따르면, 경제적·생산적 혁신과 전통적 사회관
계를 양립시키려는 산업 온정주의의 전망에는 고유한 모순이 있었고
이 모순은 결코 극복될 수 없었다고 한다.[29] 그리하여 그는 19세기 이딸
리아의 대표적 기업가 로시의 사례를 통해 그의 산업 온정주의가 사용
자와 노동자의 관계를 부모와 자식의 관계로 보면서 사용자에 대한 노
동자의 절대적 복종을 요구했다는 점에서 사용자와 노동자가 자유로운
주체로서 계약관계를 맺는다는 근대적 원칙을 무시한 것이었다고 비판
의 칼날을 벼렸다. 이런 비판적 시각에서 보면, 이딸리아의 산업 온정주
의는 이딸리아 산업 부르주아지의 후진성을 반영하는 사례일 뿐이다.[30]

그러나 산업 온정주의를 그렇게 단순히 평가하기는 어렵다. 발리오

니 자신도 인정했듯이, 농업과 공업을 공존시키면서 점진적인 산업화를 추구하는 '산업화로 가는 이딸리아의 길'은 자본주의 자체에 대한 반대가 아니라 사회적 갈등을 증폭시키는 방식의 특정한 유형의 자본주의에 대한 반대를 표명한 것이었다. 물론 로마뇨시의 영향을 받은 일부 사람들이 산업 자본주의 자체를 거부하면서 이를 "새로운 봉건제"라거나 "공장의 노예 상태"라고 비난한 경우도 있기는 했다.[31] 그러나 이 경우는 예컨대 '산업봉건제'를 추구한 로시의 경우와는 구별되어야 한다. 물론 산업과 봉건제를 절충하려는 로시의 이상이 유토피아적이었고, 그런 점에서 실패가 예정되어 있었다고 볼 수는 있다. 그러나 이 점이 로시가 자본주의적 기업가가 아니었다는 주장을 뒷받침하지는 않는다. 오히려 로시는 당대 이딸리아에서 가장 성공적인 기업가였다. 그러므로 로시는 불완전한 기업가의 사례라기보다는 기업가에 내재해 있는 또다른 속성을 보여주는 사례라고 할 수 있다. 그렇다면 로시를 비롯한 다양한 이딸리아 기업가들에 대한 폭넓은 고찰을 통해 그런 속성이 무엇인지 구체적으로 살펴보자.

제2장

산업봉건제

산업 온정주의의 정의

산업 온정주의란 산업화 시대에 적응된 전통적 온정주의 이념을 가리킨다. 더 구체적으로 말한다면, 산업 온정주의란 기업가와 노동자의 관계를 계약적인 착취관계로 보는 것이 아니라 온정에 기초한 부모와 자식의 관계로 보면서 자본주의적 발전과 노동자 복지를 동시에 추구하려는 이념, 그런 점에서 산업화와 가부장제 이데올로기를 결합시킨 특정한 신조 및 태도를 가리킨다. 그렇다면 이 개념이 경제 현실에서 실제로 의미하는 바는 무엇일까? 미국의 산업 자본주의를 연구한 브랜디스(Stuart D. Brandes)는 산업 온정주의를 가리켜 다른 이름의 복지 자본주의(welfare capitalism)라고 지적하기도 했다. 그에 따르면, 복지 자본주의는 그 뉘앙스로 볼 때 다분히 기업가에 친화적인 용어인 반면, 산업 온정주의는 그보다는 노동자의 편에 더 가까운 용어라는 차이점이 있다고 한다. 그러나 양자의 공통점은 자본주의 자체가 복지 문제를 다룬다는 점, 그러니까 기업가들이 노동자들에게 일정한 물질적 혜택을 베풀어주고 그 대가로 노동자들을 통제함으로써 사회갈등을 해소하려고 한다는 점이다.[1]

산업 온정주의는 비단 이딸리아에만 있었던 현상은 아니라는 점에서 그것을 연구하기 위해서는 다른 나라의 경우도 참조할 필요가 있다. 그런데 이 주제는 역사 연구에서 하나의 공백으로 남아 있다. 그만큼 연구가 적게 이루어졌다는 말이다. 그럼에도 몇가지 의미 있는 연구 성과들을 찾아볼 수 있다. 미국의 경우 산업 온정주의는 회사복지 혹은 복지 자본주의의 차원에서 다루어졌다. 번스타인(Irving Bernstein)은 사용자들이 노동자의 노동조합활동을 방지하는 수단으로 온정주의적 복지 정책을 채택했으나 노동자들의 충성심을 획득하는 데는 실패했다고 보았다.[2] 이에 대해 브로디(David Brody)는 노동자들이 훌륭한 복지 프로그램을 맞바꾸어 노동조합활동을 포기했다고 주장했다. 그러나 대공황이라는 어려운 시절에 사용자들이 복지 프로그램을 축소하면서 노동자들은 행동을 취하는 데 더이상 구속받지 않게 되었다고 한다.[3]

브로디의 논거에서는 온정주의가 사용자들에 의해 일방적으로 추진된 계획이 아니라 노동자들과의 특정한 관계 속에서 전개된 것임이 암시된다. 이는 (산업 온정주의는 아니지만) 온정주의에 대한 여러 연구에서 이미 잘 밝혀진 사실이기도 하다. 가령 미국 남부의 노예제를 연구한 제노비스(Eugene D. Genovese)에 따르면, 흑인 노예들이 온정주의를 받아들이면서 노예주에게 복종하는 대신에 그에게 더 많은 온정을 요구함으로써 더 많은 보호와 복지를 얻을 수 있는 수단을 발견했다고 한다.[4] 이는 식솔을 보호하고 그들에게 복지를 베풀어야 할 의무가 가부장에게 있었기에 가능한 일이었다. 이런 점에서 영국의 경우를 연구한 역사가 톰슨의 함축적인 표현을 빌리자면, 온정주의는 "서로 인정하고 인정받는 관계 속의 인간적 온기(human warmth)를 띠는 것이다." 이 관계에서 "아버지는 아들에 대한 의무와 책임을 의식하며, 아들은 자식의 지위를 수동적으로 받아들이거나 거기에 적극적으로 순응한다."[5] 그렇다면 온정주의는 사용자들의 일방주의가 아니라 사용자와 노동자의 상호성에 기초한 것이다.

다른 한편, 톤(Andrea Tone)은 세기 전환기 미국의 회사복지를 자본-노동 관계가 아니라 기업-국가 관계의 맥락에서 분석했다. 그는 사용자들이 기업이야말로 자비롭다는 사실을 노동자와 시민에게 과시하면서 기업활동에 대한 정부 규제가 불필요한 것임을 설득하는 수단으로 온정주의적 복지 프로그램을 운용했다고 보았다. 요컨대 톤에게 산업 온정주의는 진보주의 시대 미국에서 점증하는 국가 개입에 대항하여 반(反)국가주의적 공적 문화를 육성하려는 기업가들의 바람이 표명된 것이었다.[6] 이에 대해 맨델(Nikki Mandell)은 산업 온정주의의 분석에서 자본-노동 관계는 배제될 수 없다고 보았다. 산업 온정주의의 본질은 근대사회가 제기한 노동 문제에 대한 하나의 답변이었다는 것이다. 맨델은 진보적 기업가들과 사회복지사들, 임금노동자들이 서로 갈등하고 협력하는 가운데 기업복지 체제를 창출했다고 보았다. 그들은 복지활동이 노동자-경영진 관계를 갈등이 아니라 조화로운 동반자 관계로 변형시킴으로써 노동 문제를 해결할 것이라고 기대했다. 특히 복지 옹호자들은 가난한 노동자계급이 빅토리아 시대의 성별화된 가족주의의 이상에 따라 사는 법을 배움으로써 사회갈등이 극복될 수 있다고 믿었다. 요컨대 맨델에 따르면, 복지활동은 노동자들의 성격을 변화시킴으로써 노동관계를 통제하고자 하는 시도였다.[7] 이런 논거는 산업 온정주의에서 사회통제의 문제의식을 부각시키면서 젠더 문제까지 제기하는 장점을 보여준다.

산업 온정주의, 이상과 현실

그렇다면 이상의 연구사의 맥락을 참조하면서 이딸리아의 경우로 되돌아가보자. 이딸리아에서 산업 온정주의를 대표한 인물은 단연 로시였다. 그는 베네또 농촌지역인 스끼오(Schio)에 19세기 이딸리아에서 가장 큰 모직물기업을 세운 기업가로서 산업 온정주의의 이념을 원대하고도 체계적인 방식으로 제시하고 이를 몸소 실천한 드문 사례였다. 로시는 영국의 경우를 빗대 종교윤리가 결여된 산업사회에서는 항상 "파업의 나병"과 "사회주의의 생채기"가 생길 수밖에 없다고 주장했다. 물론 영국에 종교가 없지는 않았다. 그러나 로시에게 영국식의 프로테스탄티즘은 정통 교리와 위계를 부정하면서 개인주의와 공리주의를 유포시켰을 뿐이다. 프로테스탄티즘에 대한 로시의 반대는 다음과 같은 명제로 집약되었다. "사회주의의 유령은 합리주의에서 나왔다. 프루동은 볼떼르에서 나왔다. 마치 이들이 루터에서 나왔듯이."[8] 그런 점에서 로시는 가톨릭교회야말로 산업화가 야기할지도 모를 사회혼란을 막는 믿음직한 방파제이자 질서의 보루라고 확신했다. 게다가 그는 가톨릭 교회와 사제들이 추진하는 농촌신용금고 설립과 상조회 조직, 그리고 다양한 형태의 자선사업이 개별 기업가가 부담해야 할 사회적 비용을 절감해주고 산업화에 필요한 재원을 마련해준다는 점에서 산업화에 기능적인 수단으로서 유용하다고 역설했다. 이로부터 이딸리아, 특히 베네또는 가톨릭교회가 강성한 지역이었으므로 산업화에 이상적인 토양이라는 결론이 도출되었다.

이런 로시의 주장은 기독교 민주주의에 기초한 독특한 산업화의 전망으로 이어졌다. 그의 전망은 일체의 급진적 개혁을 배격하고 기성의 전통적 제도와 가치에 바탕을 둔 산업화에 초점이 맞춰져 있었다. 로시는 이런 산업화의 전망을 "산업봉건제"라는 극히 특이한 개념으로 요약했다. 그는 자신이 그런 독창적인 개념을 만들게 된 배경에 대해 다음과 같이 설명했다. "토지봉건제가 붕괴한 후 산업봉건제가 등장하고 이는 시대의 필연이다. 노동자들의 거대한 집중 속에서 가내노동은 파괴되고 가족은 위협에 처했다. 경고하는 바, 산업의 대표자들이 영혼과 심장을 잃어버린다면, 그들은 진정한 기독교 민주주의를 느낄 수도, 실천할 수도 없을 것이다."[9] 이 산업봉건제라는 형용모순적인 개념에서는 일체의 전자본주의적 제도와 가치 들, 그러니까 가족과 교회, 사랑과 박애 등을 총동원하여 산업화와 프롤레타리아화에서 비롯되는 사회갈등을 통제하고 봉쇄하려는 강력한 의지와 결단이 엿보인다.

기실, 로시가 추구한 농촌산업화 자체가 프롤레타리아화를 저지하려는 사회적 전략의 일환이었다. 물론 농촌산업화는 석탄이 전혀 없는 이딸리아에서 주력 에너지원인 수력을 이용하기 위한 불가피한 선택이

요, 저렴한 농민 노동력을 이용하려는 경제적 고려의 결과였다. 그러나 로시는 농촌산업화가 거대한 사회적 위험을 내재한 프롤레타리아화의 대안이라고 생각했다. 즉 농촌산업화란 노동력이 농촌에서 도시로 이동하는 것이 아니라 오히려 기업이 도시에서 농촌으로 이동하는 것으로서, 농민 노동력은 그대로 농촌에 뿌리를 두고 있다는 점에서 토지와 농민을 분리시키는 전통적인 프롤레타리아화의 반대라고 할 수 있다. 이리하여 로시는 스끼오를 중심으로 예컨대 삐오베네 농촌에 로께떼 (Rochette) 1, 로께떼2, 로께떼3 등 일련의 공장을 비롯하여 삐에베벨비치노(Pievebelvicino) 공장과 또레벨비치노(Torrebelvicino) 공장을 차례로 건립하고 이들을 연결하는 지방 철도망을 구축하는 등 대단히 주도면밀한 지리적 분산화를 추구했다. 이런 방식의 분산화는 이후에도 노동자들의 집중을 두려워한 기업가들이 애용한 경영 전략이었다.

공교롭게도 농촌산업화 특유의 분산화는 산업봉건제의 비유와 잘 어울리는 것 같다. 봉건제라는 개념 자체가 권력분산과 지방분권을 내포하고 있으니 말이다. 산업봉건제라는 개념은 매우 독창적이지만 거기에 담긴 발상 자체는 새로운 것이 아니었다. 이와 유사한 형용모순적인 개념들은 다른 경우들에도 많이 나타났는데, 예컨대 "봉건적 자본주의"라는 프랑스의 르 끄뢰조(Le Creusot)에서 나온 개념이 바로 그런 사례다.[10] 산업봉건제든 봉건적 자본주의든 공히 봉건제와 자본주의, 농촌과 도시, 농업과 공업, 요컨대 전통과 근대성의 평화로운 공존을 뜻했다. 그런 점에서 산업봉건제는 사실상 농촌공업의 발전을 정당화하는 개념이었다. 실제로 베네또 지역의 많은 기업가들은 농촌공업이 경제적인 이점을 줄 뿐만 아니라 사회적으로도 바람직하다고 여겼다. 예컨

72

르 끄뢰조의 제철소

대 베네또 삐아쫄라(Piazzola)에서 방대한 토지를 소유하고 여기에 직물 공장을 건설한 까메리니(Paolo Camerini)는 젊은 시절에 피폐한 농촌을 보고 충격을 받은 뒤 농업과 산업이 공생하는 "농산업적 유토피아"를 건설하려는 원대한 꿈을 실천에 옮기고자 했다. 그의 포부는 공장과 농촌, 자본과 노동의 조화를 통해 "작고 행복한 왕국"을 건설하는 데 있었다.[11] 그의 육성을 들어보자.

스스로의 운명으로 각자 모두와 공동체의 부를 증진하는 데 기여하는 일, 산업 분야에서 건강한 창의력을 촉진하는 일, 과학을 정복해 농업기술에 도입하는 일, 노동하는 이들의 작업에 합당한 보수를 지급하는 일,

노동자들이 어릴 때부터 젊어 일할 때와 늙을 때에 이르기까지 행복한 삶을 누리게 하는 일, 그들의 필요를 충족시켜주는 일, 그들의 고통을 진정시켜주는 일, 그들에게 휴식을 주어 원기를 북돋워주는 일, 현재의 사회질서를 유지할 수 있는 도덕적·경제적 향상을 이끌어주는 일, 바로 여기에 우리가 살고 있는 우애와 평등의 시대에 부가 수행해야 할 진정한 기능이 있다. 바로 여기에 (…) 자본과 노동 사이에 온갖 시기와 질투, 증오를 야기하는 원인을 퇴치하는 방법이 있다.[12]

이런 발상에서 로시나 까메리니와 같은 기업가들은 농촌에 공장을 짓고, 공장 주변에 정원을 조성하며, 노동자들에게 텃밭을 임대하고, 탁아소와 학교, 병원과 빙고 등 생활시설을 제공하며, 음악대와 독서회 등을 조직했다. 그들이 스끼오와 삐아쫄라에 건설한 "공장촌"(villaggio sociale)[13]에는 전원적이고 목가적인 농촌의 분위기와 더불어 노동자들에게 다양한 편의와 복지를 제공하는 자급자족적인 도시의 풍모를 조화시키려고 한 흔적이 역력하다. 더욱 흥미롭게도, "어릴 때부터 젊어 일할 때와 늙을 때에 이르기까지 행복한 삶을 누리게 하는 일, 그들의 필요를 충족시켜주는 일"이라는 까메리니의 표현에는 영국의 오언(Robert Owen) 등 초기 사회주의자들의 이념이나 20세기의 사회복지 이념을 떠올리게 하는 모티프까지 담겨 있는 것으로 보인다. 그런 점에서 당대인들의 경탄을 불러일으킨 대규모 공장촌들은 까메리니 자신이 명료하게 말하고 있듯이 자본주의 발전의 성과를 포용하면서도 자본과 노동 사이의 우애와 평등을 증진하려는 기업가들의 사회적 유토피아의 산물이었다고 할 만하다.

74

농촌공업의 유토피아는 강력한 산업 온정주의라는 이데올로기에 의해 정당화되었다. 예컨대 롬바르디아에서 가장 거대한 면직물기업을 일구어낸 끄레스삐는 로시와 쌍벽을 이루는 19세기 이딸리아의 강력한 온정주의 기업가였다. 그는 영국식의 산업혁명이 가족의 해체와 가족에 대한 불충을 야기하고 온갖 악습을 유포함으로써 사회주의나 무정부주의와 같은 도덕적 질병을 낳았다고 단언했다. 따라서 그는 전통적 가족모델의 회복과 이에 근거한 새로운 공동체의 건설이야말로 근대 대공업의 폐해를 방지할 수 있는 유일한 방법이라고 확신했다. 끄레스삐의 이런 가족모델에 따르면, 노동자는 사회계급은커녕 일정한 권리를 갖는 시민으로도 간주되지 않았다. 그들은 전통 시대에 주인의 지속적인 보호와 후견 아래에 놓여 있었던, 주인에게 복종해야 할 유순하고 순진한 가솔과 같았다. 그래서 끄레스삐는 과거의 전통 시대의 가족을 지극히도 향수어린 시선으로 다음과 같이 되돌아보고 있었던 것이다.

얼마나 좋은 시절이요, 행복한 사람들이었나! 부자들도 대부분 일주일에 6일을 열심히 일했고 (…) 충분히 유쾌하게 일할 수 있었던 빈자들도 가난하다고 한탄하지 않았으며, 마차를 타고 가는 대신 걸어서 간다고 하여 놀랄 필요도 없었고, 시기와 질투도 하지 않고 부정한 행위도 저지르지 않으면서 어디까지나 고상하고 건전했다. 그들은 '프롤레타리아'보다 더 많은 위험부담과 책임을 짊어진 '주인님들에게'(ai Padroni) 경의를 표하고 감사할 줄 알았다. 나는 그 옛날의 노동자, 장인, 문지기, 농민 가족 들에 대해 그런 만큼 그 옛 시절에 가족의 모든 필요를 충족시켜주고 온갖 고난을 뚫고 나갔던 좋은 '주인님들'을 애타게 그리며 회상

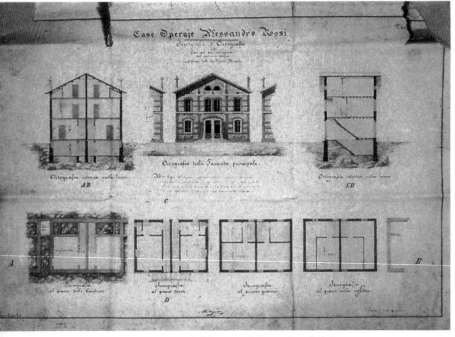

알레산드로 로시의 노동자 주택 설계도

했다. 우리 시대에 비하면, 그 당시는 얼마나 좋았던가![14]

바로 이 말이 온정주의 기업가의 정신상태를 잘 보여주고 있다. 그들은 자본과 노동의 관계를 경제적이고 계약적인 관계가 아니라 절대적 충성과 복종으로 맺어진 개인적 친분과 예속의 가족관계로 파악했다. 삐에몬떼의 마쪼니스(Mazzonis) 가문을 연구한 레비(Fabio Levi)는 이를 "좋은 아버지"(Buon Padre)의 이념으로 요약했다. 이 이념에서 중요한 것은 노동자를 포함한 일체의 "생산적 소유물을 기업가-주인의 인신(persona)에 가장 근접한 범위에 배치"하고 이를 통해 "주인의 의지

끄레스삐의 노동자 주택 단지(끄레스삐 다다, 유네스코 세계문화유산)

에 대한 복종"을 이끌어내는 것이었다.[15]

그런데 끄레스삐와 마쪼니스가 말하는 '가족'은 현대적 의미의 '스위트홈'과는 달랐다. 여기서 가족이란 라틴어 어원의 '파밀리아'(familia), 즉 가부장(paterfamilias)의 권위 아래에 놓인 모든 사람과 (노예를 포함한) 재산을 가리키는 말이다.[16] 그러나 다음과 같은 끄레스삐의 말을 들어보면, 그런 의미의 고대적 '파밀리아'에 근대적 '스위트홈'의 개념이 중첩되어 있었음을 알 수 있다. "바람직한 노동자 주택에는 오직 한 가정만 살고 주위에 작은 텃밭이 둘러쳐져야 하며 일체 다른 집과 공유하는 것이 없어야만 한다." 이런 구상은 필경 노동자 가족을 집단 행동의 연쇄와 사회주의 혁명의 오염으로부터 격리된 일종의 섬으로 만들려는 것이었다. 끄레스삐의 말은 이렇게 이어진다. "그렇게만 되면, 계급투쟁에 대한 어리석은 관심은 사라질 것이며, 마음은 항상 고상한 평화와 보편적 사랑의 이상을 향해 활짝 열릴 것이다."[17]

이딸리아의 경우에도 산업봉건제로 표상된 산업 온정주의의 복지 프로그램은 사회주의 혹은 노동조합의 실제적·가상적 위협에 맞선 사용자들의 대항 수단으로 채택된 것이 분명하다. 그리고 이 복지 프로그램은 노동자들의 저항과 전투성을 예방하는 데 확실히 유효했을 것이다. 그런데 산업 온정주의 자체에는 본질적인 딜레마가 잠복해 있었다. 온정주의적 사용자들은 기본적으로 노동자를 '주인'의 보호를 받을 수밖에 없는 미숙하고 연약한 존재로 표상했다. 이것이 온정주의의 대전제였다. 그러나 실제로 노동자들이 그런 존재인 건 아니었다. 기업가들도 이를 잘 알고 있었다. 그들의 눈에 노동자들은 종종 영악하고 일탈하는 대중으로 비쳤다. 박애의 대상이라기보다는 혐오의 대상이었던 셈이다. 그래서 기업가들은 노동자들을 "게으른 자들" "파업 선동에 꾀인 자들" "사악한 노동자들"이라고 부르며 비난을 퍼붓곤 했다.[18] 이렇듯 산업 온정주의에서 노동자에 대한 표상과 노동자의 현실은 괴리되어 있었다고 하겠다. 온정주의적 기업가들은 애써 현실을 외면하고 스스로 만든 가상의 노동자들에 대해 스스로에게 할당한 '주인'의 배역을 공들여 연기해야 했다.

그러나 노동자의 현실은 언제나 그런 연극을 중단시키곤 했다. 많은 기업가가 결근과 지각을 밥 먹듯 하고 음주 습관에 찌든 노동자들의 모습에 개탄했다. 예컨대 일요일에 진탕 술을 퍼먹고 다음날까지도 숙취에 고생하면 공장에 나오지 않는, 이른바 '성 월요일(St. Monday)의 관습'은 기업가들이 보기에 대표적인 악폐였다. 물론 노동자들이 게으르고 반항적이라는 평가는 어디까지나 기업가 편에서 내리는 것이다. 농민-노동자 편에서는 의미가 완전히 다를 수 있다. 그들 편에서는 공장에 나가는 것보다 밭에 나가는 일이 더 중요하고(특히 물가가 오르는 경우에는 더욱 더 공장일보다는 밭일이 중요했을 것이다), 내일을 위해 오늘 하루를 쉬는 것이 더 중요할 수 있다. 또한 포도주를 공동으로 저렴하게 구매하고 이를 나눠 마시며 교제하는 일은 자연스러운 절약과 사회성의 문화였을 것이다.[19] 이런 점에서 역사가 브루넬로(Piero Brunello)는 온정주의적 실천의 대상인 노동자들이 기업가가 마음대로 주무를 수 있는 존재가 아니라 "공동체의 권리와 숙련의 전통에 결부된, 나름의 정체성과 문화를 지닌 주민들"이었음을 지적한 바 있다. 이런 맥락에서 로시의 온정주의는 아무것도 모르는 백지상태의 순진한 주민들에 대한 선물이 아니라 자신의 권리와 전통을 잘 알고 있는 주민들과의 복잡한 갈등과 협상을 거친 타협의 산물이었다는 것이다.[20]

특히 1872년과 1873년 사이에 불어닥친 경제불황과 1873년 3월 22일부터 5일 동안 전개된 스끼오 최초의 대규모 파업은 로시의 온정주의적인 연극 무대를 한순간에 뒤흔들어놓기에 충분했다. 스끼오 파업은 새로운 두개의 공장이 합병되면서 임금이 하락한 시점에 발생했다는 점에서 의미심장하다. 스끼오 노동자들은 '좋은 아버지' 로시가 충분한 복지 프로그램을 제시하는 한에서는 온정주의적 수혜를 향유했지만 그런 수혜가 축소되었을 때는 기꺼이 '좋은 아버지'에 불복종을 표명한 것이다. 이런 사실은 산업 온정주의가 기업가와 노동자 사이에 이루어진 타협의 산물임을 증명하거니와 온정주의적 복지 프로그램의 한계를 동시에 보여준다. 파업 이후 스끼오를 "정원 도시"(città-giardino)로 만들려는 로시의 원대한 계획 — "새로운 스끼오" — 은 축소되었고, 노동자들에 대한 실질적인 통제는 예전에 비해 훨씬 더 강화되었다.[21]

이렇듯 로시, 끄레스삐, 까메리니 등의 이딸리아 기업가들은 이상적 공동체를 야심적으로 구상했지만, 본래의 원대한 계획은 실제 건설 단계에서 왜소화되기 일쑤였다. 그들이 그토록 원하던 자본과 노동의 평화도 단속적으로 벌어지는 파업과 시위 등으로 흐트러지는 경우가 많았다. 또한 온정주의 기업가들이 칭송한 '유순한' 농민 노동력은 기본적으로 생업인 농업에 묶여 있었기 때문에 노동의 정규성과 연속성이라는 측면에서 치명적인 약점을 안고 있었다. 따라서 기업가들은 농민-노동자들을 새로운 공장의 규율에 종속시키는 데 어려움을 겪어야 했다. 이런 맥락에서 보면 목가적으로 치장된 공장촌은 "농산업적 유토피아"라는 특정한 사회적 비전의 결과보다는 농민 노동력이 공장 밖에서 허비하는 시간을 최소화하기 위해 "총체적 공장"(fabbrica totale)[22]을 건설하려는 시도였다고 볼 수 있다. 과연 이 모든 사실은 산업 온정주의의 이상과 현실이 상당히 괴리되어 있었음을 암시한다. 말하자면 낭만과 목가의 유토피아는 달리 보면 감시와 처벌의 디스토피아일 수 있는 것이다.

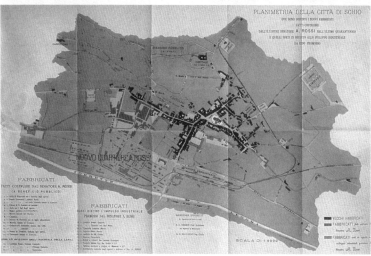

위 '정원 도시'의 이상(스끼오)
아래 '새로운 스끼오'의 청사진

알레산드로 로시의 모직물 공장(라니피치오 로시) 내부

만들어진 전통

만일 온정주의적 공장촌 건설의 의도가 노동력의 이용을 극대화하는 것이었다면, 그런 의도를 은폐할 연출력과 편집력도 그만큼 극대화되어야 했다. 근대산업의 합리성과 경제성은 '농산업적 유토피아'의 지극한 낭만주의와 목가주의로 대체되어야 했다. 로시의 '정원 도시'든 끄레스삐의 '좋은 아버지'든 모두 그 이면에 존재하는 엄혹한 현실은 숨기고 최상의 부분만을 내보이는 일종의 환상이었다. 즉 영국 시인 포프(Alexander Pope)가 꿰뚫어보았듯이, "그러므로 '목가'를 즐거운 것으

82

로 만들려면 어느정도 환상을 사용해야 한다. 즉 목동의 생활 중 최상의 부분만을 보이고 비참한 부분은 숨겨야 한다."[23] 텃밭과 정원, 독립적 농가, 농악대와 교회, 관대한 영주와 순박한 농민의 이미지 등은 17세기의 한 농경시가 목가적으로 노래했듯이, 시골 생활의 평화로움과 조화로움으로써 근대공장의 소란함과 치열함을 가리기 위해 동원된 수사학과 미장센이었다. 그런 점에서 이딸리아 농촌기업들의 '농산업적 유토피아'는 필경 기업가들의 놀라운 연출과 편집의 기술에 의해 만들어진 전통이었다.

> 오오, 신이시여! 여기 있는 모두가 얼마나 감미롭습니까!
> 들판은 얼마나 아름답습니까!
> 저희의 음식과 침대는 얼마나 깨끗합니까!
> 저희는 얼마나 즐겁게 시간을 보냅니까!
> 얼마나 편안하게 잠을 잡니까!
> 이 평화로움이여! 이 조화로움이여![24]

온정주의의 목가적 낭만주의의 허구성을 드러내기 위해 굳이 기업가의 숨은 경영 의도를 속속들이 들춰낼 필요까지도 없다. 농촌의 현실자체가 목가적 농경시들이 노래한 것과 같은 곳이 아니었던 까닭이다. 농촌의 현실을 있는 그대로 드러내는 것만으로도 그런 낭만주의는 간단히 허물어질 수 있다. 농경시들에는 밭을 일구고 가축을 사육하는 고된 현실, 먹거리를 위해 잔인하게 도축하는 과정, 횡행한 폭력과 만연한 죽음 등은 삭제되어 있다. 그리고 무엇보다 문학비평가인 윌리엄스

(Raymond Williams)가 날카롭게 지적했듯이, 그런 농촌의 "낙원"에는 "노동"이 존재하지 않았다. 이 낙원은 "인간이 노력하지 않아도 충분히 사용하고 즐길 수 있도록 만물이 저절로 자연스럽게 제공되는" 자연 그 자체의 공간으로 묘사되었다.[25] 그러나 이 모든 것은 명백히 허구다. 농촌은 빈곤과 기아, 잔혹과 분노가 넘쳐나는 공간이기도 했다. 그러므로 목가적 농경시에 대해 다음과 같은 반목가주의를 맞세울 수 있다.

풍성하게 차린 식탁,
맥주잔들은 마음을 즐겁게 해주는 노래를 부르고
너무도 관대한 그가 잔들을 빠르게 돌려서,
다가올 노동도 생각나지 않고 지나간 노동도 걱정되지 않네.
그러나 내일 아침, 다시 똑같은 일을 하러 가야 할 때가 되면,
내년의 곡식을 저장하러 똑같은 헛간으로 돌아가야 할 때가 되면,
속임수는 이내 들통나리.[26]

'농산업적 유토피아' 외에도 만들어진 전통은 많았다. 특히 로시의 형제애 개념은 흥미로운 사례다. 로시는 노사분규에 대한 국가 개입에 단호히 반대하는 과정에서 당시 루짜띠(Luigi Luzzatti)가 제안한 공장 입법을 일종의 "국가 사회주의"로 간주하고 이에 맞서 대안은 "형제애" 라고 응수했다. 로시에게 "서로 형제인 인간"(homo homini frater)의 관계를 법으로 규제하자는 발상은 결코 받아들일 수 없는 것이었다.[27] 그 는 형제애를 고지(高地) 비첸짜(Vicenza) 지역의 오랜 전통으로 이해했 다. 이 형제애의 전통을 연구한 마랑곤(Massimiliano Marangon)에 따

르면, 13세기에 독일계 주민들이 이 지역에 이주하여 이른바 '게르만적 생산양식'을 이식했다. 이 생산양식은 공동체적 토지소유 관계와 호혜성의 원리에 근거하여 토지를 정기적으로 재분배하면서 작동했다. 비첸짜 고지대는 토질이 척박하여 집촌(集村)보다는 산촌(散村) 형태가 우세했으나 완전한 개인주의화나 원자화 과정은 없었고 핵가족 간의 협동이 일반화되었다고 한다. 바로 이 형제들 간의 협동을 나타내는 말이 당시에 'pruudarkhot'였고, 이것이 이딸리아어의 'fratellanza', 즉 '형제애'였다는 것이다. 그런데 마랑곤의 설명에 따르면, 이런 게르만적 요소는 로시의 기업경영에서 제비뽑기로 상여금을 지불하는 관행에서 되살아났다. 요컨대 무작위로 추첨하여 상여금을 지급하는 관행은 그 옛날 게르만적 소유관계에서 공동지를 교대로 재분배한 관행과 정확히 일치한다는 것이다.[28]

그러나 추첨으로 노동자들에게 상여금을 지불하는 것과 토지를 농민들에게 정기적으로 재분배하는 것은 그 맥락과 내용이 엄연히 다르다. 만일 양자를 연결한다면 그것은 전통의 현대적 적용이거나 변형이라고 할 수 있다. 로시의 산업 온정주의에서 전통은 문자 그대로 전통이 아니라 새로운 맥락에서 새로운 의미를 부여받으며 발굴된 현상이었다. 그렇듯 로시의 형제애 개념에서 보이는 '전통주의'는 그 자체 과거에서 전수된 전통의 일부라기보다는 차라리 새로운 상황의 산물인 것으로 보인다. 로시가 구태여 형제애라는 개념을 발굴한 것도 '국가 사회주의'가 제기되는 새로운 상황에 대한 대응이었다. 그렇다면 로시의 형제애는 13세기 고지 비첸짜의 전통이라고 간주되는, 그러나 13세기 고지 비첸짜의 전통과는 전혀 다른 새로운 맥락과 내용으로 의식적으로 만들어진 전통이라고 간주될 수 있다. 그리고 이런 사실은 산업 온정주의 자체가 단순한 전통의 지속이 아니라 전통의 외피를 둘렀지만 새로운 맥락에서 등장한 새로운 이념이자 실천이었음을 강력하게 암시한다.

그런데 로시가 형제애를 내세우면서 일체의 국가입법에 반대했음에도 현실적으로 보호주의를 강력하게 주장했다는 사실은 일견 비일관된 태도로 여겨진다. 한편으로는 국가의 보호를 추구하면서도 다른 한편으로는 국가의 개입을 거부하기 때문이다. 이와 같은 모순적 사실은 19세기 이딸리아 기업가들이 기업경영에 대한 일체의 간섭을 배격하면서 기업가의 절대적 자유를 옹호했음을 말해준다. 그들이 이해한 자유주의는 바로 그런 면에서만 '자유주의적'이었던 것이다. 그러므로 미국에 대해 톤이 지적했듯이, 이딸리아에서도 산업 온정주의의 복지 프로그램은 반국가주의 전략의 도구로 기능했다. 바로 이 점에서도 온정주의는 단순히 전통을 차용한 것이 아니라 새로운 맥락에서 전통을 각색한 것임이 드러난다. 즉 산업 온정주의는 산업화라는 현실적 상황과 필요에 따라 다양한 전통들을 호출하여 근대적 기업경영의 요소들로 배치하는 의식적인 전략이었던 것이다.

이와 동시에 공장입법의 거부 뒤에는 또다른 차원의 새로운 현실, 그러니까 초창기 이딸리아 산업화에서 여성노동과 아동노동에 대한 무제한적인 이용이라는 노골적인 현실이 도사리고 있었다. 예컨대 로시의 주력 공장인 알따 공장(Fabbrica alta)에는 1888년에 1,000명의 남성노동자와 800명의 여성노동자가 고용되어 있었다. 심지어 삐오베네의 공장에는 1883년에 남성노동자 60명에 대해 여성노동자가 무려 399명이 있었다. 대체로 로시의 기업에서 여성노동자가 차지하는 비율은 전체의

35~40% 정도였다. 여성노동자들의 나이는 평균 20~25세였으며, 대부분 공장 주변의 촌락에서 충원된 것으로 보인다. 임금에 대해서는 통계자료의 부정확함과 공장별 차이로 인해 확실한 수치를 제시하기는 어렵다. 다만 1897년의 시점에서 공식적인 임금통계에 따르면, 가령 삐에베(Pieve)의 공장에서 일당은 1.15리라였지만 여성노동자들은 실제로 15일에 7리라만 받은 것으로 보인다. 1902년에도 사정은 나아지지 않아서 여성노동자들은 시간당 0.09리라를 받았다. 이로부터 '가난한 자들의 아버지'로 자처한 로시의 공장에 상대적으로 저임금을 받는 농촌 출신의 젊은 미숙련 여성노동자들이 많았음을 알 수 있다.[29] 이런 사실은 미국에 대해 맨델이 지적했듯이, 가부장적 가족모델이 여성노동을 낮게 평가하는 '성별화'(gendering) 양식이었음을 말해준다. 산업 온정주의는 여성을 최저임금으로 고용할 가능성을 기업가에게 허용했던 것이다.

그렇다면 산업 온정주의는 '자본주의 길들이기'뿐만 아니라 '자본주의 따라잡기'에도 유효한 수단이었던 것으로 보인다. 실제로 이딸리아 기업가들이 농촌에 공장을 건설하고 농민 노동력을 이용하려고 한 이유는 수력 확보의 용이성 외에도 농민-노동자들의 임금수준이 낮았기 때문이다. 농민-노동자들은 생계를 전적으로 공장임금에만 의존하지 않았기 때문에 농민-노동자들의 임금 상승 압박은 도시 노동자들에 비해 상대적으로 작았다. 이는 기업가들에게 거부할 수 없는 매력이었다. 그러므로 이딸리아에서 농촌기업의 우세와 농민 노동력의 확산은 후진성의 불가피한 귀결이라기보다는 기업가들의 의식적 선택의 결과였다고 하겠다. 동시에 일부 논자들의 눈에 산업 온정주의가 노동자들에 대한 무제한적인 착취에 근거한 '전근대적' 이데올로기로 보인 것도 그와 같은 맥락에서 이해할 수 있는 일이기도 하다. 물론 이런 상황은 오래 지속될 수 없었다. 산업 온정주의가 노동자들에 대한 착취를 복지 프로그램으로 상쇄하고자 했지만, 계급갈등은 피할 수 없는 현실이 될 것이었다.

제3장
산업왕조

가족기업의 정의

만일 자본주의에 대해 가치의 증식과 축적, 그리고 이를 가능케 하는 혁신의 요소를 중시하는 슘페터-뜨렌또의 정의를 받아들인다면, 자본주의라는 드라마의 주인공은 명백히 기업가일 것이다. 이 정의에서 기업가는 곧 혁신자다. 혁신자로서 기업가는 이윤 창출을 위해 어떠한 모험도 마다하지 않는 진취적인 인간이다. 여기서 핵심은 모험을 무릅쓰는 존재의 특성이다. 따라서 기업가는 언제나 파산의 가능성을 안고 있으며, 실제로도 기업가들은 경제 세계에서 쉼 없이 명멸해간다. 이런 면에서 기업가는 하나의 안정되고 지속적인 계층을 구성하지는 않는다. 슘페터의 유명한 표현을 빌리자면, "사실 사회의 상류층은 항상 사람들로 만원이지만 항상 다른 사람들로 만원인 호텔과 같다."[1] 치열한 자본주의적 경쟁 속에서 기업가들은 종종 하층에서 올라온 사람들로 충원되며, 또 영락하여 하층으로 떨어지곤 하는 것이다.

그렇다면 '호텔 이딸리아'는 어떠한가? 역사가 비가찌는 슘페터의 호텔의 비유를 패러디하여 "항상 사람들로 만원인 호텔 이딸리아에서 그 많은 방들 — 그러나 무엇보다 질 좋은 '스위트룸' — 을 차지하는 투숙객들은 거의 항상 같은 사람들이다"라고 지적한 적이 있다. 즉 이딸리아 기업가들은 슘페터의 생각과는 달리 '열린 계층'이 아니라 '닫힌 계층'이라는 것이다. 이런 맥락에서 비가찌는 이딸리아 자본주의에서 가족이 차지하는 특별한 위상을 강조하면서 "총수"(capo)의 절대적 권한이 통용되고 기업이 혈통에 따라 대물림되는 "산업왕조"(dinastia industriale)야말로 이딸리아 자본주의의 가장 중요한 특성이라고 단언했다.[2] 또한 역사가 아마또리(Franco Amatori)도 이딸리아 자본주의가 "모든 수준에서 보편주의적 관계라기보다는 가족주의를 특권화하는 국민문화와 더불어" 일종의 "재산 제한 선거제 형태의 자본주의"를 영속화했다고 주장하면서 이딸리아에서 가족기업의 중요성을 강조했다.[3]

이딸리아에서 가족기업(family firm)의 우세는 이딸리아 자본주의의 '전근대적' 성격을 입증하는 근거로 오랫동안 간주되어왔다. 이딸리아 자본주의의 가족기업 형태는 미국식의 효율적인 경영 자본주의 모델을 배제함으로써 세계시장에서 경쟁력을 확보할 수 없는 경제적 후진성의 산물이라는 것이다. 일찍이 기업사의 지배적인 패러다임을 제시한 챈들러(Alfred D. Chandler, Jr.)에 따르면 기업은 현대 자본주의 경제 발전의 핵심 주체로서, 소유와 경영이 분리된 '경영 혁명' 이래로 조직 역량의 강화를 통해 '경영 위계'를 수립하는 동시에 전략적인 장기 투자를 통해 '규모와 범위의 경제'를 실현해왔다.[4] 이렇게 보면, 경영기업 (managerial firm)은 종래의 가족기업의 한계를 극복한 진화된 기업 형태다. 바꿔 말해, 가족기업은 경영기업으로 진화하지 못하는 한 도태될 수밖에 없다는 것이다. 설령 도태되지 않는다고 해도, 가족기업은 소규모 노동집약적 경공업 부문에서만 명맥을 유지할 뿐, 대규모 자본·기술 집약적 중화학 부문에는 부적합한 기업 형태라는 것이 챈들러 패러다임의 기본 가정이다.

그러나 이런 가정은 문제가 있다. 왜냐하면 현실에서 첨단 기술력에 바탕을 둔 자본·기술 집약적 대규모 기업에서도 가족기업 형태는 오롯이 유지되고 있으며, 특정한 조건 아래에서는 경영기업을 능가하는 경쟁력과 성장세를 보여주기 때문이다. 무엇보다 통계 수치들이 경영기업에 못지않은 가족기업의 생존력과 지속성을 입증하는 유력한 증거다. 예컨대 한 통계에 따르면, 20세기 전환기의 산업화된 유럽 각국에서 전체 기업들 가운데 가족기업의 비율은 이딸리아가 75~95%, 영국이 75%, 스웨덴이 90% 이상, 독일이 80%였다.[5] 1990년대 초에도 가족기업은 유럽공동체 기업들의 75~99%, 유럽 GDP와 고용의 65%를 차지했다.[6] 나아가 유럽의 중소규모 기업들은 말할 것도 없고, 대기업들 중에서도 가족기업의 강세가 두드러진다. 최근의 한 통계에 따르면, 독일에서 가장 큰 100대 기업 가운데 17개가, 프랑스에서는 26개가, 이딸리아에서는 43개가 가족기업이다. 특히 프랑스와 이딸리아는 스스로를 가리켜 "가족 자본주의의 챔피언"이라는 말을 거리낌 없이 사용할 정도다.[7]

그런가 하면 경영기업의 본산으로 간주되는 미국의 경우에도 경영기업에 비해 가족기업이 약세를 면치 못한다는 단순한 주장은 통하지 않는다. 일찍이 벌(Adolf Berle)과 민스(Gardiner C. Means)는 개인 소유권(private ownership)을 주식의 80% 이상을 소유한 경우로, 다수 소유권(majority ownership)을 50% 이상, 소수 소유권(minority ownership)을 20~50%로 규정했는데, 이 기준을 받아들이면 1963년에 미국 기업의 80% 이상이 경영기업에 해당한다는 점에서 알 수 있듯이 경영기업이 절대적으로 우세한 듯이 보인다. 그러나 버치(Philip H. Burch)처럼 개인 혹은 가족의 수중에 전체 자본 중 최소 4~5%가 있고 1~2명의 가족 구성원이 이사회에 참석하는 경우를 가족기업으로 '느슨하게' 정의하면 사정은 달라진다. 이 기준을 받아들일 경우 1965년『포춘』(Fortune)지 선정 300대 기업 중 경영기업은 41%에 불과하고 '거의'(probably) 가족이 통제하는 기업은 43%, 나머지는 '아마도'(possibly) 가족이 통제하는 기업으로 분류된다. 그런가 하면 '보수적' 정의를 취하여 개인 소유자가 주식의 10% 이상을 소유한 경우를 가족기업으로 정의할 경우 1960년대 말 상위 500개 미국 기업들 중 약 150개가 가족기업으로 분류될 수 있다는 연구 결과도 있다.[8]

물론 이 통계 수치들에서 암시되듯이 가족기업에 대한 정의는 모호하다. 가족기업을 어떻게 정의할 수 있을까? 기업사가 꼴리(Andrea Colli)의 견해가 도움이 된다. 그는 가족기업을 양적인 방식과 질적인 방식을 구별하여 정의한다. 첫째, 가족기업을 지분의 몇 퍼센트를 소유하느냐는 기준에서 **양적으로** 정의하는 방법이 있다. 양적 정의는 일견 명쾌해 보이나 잘 들여다보면 자의적이고 주관적일 수 있다. 왜냐하면 어떤 경우는 지분의 5%만 소유해도 가족기업으로 정의되는 반면, 49%나

소유해도 가족기업으로 정의되지 않는 경우도 있을 수 있는 까닭이다. 게다가 다양한 '트릭'이 존재한다. 가령 1960년대 말 헨리 포드(Herny Ford)의 손자들은 포드 사의 지분 중 10%만 소유했지만, 그들이 소유한 지분은 주당 3,492표를 행사하는 'B 클래스 주식'이었다. 또한 듀폰(Du Pont) 가문도 듀폰 사의 지분 중 29%를 소유한 지주회사(Christiana Securities Ltd.)의 지분 30%만을 소유했다. 포드 가와 듀폰 가는 적은 지분으로도 다양한 '트릭'을 통해 기업 경영에 큰 영향력을 행사한 셈이다.

둘째, 가족기업을 **질적으로** 정의하는 방법이 있다. 질적 정의에 따르면, 가족기업은 다시 가족 소유(family-owned) 기업과 가족 경영(family-controlled) 기업으로 세분화된다. 전자는 가족이 의사결정권을 행사하는 충분한 양의 지분을 소유하거나 이사회에 충분한 자리를 차지하여 최고경영자를 지명할 권한을 행사하는 경우이며, 후자는 가족 구성원 1인이 전체 기업을 통괄하는 경우다. 콜리는 이런 구분을 받아들이며 가족기업을 '느슨하게' 정의하고자 한다. 그에 따르면, 가족기업이란 "최고경영자와 이사회의 다른 인사들을 지명할 권력과 가족의 가치와 문화에 따라 회사를 경영할 기회가 맞아떨어진" 기업 형태다. 조금더 덧붙이면, 그것은 "가족이 사업을 운영하는 과정에서 자기 자신의 자원, 즉 명성과 지식, 불확실성의 감소, 낮은 거래 비용에 의존하는 것이 가능한" 기업 형태다. 여기서 염두에 둘 점은 가족기업을 '느슨하게' 정의할 때, 많은 경우 가족기업과 경영기업이 중첩된다는 사실이다. 실상, 우리는 기업 조직의 두가지 형태가 결합된 수많은 '혼합체'(hybrid)를 흔히 발견할 수 있다. 실제로 현실의 기업 세계에서 확인할 수 있는 기업 형태의 다수는 이런 혼종적 형태다. 이런 사실은 가족기업이 수명

을 다한 기업 형태가 아니라는 것을 에둘러 말해준다.[9]

이처럼 가족기업이 기업 세계에서 여전히 존재하는 상황, 그것도 다수적 현실로 존재하는 상황을 고려하면, 가족기업에 대한 경험적·이론적 재검토가 필요할 것이다. 이런 맥락에서 일군의 역사가들은 가족기업이 거래 비용과 정보 비용을 절감하고 급속하게 변화하는 시장에 기민하고도 효과적으로 대응하는 기업 형태일 수 있다고 본다. 또한 그들은 가족기업에서 경영기업으로의 진화라는 천편일률적인 공식을 거부하면서, 기업이 실제 어떠한 형태로 발전하는가의 여부는 기업이 놓여 있는 사회의 제도적·문화적 환경에 의해 규정된다고 주장한다. 즉 어떤 사회에서는 경영기업이 유리할 수 있지만, 다른 사회에서는 가족기업이 경영기업보다 더 우월한 기업 형태일 수 있다는 것이다.[10] 이런 관찰을 바탕으로 일부 기업사가들은 오늘날에도 가족기업은 유효하며 앞으로도 번창하리라고 예측한다. 이런 맥락에서 가족기업을 기업사의 예외라기보다는 또다른 정상으로 보아야 한다는 주장이 힘을 얻는다.

만약 가족기업이 과거 기업사의 무시된 주제였기에 앞으로 연구해야 할 중요한 주제라면, 필경 이딸리아는 역사가들의 시선이 꽂히는 중요한 무대일 것이다. 왜냐하면 이 나라는 가족기업이 아주 인상적으로 발전한 귀중한 보고(寶庫)이기 때문이다. 가족기업에 대한 역사 연구에 이딸리아만큼 풍부한 사례를 제공하는 경우는 없을 것이다. 아마도 새로운 기업사 패러다임은 이딸리아에 대한 연구에서 나올 가능성이 크다. 일찌감치 이딸리아의 기업사가인 비가찌는 예지력을 발휘하여 이딸리아가 가족 자본주의의 면모를 띤다고 하여 이딸리아 자본주의가 정상에서 일탈했다거나 왜곡되었다고 해석해서는 안 된다고 경고한 바 있다.[11] 이딸리아에서 가족기업들은 특유의 장점으로 번성했고, 계속 번성하고 있는 까닭이다.

가족기업, 지상에서 영원으로

가족기업을 둘러싼 논쟁을 염두에 두면서 이딸리아 가족기업의 역사를 구체적으로 검토할 필요가 있다. 이 주제와 관련해서는 이딸리아 역사가 로마노(Roberto Romano)가 모범적인 연구를 수행했다. 그는 롬바르디아의 산업왕조인 끄레스삐 가문의 기원과 번영, 그 몰락의 과정을 장대하게 서술한 노작에서 가족기업의 장점과 단점, 그 성과와 한계를 날카롭게 통찰했다. 가족기업은 무엇보다 '자가 금융'(autofinanziamento)에 바탕을 두고 있다는 점에서 변덕스럽고 투기적인 금융시장으로부터 기업을 안정적으로 재생산할 수 있는 이점이 있었다. 또한 총수의 절대적 권한은 신속한 판단과 결정을 내리며 시장 환경에 대응하는 이점을 보여주었다. 그러나 동시에 투자에 유리한 시기인데도 가족이 충분한 자본을 갖고 있지 않다는 이유로 투자하지 못하고, 또 가족이 자산을 축적해놓고 있다는 이유로 불리한 시기에 투자를 감행하는 어리석음에 노출되어 있었다. 또한 가족기업은 종종 "일상적인 기업활동에 대한 때 이른 무관심"과 "축적의 본능과 향유의 본능 사이에서 벌어지는 파우스트적인 갈등"을 드러낸다. 끝으로 로마노는 "기업경영에 필요한 의사결정의 범위를 가족 집단에 한정하려는 요구"를 기업활동에 부정적인 결과를 낳은 가족기업의 결함으로 보았다.[12]

가족기업은 지상에서 영원으로 통하는 불멸성을 추구했음에도 불구하고 많은 경우에 3대를 넘기지 못하고 명멸해갔다. 한 세대가 부를 모으면 다음 세대가 최고의 부를 집중하고 그다음 세대는 부를 탕진하는 식이었다. 이를 토마스 만(Thomas Mann)의 소설에 빗대어 '**부덴브로크 신드롬**'(Buddenbrooks syndrome)이라고 지칭하곤 한다. 그의 대하소설 『부덴브로크 가의 사람들』에서 북독일 뤼베크의 상인 가문 부덴브로크는 제1세대 요한 부덴브로크 이래 창업과 수성의 단계를 지나 3, 4대의 몽상과 데카당스를 통해 급속히 쇠퇴와 몰락을 향해 갔다. 이때 가족의 존립을 위협하고 기업에 손실을 야기하는 것은 질병과 죽음, 사랑, 예술, 철학, 종교 등이다. 예컨대 3대를 대표하는 토마스 부덴브로크는 현실주의와 심미주의 사이의 격렬한 긴장과 갈등을 체현한 인물이다. 소설에서 그는 가족기업의 운명 자체를 성찰하는 일종의 화자 역할을 수행한다. 그는 자기 아들 속에서 계속 살아가기를 희망하지만 아들이 자기보다 더 허약하고 불안하며 동요하는 존재임을 알고 있다. 토마스는 "후손 속에서 영광스럽고도 역사적으로 존속하겠다는 우려 섞인 생각, 얼마 안 가 결국 역사적으로 해체되고 분해될 것에 대한 두려움"을 성찰한다. 한편, 그의 아들은 스스로를 쓸모없는 존재라고 생각하고 포기하려고 한다. 그는 이렇게 말한다. "난 망하는 가문에서 태어났대." 요컨대 '부덴브로크 신드롬'이란 가족기업의 모순과 그 필멸성에 대한 우화적 개념인 것이다.[13]

　　그러나 '부덴브로크 신드롬'이라는 개념이 함축하는 바, 가족기업의 근원적 한계에 대한 그런 비판은 지나치게 야박한 것일 수 있다. 왜냐하면 비단 가족기업뿐만 아니라 경영기업의 경우에도 100년 이상 번영하는 경우는 흔치 않기 때문이다. 19세기 후반 영국의 경험을 검토한 존스(Geoffrey Jones)와 로즈(Mary B. Rose)에 따르면, 가족기업의 생존율은 매우 낮아서 가업이 1대에서 2대로 전수되는 것만도 어려웠다. 그럴진 대 기업이 3대를 간다는 건 불가능에 가까웠다. 게다가 가족기업은 대체로 규모가 작고 자금력도 빈약하여 토지를 구매하는 것도 사치에 불과했으므로 ('부덴브로크 신드롬'이 암시하듯이) 기업가들이 '지주화' 되며 몰락한다는 가설도 지지될 수 없다는 것이 존스와 로즈의 판단이었다.[14] 이와 비슷한 맥락에서 이딸리아의 가족기업을 연구한 쎄그레또(Luciano Segreto) 역시 '부덴브로크 신드롬'이 입증되려면 먼저 가족기업이 3대에 도달해야 하는데, 3대까지 연속된다는 것 자체가 대단한 일이 아닐 수 없다고 보았다.[15] 그렇다면 3대에 몰락하는 가족기업은 이미 성공한 기업이다. 요컨대 '부덴브로크 신드롬'은 몰락의 담론이 아니라 성공의 신화인 것이다.

과연 창업 세대를 훌쩍 넘어 장수한 가족기업들을 보면 생존과 번영을 위해 가능한 모든 수단을 동원하여 치열한 생존투쟁을 벌였음을 알 수 있다. 먼저 내부적으로 가족기업들은 한편에서 가족의 인력과 재원, 인맥 등을 효율적으로 이용하고 다른 한편에서 후대의 경영 능력을 제고하기 위해 어렸을 때부터의 엄격한 도제활동이나 '황제교육'에 몰두했다. 그런가 하면 외부적으로 가족기업들은 가장-총수의 절대적 권한을 유지하면서도 유능한 경영자와 엔지니어를 영입함으로써 경영 조직의 장점을 취하기도 했다. 심지어 가족이 소유권을 유지하되 경영권은 전문 경영진에게 완전히 위임하는 경우도 많았다. 그렇기에 가족기업을 '가족 소유' 기업과 '가족 경영' 기업으로 대별할 수도 있다. 이와 같

은 사실은 실제 사업 세계에서 가족기업과 경영기업의 구별이 유동적
이며, 양자의 혼종적 형태가 다수를 이루고 있음을 함축한다. 이런 점들
을 고려하면, 가족기업이 경영기업에 비해 태생적으로 열등하여 실패
가 예정되어 있는 기업 형태라는 통념은 유보할 필요가 있다.

　나아가 가족기업은 '자본주의 길들이기'라는 프레임에도 잘 부합하
는 현상처럼 보인다. 특히 끈질긴 생명력과 유연성을 과시하며 번창한
이딸리아의 가족기업들은 이딸리아 기업가들의 '자본주의 길들이기'
라는 프레임을 잘 드러내 보여주는 사례다. 예컨대 19세기 이딸리아에
서 산업봉건제가 프롤레타리아화가 야기하는 노동 세계의 혼란을 방지
하기 위한 도구였다면, 이딸리아 특유의 산업왕조는 끊임없이 주인공
들이 나타났다가 사라지는 혼돈 속에서 기업가 세계의 연속성을 유지
하기 위한 또 하나의 유력한 방편이었다. 다시 말해 자본주의의 발전에
따른 급격한 변화에 대한 통제라는 문제의식에서 볼 때, 산업봉건제와
산업왕조는 명백히 안정과 질서의 보루였던 것이다. 그러므로 이딸리
아의 경우 산업봉건제로 표현되는 산업 온정주의와 산업왕조로 대표되
는 가족기업은 잘 어울리는 한 쌍이었다.

　그런데 이딸리아의 산업왕조는 소수의 가문들이 생산과 금융을 지배
하며 군림했던 만큼 숱한 비판 공세에 시달리기도 했다. 특히 한 줌의
산업왕조가 정경유착을 통해 국가정책을 좌지우지하면서 국가를 '사
유화'하고 있다는 신랄한 비난이 쏟아졌다. 이로부터 이딸리아에서는
이른바 "과두적 가족 자본주의"[16]라는 표현이 이딸리아 자본주의 특유
의 기생성과 불모성을 함축하며 널리 유통되었다. 이런 맥락에서 유능
한 경영자였던 꼰띠(Ettore Conti)는 파시스트 정권 시절의 산업왕조에

대해 다음과 같이 따끔한 일침을 가하기도 했다.

우리가 민중에게 더 가까이 다가가고자 한다고 일상적으로 말하던 이 시기에 산업 분야에서는 실제로 낡은 봉건제를 떠올리게 하는 금융 과두정이 형성되었습니다. 생산은 개인이 지배하는 소수 집단들에 의해 완벽하게 통제되고 있습니다. 아넬리(Agnelli), 치니(Cini), 볼뻬(Volpi), 삐렐리(Pirelli), 팔끄(Falck) 외 몇몇 인사들이 문자 그대로 다양한 산업 부문들을 지배하고 있는 것입니다.[17]

그렇다면 산업왕조는 이딸리아에서 일종의 '국가 속의 국가'였던 것으로 보인다. 산업왕조의 전성기를 이끈 기업가들은 대외적으로는 국가와 정치 세력의 간섭을 배격하고 대내적으로는 다루기 힘든 노동자들을 통제하면서 자기가 일군 왕국을 후계자에게 물려주었다. 그리고 이런 모습은 일찍이 슘페터가 말한 바와 같이 기업가에 내재하는 비경제적 동기, 즉 개인 왕국을 건설하려는 권력 의지와 정복 욕구를 가감 없이 보여준다. 경제학자 마글린(Stephen A. Marglin)도 기업가란 어떠한 존재인지를 묻고 난 후, "담대하고 야심적인 나뽈레옹과 같은 인간"이 될 때에만 기업가는 성공할 수 있었다고 말했다. 영국 산업혁명 초기에 비슷한 기계를 사용한 와이엇(John Wyatt)과 아크라이트(Richard Arkwright) 중 전자는 파산하고 후자는 성공한 이유도 아크라이트가 나뽈레옹의 기질을 타고났기 때문이라는 것이다. 요컨대 마글린에게 기업가란 비단 기술적·경제적 효율성으로만 움직이는 존재가 아니었다. 기업가에 내재하는 정복자의 기질과 권력자의 욕망이 기업가의 성패를

이딸리아 산업왕조의 개창자 조반니 아넬리. 이딸리아 왕 비또리오 에마누엘레 3세와 함께

좌우했다.[18]

　이딸리아에서도 성공한 기업가들은 거의 대부분 마글린이 말한 "나뽈레옹과 같은 인간"이었던 것으로 보인다. 앞에서 살펴본 19세기 이딸리아에서 강력한 산업왕조를 개창한 끄레스삐와 마르쪼또 등이 바로 그런 인물들이었다. 20세기에 들어와서도 나뽈레옹의 혈통은 끊어지지 않았다. 1899년에 설립되어 이딸리아 최대의 자동차기업으로 성장한 피아트의 창업자 아넬리(Giovanni Agnelli)야말로 대표적인 나뽈레옹의 후예였다. 미국 노동운동 지도자인 곰퍼스(Samuel Gompers)가 아넬

조반니 졸리띠

리를 가리켜 주저 없이 "유럽 자동차산업의 나뽈레옹"이라고 부른 것
도 우연은 아니었다. 이와 비슷한 맥락에서 당대에 아녤리와 대결했던
사회주의자 그람시도, 가까이에서 지켜보면서 아녤리를 "전제 군주"에,
그리고 피아트를 "절대주의 국가"에 지체 없이 비유하기도 했다.[19] 과연
아녤리는 끄레스뻬와 마르쪼또 등 19세기 이딸리아 기업가들의 유전자
를 고스란히 물려받은 20세기 산업왕조의 개창자였던 것이다.

그러나 20세기 이딸리아의 산업왕조는 19세기와는 완전히 다른 생태
계에서 진화해야 했다. 특히 19세기 말부터 이딸리아에서 산업화와 도
시화가 급진전하면서 노동운동이 활성화되고 사회 문제가 부각되자,
혼돈 속의 질서를 보증하는 왕조적 연속성은 근본적으로 위협받고 동
요하기 시작했다. 이런 새로운 환경에서 기업경영에 대한 국가의 개입
도 필연적일 수밖에 없었다. 이 필연성을 현실성으로 바꾼 인물이 바로
졸리띠(Giovanni Giolitti)였다. 그는 '졸리띠 시대'로 불리는 1900년에

서 1914년 사이에 수상과 내무장관을 번갈아 역임하며 정부 중재를 통해 노사관계를 공식화하고 안정화시키려고 시도했다. 이로부터 노동자 단체의 교섭권과 파업권이 법적으로 인정되는 가운데 이른바 "산업 민주주의"의 시대가 도래했다. 이제 산업왕조와 환상의 콤비를 이루었던 산업봉건제는 산업 민주주의와 경합해야 했다.

이와 같은 새로운 사회적 상황과 제도적 현실 속에서 무엇보다 의미심장한 사실은, 이딸리아 기업가들이 자신들의 집단적 이해관계를 옹호해야 할 새로운 필요성을 인지했다는 점이다. 특히 전국적 차원의 산별 노동조합의 등장이 이딸리아 사용자들의 동맹을 자극하고 촉진했던 것으로 보인다. 이로부터 마침내 1910년 이딸리아산업총동맹, 즉 꼰핀두스뜨리아(Confindustria, Confederazione Generale Italiana dell'Industria, Confindustria)가 11만 3,000개의 회원 기업을 거느린 이딸리아 최대의 사용자단체로 결성되기에 이르렀다. 꼰핀두스뜨리아의 등장은 필경 '20세기적인' 새로운 현실이었다. 이는 향후 파시즘의 등장과 체제화를 이해하는 데도 필수불가결한 변수라고 할 수 있다. 이제 20세기 전반 졸리띠 시대와 파시즘 시대를 거치며 이딸리아 기업가들은 완전히 새로운 과제에 직면하게 된다. 그들은 거대한 조직노동과 대결하는 가운데 한편으로 국가의 원조를 향유하면서도 다른 한편으로 국가의 간섭을 뿌리치고 기업경영의 자율성을 지키기 위해 국가와 경쟁해야 했던 것이다.

막간극

#1 아름다운 시절

돌이켜 보건대, 졸리띠 시대는 이딸리아의 위대한 산업적 성취가 이루어진 시기였다. 이 시대는 유럽 현대사의 세기 전환기로서 흔히 '아름다운 시절'(la belle époque)이라고 불리는 때와 대략 일치한다. '벨 에포크'라는 아름다운 표현에서도 잘 나타나듯이, 졸리띠 시대의 이딸리아는 많은 사람의 눈에 경제적으로 번영하고 물질적으로 풍요로운 부르주아 사회로 안착하고 있는 것처럼 보였다. 그러나 '벨 에포크'는 곧 닥쳐올 끔찍한 전쟁을 잉태하고 있었다는 점에서 역설적인 표현이기도 하다. 그와 같이 졸리띠 시대는 발전과 풍요만큼이나 이해관계들이 갈등하고 그런 갈등이 때로 폭력적으로 분출되던 시기이기도 했다. 또한 19세기 리소르지멘또의 위대한 약속에 여전히 심취해 있던 사람들의 눈에 졸리띠의 이딸리아는 국제무대에서 열강에 걸맞은 권력을 행사하지 못하는 누추하고 남루한 이딸리아, 즉 '이딸리에따'(Italietta)로 보이기도 했다. 이 자조 섞인 표현은 졸리띠 시대 이딸리아인들이 작고 사소한 이익에 집착하면서 드러낸 이기적인 소부르주아 근성을 표현하기도 한다.[1]

그럼에도 '벨 에포크' 시대의 이딸리아가 성취한 산업적 성과는 대단히 인상적인 것이었다. 밀라노를 중심으로 한 롬바르디아 지역만 보더라도 그런 성과는 금방 확인할 수 있다. 1906년에 기업가 브레다(Ernesto Breda)가 밀라노 근교 쎄스또 싼 조반니(Sesto San Giovanni)에 기계를 제작하는 거대한 공장을 설립한 이래로 이곳에서만 세곳의 브레다 공장이 가동되기 시작했다. 그런가 하면 같은 해 같은 곳에 강철기업 팔끄가 전기로 강철을 생산하는 새로운 공장을 건립함으로써 쎄스또 싼 조반니는 일약 롬바르디아의 위대한 산업발전을 상징하는 중심지로 떠올랐다. 곧 팔끄는 1920년에 들면 이딸리아 강철 시장의 약 10~15%를 차지하는 대기업으로 발돋움할 것이었다.

그외에도 '벨 에포크'를 장식한 기업들의 면면은 화려하다. 선발국의 앞선 기술을 채택한 일련의 기업과 공장 들이 줄줄이 산업 롬바르디아를 거점으로 발전했다. 예컨대 왕년의 가리발디주의자 꼴롬보(Giuseppe Colombo)가 이끈 전기 분야의 대표 주자 에디손(Edison)은 당대의 가장 혁신적인 기업이었다. 당시만 해도 석탄이 여전히 에너지 수요의 85%를 차지하고 있었음에도 에디손의 발전과 함께 도래한 전기는 석탄을 부존자원으로 갖지 못한 "나라의 오랜 경제적 열등 상태로부터의 결정적인 해방"을 상징했다.[2] 고무화학 분야의 삐렐리도 잊을 수 없다. 이

삐렐리 공장(밀라노, 1920년대)

기업은 또 한명의 가리발디주의자였던 삐렐리(Giovanni Battista Pirelli)
에 의해 설립되어 전선과 타이어를 생산한 롬바르디아의 대표 기업이
었다. 과연 꼴롬보나 삐렐리와 같은 애국자-기업가들에게 **정치적 리소
르지멘또**의 시대는 저물었고 **경제적 리소르지멘또**의 시대가 개막되었
다. 이들은 당시 자유주의 경제학자 에이나우디(Luigi Einaudi)의 표현
을 빌리면 "혁신적 열정과 더불어 다가올 경제투쟁에 필요한 능력을 꿰
뚫어 본 사람들"이었다.[3] 그외에도 전기 모터를 생산하는 마렐리(Ercole
Marelli)의 공장들, 자전거 생산에서 시작하여 자동차 생산으로 확장된
비앙끼(Bianchi), 타자기를 생산한 올리베띠(Olivetti) 등이 산업 롬바르
디아의 프로필에 한 줄을 차지한 첨단 기업들이었다.[4]

이들 기업은 공히 두개의 거대 은행, 즉 밀라노 스깔라 광장에 본점을

둔 이딸리아 상업은행(Banca Commerciale Italiana)과 제노바에 본점을 둔 이딸리아 신용은행(Credito Italiano)의 금융 지원이라는 엄호를 받으며 국내 시장을 정복해나갔다. 과연 상업은행과 신용은행이 이딸리아 산업의 역사에서 차지한 비중과 영향은 압도적이었다. 두 은행은 자유주의 시대에 독일 자본으로 수혈되어 이딸리아 정치 엘리트들의 로비로 움직이면서 이딸리아의 거대 중공업 부문 기업들에 대한 투자자이자 경영자로 오랫동안 군림할 것이었다. 비록 상업은행과 신용은행은 대공황의 충격 속에서 파산 위기에 처해 국유화될 것이지만, 그 이전까지 이딸리아 산업화의 데미우르고스의 역할을 수행했다. 거센크론이 후발국 산업화의 으뜸가는 제1동인(動因)으로 꼽았던 바로 그 겸영(兼營) 은행이 바로 상업은행과 신용은행이었던 것이다.

산업 이딸리아의 위용이 롬바르디아 지역에만 국한된 것은 아니었다. 그에 버금가는 다른 지역의 사례들도 많았다. 그중 인상적인 두가지 사례만 들어보면 다음과 같다. 리구리아에는 당시 밀라노의 브레다와 쌍벽을 이룬 제노바의 거인 안살도(Ansaldo)가 있었다. 특유의 금융 수완과 협상 능력으로 경영권을 장악한 뻬로네(Ferdinando Maria Perrone)는 라틴아메리카와 터키 등지로 공격적으로 팽창해나갔고, 그런 가운데 안살도는 이딸리아 근대화를 선도하는 가장 거대한 기업 중 하나로 성장했다. 이딸리아 군대가 보유한 화포의 약 90%가 안살도의 꼬르닐리아노(Cornigliano) 공장에서 생산되었다. 뻬로네 형제는 "알프스산맥에서 바다에 이르는 거대한 산업제국, 즉 '이딸리아 루르'(Ruhr italiana)의 실현"을 꿈꾸었으나, 후일 금융 스캔들에 휘말리고 '전시 부당이득 취득자'의 오명을 쓰며 몰락했다.[5]

106

피아트 린고또 공장의 옥상 시험주행로 건설 장면

　그런가 하면 삐에몬떼에는 조만간 이딸리아 자동차산업의 대표 기
업으로 성장할 또리노의 거인 피아트가 있었다. 이 대규모 자동차기업
의 총수 아녤리는 어떤 면에서 당대의 '이딸리에따'를 상징한 인물이
었다. 이딸리아의 저명한 언론인이자 정치가인 스빠돌리니(Giovanni
Spadolini)의 감상에 따르면 아녤리는 정치적으로 "둘도 없는 졸리띠주
의자"였을 뿐만 아니라 절제와 근면, 구체성의 추구 등 전형적으로 "졸
리띠적인" 자질을 체현한 인물로서, 그가 창립한 피아트는 졸리띠 시
대의 "매혹적인 성장과 변형"을 상징한 천재의 작품이었다.[6] 물론 피아
트 외에 이딸라(Itala)와 란차(Lancia), 비앙끼, 이소따 프라스끼니(Isotta
Fraschini), 알파 로메오(Alfa Romeo) 등 상당한 기술력을 갖춘 자동차

[표 1] 1911년 산업 센서스 조사에 따른 부문별 및 지역별 산업 분포 현황(%)

	삐에몬떼	리구리아	롬바르디아	그외 지역
직물업	20.7	2.2	53.5	23.6
금속업	11.6	20.1	24.8	43.5
첨단 기계업	16.1	14.5	28.6	40.8
전통 기계업	13.2	4.6	22.2	60.0

출처: Nicola Crepax, *Storia dell'industria in Italia: Uomini, imprese e prodotti* (Bologna: Mulino 2002), 27면.

제조업체들이 틈새시장을 노려 번성했으나, 피아트의 아성을 넘볼 수는 없었다. 과연 1899년에 피아트를 창립한 아녤리는 또리노의 꼬르소 단떼(Corso Dante)의 5만m²에 달하는 부지에 자동차 공장을 세웠는데, 이 공장을 미국과 독일에서 들여온 최신 설비들로 가득 채운 뒤 해마다 수천대의 자동차를 생산하기 시작했다. 그리고 꼬르소 단떼의 공장은 곧 미국 포드 사의 하일랜드파크(Highland Park) 공장을 본떠 린고또(Lingotto)에 세워진 새로운 진보적 공장으로 대체되었다. 린고또 공장은 1층으로부터 차례로 공정이 연결되어 최종적으로 완성된 자동차가 옥상에서 시운전을 겸하여 지상으로 내려오게끔 설계된, 근대성의 총아라고 할 만했다.

[표 1]은 1911년 당시 산업 이딸리아의 세 중심 지역과 나머지 지역의 산업 부문 분포를 보여준다. 롬바르디아와 삐에몬떼에서는 전통적 산업인 직물업이 우세한 가운데 높은 기술 수준을 갖춘 기계업 및 금속업 부문이 상당히 도약하고 있었다. 안살도의 존재감이 큰 리구리아에서는 직물업은 미미한 반면, 기계업 및 금속업의 비중이 상당했다.

이런 산업발전의 성과로 이딸리아의 인구와 소득이 증가하면서 각종 통계 지표들이 크게 개선되었다. 예컨대 출생률과 사망률(특히 유아 사망률)은 하락하고 기대수명은 상승했다. 1880년경에 영국과 프랑스의 기대수명이 42세, 이딸리아는 35세였지만, 1930년경이 되면 영국과 독일, 미국이 60세이고 이딸리아는 프랑스와 함께 55세를 기록했다. 이딸리아와 선발국 사이의 차이가 크게 줄어든 것이다. 이리하여 이딸리아 인구도 1870년과 1911년 사이에 2,800만명에서 3,700만명으로 크게 증가했다. 졸리띠 시대에 최대 인구를 자랑한 도시는 75만명의 주민을 거느린 나뽈리였고, 그 뒤를 70만명의 밀라노와 50만명의 로마, 40만명의 또리노와 제노바 등이 잇고 있었다. 이 모든 수치들은 역사가 끄레빡스(Nicola Crepax)가 적절하게 표현했듯이 "진화하고 있는 사회의 표현"이었다.[7]

이렇듯 '벨 에포크'의 이딸리아에서 산업 자본주의가 역동적으로 진화하고 있었으므로, 정치 역시 새로운 현실에 맞게 진화해나갈 수밖에 없었다. 바로 **졸리띠주의(giolittismo)**가 진화하고 있는 정치의 표현이었다. 졸리띠는 산업 자본주의에서 야기된 계급갈등의 현실을 인정하면서 1900년에 파업을 합법화하고, 노사분규에서 정부의 중립을 보증하는 파격적인 조치를 통해 자본-노동 관계를 안정화하고, 이딸리아 사회당(Partito Socialista Italiano, PSI)을 대화 상대자로 삼아 사회주의 세력을 체제 내부로 견인하려고 했다. 확실히 이런 시도는 역사가 코너(Paul Corner)가 적절하게 지적했듯이, **보수적 목표**를 실현하기 위한 **급진적 방법**이었다. 이 방법의 골자는 자본주의를 유지하기 위해 사회주의를 포용하는 것이었다.[8]

그런데 파업의 합법화 및 정부의 중립주의 외에 당시 중요한 쟁점으로 떠올랐던 것은, 이미 1898년 밀라노 폭동과 잇따른 유혈 사태가 잘 보여주었듯이 노동 대중의 빈곤과 이에 대한 점증하는 불만이었다. 당시 한 언론인은 이렇게 쓰기도 했다. "배고픈 사람들은 조국을 사랑할 수 없다. 그 어떤 적군도 비참보다 더 무섭지는 않다."[9] 이에 빈곤 문제를 해결하고 부의 재분배 효과를 수반하는 세제개혁이 쟁점으로 떠올랐다. 특히 생필품(소금, 설탕, 빵, 석유 등)에 대한 소비세를 폐지하거나 완화함으로써 당장 대중의 생활조건을 개선할 뿐만 아니라 부를 재분배하는 데 기여할 수 있으리라는 생각이 탄력을 받고 있었다. 그럼에도 세제개혁에 대한 반대 여론도 만만찮았는데, 근거는 소비세의 손실을 보상할 만한 세원이 마땅치 않고 군비지출의 필요성이 크다는 데 있었다. 그리하여 1901년 젊은 재무장관인 볼렘보르그(Leone Wollemborg)가 추진한 세제개혁은 더 큰 세금 부담을 우려한, 주로 지주계층을 대변하는 보수 세력의 반대에 부딪쳐 무산되고 말았다. 졸리띠 자신은 그 이전까지는 세제개혁의 필요성을 역설했으나, 정작 개혁이 난파될 위기에 처했을 때는 승산이 없다고 판단했는지 볼렘보르그를 지원하는 그 어떤 조치도 취하지 않은 채 방관만 했다.

볼렘보르그 세제개혁의 실패에도 불구하고 북부의 산업 노동자들은 졸리띠주의에 의해 보장된 단체협상권을 바탕으로 상당한 수준의 임금인상을 이끌어냈다. 이로써 세제개혁으로 가능해졌을지도 모를 조세 부담의 경감분을 훌쩍 뛰어넘는 실질소득이 노동자들에게 확보될 수 있었다. 이처럼 졸리띠주의는 사용자와 조직노동 사이의 안정된 협상 구조를 통해 북부 산업 노동자들의 이해관계를 지지해주었다. 그러나

1898년 밀라노 폭동 당시 체포된 사람들의 호송 행렬

이런 자본-노동 관계는 명백히 농업 위주의 남부를 소외시키는 것이었
다. 남부에 조직노동이 거의 존재하지 않았음을 고려하면, 남부의 농민
노동자들은 북부의 산업 노동자들이 얻은 물질적 혜택에서 배제될 수
밖에 없었고, 다만 정부의 공공지출로만 보상받았다. 이런 공공지출을
통해 남부의 빈곤이 다소 완화된 것은 사실이었지만 빈곤 자체는 해결
되지 못했다. 또한 사용자와 조직노동 사이의 협상 구조는 프롤레타리
아트의 정체성 및 조직과 동일시되기를 거부하는 도시의 폭넓은 하층
중간계급이나 소부르주아 계층을 소외시키는 것이기도 했다. 게다가
졸리띠주의적인 협상 구조는 최소한 사용자와 조직노동의 관계에서 경
기가 좋을 때에는 훌륭하게 작동할 수 있었으나, 1907년 이후 과잉생산
의 위기가 촉발되자 즉각 삐걱거리기 시작했다.

사용자들 역시 졸리띠주의에도 불구하고 성공적인 자본-노동 관계를 이끌어나가는 비결은 국가 규제보다는 회사의 온정주의에 있다고 생각했다. 물론 산업 부문의 사용자들은 이미 언급했듯이 1910년 꼰핀두스뜨리아를 결성하여 한편으로는 조직노동에 대응하고 다른 한편으로 국가에 압력을 행사함으로써 졸리띠가 도입한 사용자와 조직노동 사이의 '산업 민주주의'라는 새로운 현실에 적응하고자 했다. 그럼에도 산업 부문의 기업가들은 대체로 자본과 노동 간의 민주주의와 국가 규제에 미온적인 태도를 보였고, 심지어 공공연하게 반대하기도 했다. 그렇다고 이딸리아 국가가 기업가들을 강제할 수 있을 만큼의 힘을 보유한 것도 아니었다. 그런 점에서 산업 온정주의는 강력한 중앙정부가 사실상 부재한 졸리띠 시대의 이딸리아에서 실질적으로 자본-노동 관계를 안정화하는 유일한 수단으로서 각별한 의미를 가졌다.

　　그런데 한가지 흥미로운 사실을 덧붙이자면, 산업 부문과 달리 농업 부문, 특히 자본주의적 영농이 이루어진 뽀강 유역에서 토지소유자들은 온정주의를 급속히 포기했다. 파종과 수확의 시기가 자연 주기에 따라 고정되어 있는 뽀강 유역 농촌 세계에서 농민 노동자의 파업은 산업 노동자의 파업보다 훨씬 더 치명적일 수 있었다. 그렇기에 뽀강 유역의 농업 부문 기업가들은 당시 '브라찬띠'(braccianti)라고 불린 노동자의 민주주의적 저항권을 추호도 인정할 마음이 없었다. 게다가 농업기업가의 수익은 기본적으로 노동자의 극단적인 저임금에서 나왔고, 다시 이 저임금은 농촌의 과잉인구에서 나왔으므로, 기업가들은 상대적으로 높은 임금이나 나은 노동조건을 제공하는 데 인색했고 이민을 사회 문제의 해법으로 간주하지도 않았다. 그렇기에 '벨 에포크'의 진보적인 분위기에도 불구하고 이딸리아 농촌은 근대적 영농과 무토지 농민들의 극단적 비참을 동시에 보여주면서 농민 노동자들의 파업에 강경한 자세로 맞섰다. 이미 파시즘이 등장하기 이전에 뽀강 유역에서 행동대들이 파업 노동자들을 협박하고 린치를 가하는 폭력 사태가 분출하고 있었다는 것은 의미심장하다.[10]

전체적으로 볼 때, 졸리띠 정부는 당시 진화하고 있던 이딸리아 자본주의의 역동성을 제대로 다루지 못함으로써 국가의 정당성을 확보하는 데 실패한 것으로 보인다. 그가 체제 내부로 견인하려고 한 사회주의자들도 소비세 개혁에 별 관심을 보이지 않았는데, 그들이 세제개혁에서 집착한 것은 누진소득세였다. 그들에게는 누진세야말로 "위대한 개혁"이었고 소비세 개혁은 사소한 문제였다. 사회주의자들에게는 큰 개혁만이 자본주의라는 파이에서 취할 만한 '조각'이었지, 작은 개혁들은 '부스러기'에 지나지 않았다. 그렇기에 졸리띠는 사회주의 세력을 의회 안으로 흡수하기 위해 파업권을 인정하는 등 양보 조치를 취했으나, 사회주의자들을 만족시킬 수 없었다. 게다가 사회주의자들에 대한 졸리띠의 양보는 거꾸로 사회주의를 두려워하고 졸리띠 정부에 의해 적절하게 대표되고 보호된다고 느끼지 못하는 다양한 비사회주의 세력들의 불만을 키웠다. 간단히 말해, 졸리띠의 개혁은 결과적으로 우파와 좌파 모두의 화만 돋운 셈이다. 이처럼 졸리띠 시대에 좌파에는 함량미달처럼 보이고 중도파와 우파에는 불안감만 키우던, 이른바 "개혁 없는 개혁가들"은 중도좌파 연합, 그러니까 영국의 립-랩(Lib-Lab)이나 독일의 사회민주주의에 상응하는 안정된 타협 구조를 수립하기는커녕 광범위한 사회계층을 불만 세력으로 **급진화**했다. 그리고 이런 상황에서 극단적 민족주의가 부상하여 현재의 불만과 좌절을 표출하는 출구 역할을 함과 동시에 미래에 대한 낙관과 희망을 표현하는 이데올로기로서 급격히 세력을 불려나가기 시작했다.[11]

이런 맥락에서 코너는 졸리띠 시대가 파시즘의 대두를 이해하는 데 열쇠가 된다고 보았다. 종래의 파시즘 연구에서는 1차대전으로 조성된 단기간의 특별한 정세로부터 파시즘이 대두했다거나, 아니면 시야를 넓혀 심지어 19세기 리소르지멘또로 소급되는 이딸리아 특유의 '유전병'으로부터 파시즘이 대두했다는 식으로 해석하는 관행이 뿌리 깊다. 그러나 코너는 이런 단기적 혹은 장기적 해석 모두 불완전하다면서 졸리띠 시대의 특정한 사회적·정치적 관계를 새로운 **중기적** 해석의 열쇠로 삼고자 했다. 요컨대 졸리띠주의와 (부분적으로) 사회주의가 빈곤과 불평등 문제를 해결할 수 있는 실질적인 개혁에 실패함으로써 국가의 정당성이 추락하고 다양한 사회 세력들이 급진화되며 급진적 여론이 민족주의로 수렴된 상황 자체가 파시즘의 대두에 중요한 요인이었다는 것이다. 그런 상황을 코너 자신의 표현을 빌려 한마디로 요약하자면, "애국심이 대중정치의 제1동인으로서 빈곤을 대체할 것이었다."[12]

#2 붉은 2년간

많은 이딸리아 민족주의자들이 전쟁을 나라에 산적한 골치 아픈 문제들을 해결할 정화와 재생의 계기라고 선전했음에도 불구하고, 전쟁은 문제를 해결한 것이 아니라 오히려 분출시킨 계기가 되었을 뿐이다.

[표 2] '붉은 2년간'의 지역별 파업, 파업자, 노동손실 일수

	1919			1920		
	파업	파업자	노동손실 일수	파업	파업자	노동손실 일수
또리노	83	84,030	951,068	72	130,635	2,097,894
밀라노	257	147,541	1,696,163	250	97,724	1,096,673
제노바	120	87,111	1,039,492	86	87,794	729,112
삐에몬떼	179	134,716	2,045,291	196	197,159	2,727,006
롬바르디아	455	361,555	7,494,324	469	197,592	2,017,645
리구리아	139	152,775	3,814,442	105	89,510	729,112

출처: Stefano Musso, *Gli operai di Torino, 1900-1920* (Milano: Feltrinelli 1980), 190면.

그것도 이미 전전에 존재했던 문제들에 전쟁으로 새로이 촉발된 문제를 더 얹어서 말이다. 이딸리아는 공식적으로는 전승국이었으나 이로부터 아무런 혜택도 취하지 못했고, 이에 국내의 민족주의 여론은 전승을 "불구의 승리"라고 자조했다. 또한 졸리띠 시대의 산업 민주주의와 전시의 노동동원 체제는 노동자들에게 전후에 대해 많은 약속을 했지만 실천에 옮기지 못했다. 오히려 전쟁이 몰고 온 호황이 종전으로 갑자기 끝나게 되면서 기업들은 어려움을 겪었고 물가는 폭등하여 서민 살림이 힘겨워졌다. 이로부터 이딸리아에서는 전후 1919~20년에 각종 파업과 공장점거, 토지점거 등 전방위적인 소요와 분규가 나타나기에 이르렀다. 이를 이딸리아에서는 '붉은 2년간'(biennio rosso)이라고 부른다.

〔표 2〕는 '붉은 2년간' 산업 부문의 지역별 파업과 파업자 수, 그리고 노동손실 일수를 일목요연하게 보여준다. 예컨대 1918년의 파업과 파업자 수가 각기 303건과 15만 8,036명이었던 반면, '붉은 2년간'의 첫

해인 1919년의 수치는 각기 1,663건과 104만 9,438명이었고, 1920년에는 1,881건과 126만 7,953명이었다. 실로 수직 상승한 통계 수치라고 할 수 있다. 표를 보면, 삐에몬떼는 롬바르디아나 리구리아보다 수치가 적은데, 그렇다고 삐에몬떼의 소요 사태가 미약했던 것은 아니다. 양적으로는 적었으나, 질적으로는 강했다. 즉 삐에몬떼의 주도인 또리노에서 분규는 훨씬 더 완강하고 지속적이었으며, 공장점거 사태가 오래 지속되었다. 그런 가운데 훗날 이딸리아 공산당(Partito Comunista Italiano, PCI)의 창립 멤버가 될 그람시와 똘리아띠(Palmiro Togliatti) 등 또리노의 젊은 사회주의자들은 러시아혁명에 고무된 정신상태에서 아래로부터의 주도권을 내세우는 공장평의회운동을 이끌기도 했다.

'붉은 2년간'의 혁명적 소요 사태에서 당시 졸리띠가 총리로 있던 정부의 중재 역할은 미미했다. 그런 상황에서 노동계급의 약진에 대한 '대공포'가 나타났다. 이에 파시스트들은 정부의 묵인 아래에 전통적인 노동자 공간들, 그러니까 노동조합 사무실과 협동조합, 노동회의소(camera del lavoro), 민중회관(casa del popolo) 등을 파괴하고 주요 활동가들에게 테러를 가함으로써 좌파에 대한 망치 역할을 했다. 여기서 흥미로운 것은 파시즘의 망치가 겨냥한 것이 조직 자체가 아니라 공간이었다는 점이다. '벨 에포크'의 이딸리아에서 번성했던 노동운동의 "급진 공간"을 연구한 정치학자 콘(Margaret Kohn)에 따르면, 파시스트들은 노동운동을 파괴하기 위해서는 노동자들이 모이는 물리적 공간 자체를 파괴하는 것이 효과적이라는 걸 본능적으로 깨닫고 있었다. 파시스트들의 건물 방화와 파괴가 만연한 까닭이 거기에 있었다.[13]

그러나 코너가 지적했듯이, '붉은 2년간'에 발생한 노동 세력의 가장

116

'붉은 2년간' 공장점거 당시 공장평의회

위협적인 정치적 행동인 공장점거나 공장평의회운동이 파시즘에 의해 패퇴한 것은 아니었다.[14] 더 정확히 말하면, 파시즘의 정치적 효과가 본격적으로 나타난 것은 '붉은 2년간'이 끝난 후였다. 과연 1920년 말경만 해도 파시즘은 여전히 유력한 정치 세력이 아니었던 것이다. 게다가 이 운동의 지도자인 무솔리니(Benito Mussolini)는 공식적으로는 계속해서 사용자와 노동자 사이에서 중재 역할을 자임함으로써 자본-노동-국가 관계에서 교묘한 정치적 곡예를 시도하고 있었다.

그런 상황을 고려하면, '붉은 2년간'의 혼란을 수습한 일등공신은 역시 기업가들 자신일 것이다. 예컨대 '붉은 2년간'에서 가장 거대한 파업이라고 할 수 있는 1920년 4월 파업에서 피아트의 최고경영진 — 당시 "참모본부"라고 불린 — 이 보여준 정치력은 대단히 인상적이다. 특히 아녤리는 공장평의회운동을 주도하는 정치적 색채가 강한 좌파 세력과 금속노동자연맹(Federazione Impiegati Operai Metallurgici, FIOM)의 개량주의적 지도부를 이간시키는 한편, 사용자들의 단결을 이끌어내는 대대적인 모금활동과 홍보활동을 체계적으로 조직했다.

그런가 하면 피아트 참모본부는 국가에 대해서도 강경한 태도를 견지했다. 특히 정부의 전시 부당이윤 환수 조치가 발표된 직후 그런 태도가 더욱 굳어졌다. 아녤리는 정부 조치가 전쟁의 상흔을 딛고 막 도약하려는 산업에 큰 부담을 준다고 비판했다. 그런 가운데 6월의 임금 협상에서 아녤리는 당시 경제 사정이 그리 어렵지 않았음에도 불구하고 일체의 임금인상 요구를 거부했는데, 이런 비타협적인 태도에는 노사분규를 이용해 정부에 압력을 가하려는 의도가 엿보인다. 피아트와 아녤리에 대한 기념비적인 연구서를 남긴 까스뜨로노보(Valerio Castronovo)에 따르면, 그런 태도는 명백히 "정부에 대한 무력시위"이자 "기업가들의 파업"이었다.[15]

피아트의 사례에서 단연 극적이고 흥미로운 사건은 피아트의 협동조합화를 둘러싼 에피소드다. 공장점거가 한창이던 1920년 9월 18일 아녤리는 피아트를 협동조합으로 만들겠다는 충격적인 메시지를 발표했다. 그는 피아트의 협동조합화를 제안한 이유로 무엇보다 "2만 5,000명의 적들과 함께" 피아트를 경영할 마음이 없다는 점을 들었다. 아녤리의 생각은 당시 피아트를 구제하는 일은 정상적인 방법으로, 즉 "자본주의 체제로" 가능하지 않다는 것이었다. 그러므로 피아트는 협동조합으로 바뀔 수밖에 없다는 것이다. 그러나 자신은 협동조합으로 바뀐 피아트를 경영할 수 없는 노릇이고, 따라서 깨끗이 피아트에서 손을 떼겠다는 것이었다. 물론 역사가들은 아녤리가 피아트를 정말로 포기할 의사가 있었던 것은 아니라고 본다. 당시에 협동조합이 된 피아트를 인수하거나 경영할 만한 주체도 없었고, 아녤리도 이를 잘 알고 있었기 때문이다. 그러나 아녤리의 손자로서 훗날 피아트를 이끌고 갈 잔니 아녤리 (Gianni Agnelli)는 역사가들이 틀렸다면서 전혀 다르게 증언했다. 실제로 자신의 할아버지는 벨기에 등 제3국으로 공장과 회사를 옮기려고 진지하게 계획하고 있었다는 것이다.[16] 여기서 누가 옳은지 사실관계를 정확히 확인하기는 불가능하다. 그러나 확실한 사실은 아녤리가 경영권에 대한 그 어떤 침해도 허용하거나 용서하지 않았다는 점이다. 그에게 '자본주의=기업가의 절대적 권위'라는 등식은 하늘이 무너져도 바뀌지 않는 진리였던 셈이다.[17]

이런 사실은 피아트의 협동조합화 제안이 유야무야된 후인 10월 3일에 다시 아녤리가 피아트의 대표이사직을 내려놓겠다는 뜻밖의 발표가 나오고, 이에 그의 사임안이 주주총회에서 부결되는 해프닝이 발생했을 때도 재차 확인된다. 총회에서 아녤리는 피아트가 오직 "권위와 질서의 원칙"을 통해서만 정상화될 수 있다는 점을 힘주어 강조했다. 요컨대 아녤리는 이런 주도면밀한 정치적 퍼포먼스를 통해 피아트가 누구의 간섭도 받지 않은 채 오직 자신의 절대적인 지배가 관철되는 봉토이거나 왕국임을 천명했던 것이다. 바꿔 말해, 그는 자신만의 배타적인 영토가 아닌 기업에는 아무런 관심도 없었다. 당시 사회당의 기관지인 『전진!』(Avanti!)은 아녤리의 개성에 대해 다음과 같이 정확하게 논평했다. "보통 돈 문제에 대해서는 타협적이었으나 권위와 권력의 문제에 대해서만큼은 결코 양보하지 않았다."[18]

이미 언급했듯이, 아녤리는 '나뽈레옹과 같은 인간'이었다. 피아트의 협동조합화 제안과 대표이사직 사임도 아녤리가 나뽈레옹적인 결단으로 던진 과감한 승부수였다. 결국 이 승부수로써 아녤리는 경영진에 화려하게 복귀하는 데 성공했고 자신의 존재감과 권위를 극적으로 강화할 수 있었다. 이를 입증해주는 것이 10월 30일에 있었던 아녤리 모친의 장례식이다. 당시 또리노의 일간지인 『언론』(La Stampa)이 그 장례식 정경을 전해주고 있다. 장례식 때문에 모든 피아트 공장이 조업을 중단했고, 장례식장은 3,000여명의 직원과 노동자로 가득 찼다. 그때 노동자 대표 한명이 아녤리 곁에 다가가 "저희에게 돌아오십시오"라고 외쳤고 연이어 다른 대표도 같은 소망을 피력했다. 이에 감격에 겨워 아녤리가 그들의 손을 부둥켜 잡았다고 한다. 사용자와 노동자가 화해한 순간이었다. 이는 적어도 피아트에서 '붉은 2년간'이 종식되었음을 상징적으로 보여주는, 사소하나 울림이 큰 일화였다.[19]

  '붉은 2년간'에 보여준 아녤리의 기민하고 현란한 퍼포먼스는 연극에 비유할 만하다. 연극은 한편으로 국가를, 다른 한편으로 좌파 노동운동 세력을 관객으로 하여 현란하게 공연되었다. 물론 이 연극은 정식으로 공연된 것이 아니라 본무대를 위한 리허설이었다. 즉 전후 피아트의 거대한 약진이라는 실제 무대를 위한 연습 무대였다는 말이다. 이 예행연습을 통해 기업가는 자신의 대화 상대자인 **국가**와 **노동운동**을 일정하게 길들이는 데 성공했고, 이를 통해 자신의 경영상의 권위와 자율성을 회복할 뿐만 아니라 강화했다. 그리고 무엇보다 이 사실을 모든 관객의 뇌리에 각인시켰다. 본무대였다면 커튼콜을 받을 만한 최고의 연극이었다.

파시즘
시대

제2부

제4장

파시즘과 자본주의

맑스주의와 그 비판자들

파시즘은 처음 등장했을 때 관찰자들에게 당혹감을 불러일으켰다. 왜냐하면 파격적이고도 생경하며 서로 모순적인 주장들을 펼치면서 익숙한 이데올로기 지형을 흩뜨려놓았기 때문이다. 파시즘이 좌파인지 우파인지, 혁명을 추구하는지 반혁명을 옹호하는지도 불투명했다. 이런 사정은 파시즘이 퇴장한 뒤에도 나아지지 않아서, 파시즘을 연구한 많은 학자들은 그것이 수많은 이념들을 기워놓은 누더기와 같다거나 아니면 기성 이념에 반대하는 부정의 이념으로만 간주될 수 있다고 실토하곤 했다. 그런 점에서 파시즘은 여전히 베일에 싸여 있는 수수께끼와 같은 현상으로 보인다. 파시즘의 일반 이론을 추구한 뛰어난 역사가인 모스(George L. Mosse)도 "모순적인 태도들의 만화경"이라는 말로 파

시즘의 성격을 규명하는 작업이 직면하는 어려움을 솔직히 표현했다.[1]

그럼에도 파시즘이 갖는 특정한 측면들, 특히 자본주의와 자본주의적 사회계급들과의 관계에 주목하여 제일 먼저 파시즘의 성격 규명에 착수한 사람들은 맑스주의자들이었다. 그들은 파시즘이 특정한 단계, 특정한 국면의 자본주의가 낳은 현상이라고 전제하면서 다각도로 파시즘을 분석했다. 파시즘에 대한 전형적인 맑스주의적 해석은 널리 알려진 바와 같이 파시즘을 '자본주의의 도구'나 '대자본의 대리인'으로 보는 견해다. 이런 견해의 원형은 바로 1933년 코민테른의 테제에서 유래하는데, 이에 따르면 파시즘은 "금융자본의 가장 반동적이고 국수주의적이며 제국주의적인 분파의 공공연한 테러 독재"였다.[2] 요컨대 파시즘에 대한 맑스주의적 해석의 요체는 파시즘이 당대 자본주의가 직면한 심각한 사회경제적 위기의 산물로서 자본의 이해를 배타적으로 대변하는 반동적이고 억압적인 현상이라는 것이었다.

맑스주의적 해석의 기본 전제들은 파시즘에 반대한 일부 자유주의 좌파 진영에서도 공유되었다. 예컨대 자유주의 경제학자로서 반파시즘 운동에 참여한 로시(Ernesto Rossi)는 지금도 널리 읽히는 파시즘에 대한 역사서에서 파시즘과 거대 기업가들의 긴밀한 관계를 폭로하고자 했다. 그는 파시즘 시대에 "산업 부문의 거대 기업가들의 의지가 정치적·법적 질서에서 규정적인 요인"이었다고 지적하면서 그럴 수 있었던 까닭은 당연히 "거대 기업가들이 그들 마음대로 처분할 수 있는 막대한 양의 현금을 보유하고 있었기 때문"이라고 단언했다.[3] 그렇다면 로시의 해석도 코민테른의 해석만큼이나 파시즘을 대자본의 도구로 보았던 셈이다.

그러나 일부 눈이 밝은 맑스주의자들은 그런 단순한 해석에 만족하지 않았다. 예컨대 이딸리아 공산주의의 대부라고 할 수 있는 똘리아띠는 일찍이 파시즘이 편협한 거대 자본가들의 이해관계를 배타적으로 대변하는 권력정치적 현상이라기보다는 그 이면에 존재하는 "소부르주아적 성격의 새로운 대중적 기반"을 갖는 노동계급에 맞선 투쟁의 한 형태라고 파악했다.[4] 그런가 하면 똘리아띠 및 그람시와 함께 '붉은 2년간'에 또리노에서 공장평의회운동을 주도했던 따스까(Angelo Tasca)는 지금도 이 분야의 고전이 된 역사서에서 중소 부르주아야말로 "파시즘의 중추"였다고 단정했다.[5] 무엇보다 찌보르디(Giovanni Zibordi)가 이런 비주류적인 해석을 간결하게 요약했는데, 파시즘은 "'붉은 혁명'에 대항한 중간계급들의 반혁명"이었던 것이다.[6] 이렇듯 맑스주의적 해석은 그 내부의 다양한 차이가 있지만 기본적으로는 파시즘을 자본주의 사회에 고유한 계급관계의 맥락에서 파악하려고 하며 대자본의 영향력 자체를 부정하지는 않는다는 점에서 공통점이 있다고 할 수 있다.

파시즘과 대자본의 공모에 대한 맑스주의적-반파시스트 좌파 해석에 대해 본격적으로 비판의 포문을 연 사람은 역사가 데 펠리체(Renzo De Felice)였다. 그는 파시스트 중앙당의 후원금 기록을 꼼꼼히 조사하여 파시스트 운동에 실제 기부금을 낸 사람이 개별 동조자들로서 주로 상인, 중소 사업가, 전문직 종사자 들이었음을 밝혀냈다. 거대 자본가들은 파시즘의 후원 세력이 아니었다는 말이다. 비록 리텔턴(Adrian Lyttelton)과 같은 역사가들이 데 펠리체가 중앙당 기록에만 의지했다고 비판하면서 다양한 지부당 기록을 보면 경공업과 중공업 분야의 많은 유력 기업가가 파시스트 운동을 후원했다는 사실을 알 수 있을 거라

고 주장했지만, 데 펠리체의 주장은 향후 파시즘과 거대 자본의 관계를 새롭게 바라보는 준거가 되었다.[7]

　데 펠리체의 수정주의를 계승하여 파시즘과 자본주의의 복잡한 관계를 설명하려고 한 역사가가 바로 멜로그라니(Piero Melograni)였다. 그에 따르면, 이딸리아 산업 부문의 거대 기업가들은 파시즘 대두 초기에 파시즘이 억제되고 지도되어야 할 현상이라고 보았다. 특히 파시즘 내부의 생디칼리슴 경향은 그들을 놀라게 하기에 충분한 것이었다. 그러므로 아녤리를 비롯한 유력 기업가들은 정치적 최선책이 졸리띠의 복귀라고 보았다. 그러나 기업가들은 최선책이 불가능하면 차선책으로서 무솔리니가 파시즘 내부의 급진적 경향을 잘 통제하는 한 무솔리니와 협력할 준비가 되어 있었다고 멜로그라니는 지적했다. 전체적으로 볼 때, 그들은 파시즘을 경계하고는 있었지만 동시에 그것을 활용한다는 신중하고 실용적인 입장을 취하고 있었다. 1924년 사회주의 의원 마떼오띠(Giacomo Matteotti)가 암살되는 사건이 벌어져 무솔리니 정부가 위기에 빠졌을 때 기업가들이 '관망한다'는 신중한 태도를 취한 것도 그런 맥락에서 이해할 수 있다.[8] 요컨대 로시는 기업가가 파시즘을 조종했다고 본 반면, 멜로그라니는 기업가와 파시즘이 서로 자율적인 세력으로 대면했다고 본 것이다. 그렇기에 데 펠리체나 멜로그라니에게 파시즘은 '대자본의 대리인'이 결코 아니었던 셈이다.

　특히 데 펠리체의 입장은 완강하고 선명했다. 그는 파시즘과 보수적 권위주의를 분명하게 구별하면서 파시즘이 대중동원 체제로서 새로운 사회질서를 창출하는 혁명을 위해 대중의 합의를 도출하려고 했다고 보았다. 이런 전제 아래에서 데 펠리체는 파시즘을 "반프롤레타리아적

126

인 자본주의적 반동"으로 규정하는 것은 오류라고 지적했다. 그것이 아니라 파시즘은 대자본과 조직노동 사이에서 나타난 "제3의 세력", 그러니까 "이제 막 대두하는 중간계급"의 혁명적 표현이었다는 것이다.[9] 여기서 데 펠리체가 사용한 '중간계급'이라는 표현이 정확히 무엇을 가리키는지, 또 '중간계급'이 대두하는 세력인지 쇠퇴하는 세력인지 등을 둘러싸고 논쟁이 있었다. 이런 모호함에도 불구하고 데 펠리체는 파시즘이 자본주의와 구별되고 심지어 자본주의와 적대하는 새로운 정치적 현상임을 지적함으로써, 파시즘의 성격 규명에 새로운 의제를 던졌다는 점에서 향후 파시즘 연구에 비할 데 없는 영향력을 행사했다.

동의 논쟁

데 펠리체의 주장에서 단연 논쟁을 야기한 것은 파시스트 체제에 대해 대중의 동의가 있었다는, 이른바 동의 테제였다. 그는 1974년에 출간한 『두체 무솔리니』의 제1권의 부제를 의미심장하게도 '동의의 세월'로 정했다. 이 책에서 그는 파시스트 체제가 이중적 의미에서 대중적 동의를 획득했다고 보았다. 그러니까 한편으로 "기차를 정시에 도착하게 만들겠다"라는 두체의 약속으로 상징되는 법과 질서의 회복을 통해 이딸리아인들에게 모종의 안정감을 선사함으로써 **물질적 동의**를 이끌어 냈고, 다른 한편으로는 새로운 인간형을 만들려는 "혁명적 열정의 불꽃"을 통해 이딸리아인들로부터 **도덕적 동의**의 요소를 추출했다는 것이다.[10]

파시즘과 동의. 대중에게 연설하는 베니토 무솔리니(밀라노, 1944)

　그의 논변은 즉각 격렬한 반발을 불러일으켰다. 까로치(Giampiero
Carocci)는 "파시즘? 뒤죽박죽일 뿐이다. 그것이 전부다. 만일 우리가
굳이 '동의'에 대해 말해야 한다면, 제국의 설립에서 스페인 내전에 이
르는 단지 18개월에 대해서만 말해야 할 것이다"라고 응수했다.[11] 또한
뜨란팔리아(Nicola Tranfaglia)는 나중에 논쟁을 되돌아보며 개인의 자

유의지에 따른 선택의 가능성이 극히 제한된 억압적인 파시즘 시기에 과연 동의를 말할 수 있을지 의문이라면서 독재를 거부할 때 따를 박해와 유배, 그리고 독재를 수용할 때 따를 경력과 안정 사이에서 개인의 선택은 별 의미가 없다고 보았다. 그런 환경에서라면 사람들은 "소수의 공공연한 반란자들"이거나, 아니면 "겉으로는 어떤 것을 말하고 속으로는 다른 것을 생각하는 니고데모"이기 십상이니 말이다.[12] 설사 동의를 말할 수 있다 한들, 동의의 층위들을 구분할 필요가 있다는 것이 그의 생각이었다. 예컨대 체제의 가치와 이상을 의식적으로 신봉하는 것과 조건부로, 수동적으로 체제를 수용하는 것을 구별하는 작업이 필수적이라는 것이다.[13]

그런데 흥미로운 것은 데 펠리체에 대한 강력한 비판자인 뜨란팔리아도 체제에 대해 대중의 부분적인 동의가 있었음을 인정하고 있다는 점이다. 기실, 파시즘에 대해 일정한 동의가 존재했음은, 앞에서도 인용되었지만 공산주의 지도자 똘리아띠도 인정했을 정도로 의심의 여지가 없는 것이었다. 이런 점을 잘 알고 있는 뜨란팔리아는 '동의'라는 표현에 거부감을 내비치면서도, 당시 이딸리아인에게서 확인되는 상당한 체제 순응적 태도를 설명할 필요를 느낀다. 그에 따르면, 그런 순응성은 파시즘 치하에서 "당, 노조, 그외의 부수적인 조직체들 속에서 일자리를 찾는 새로운 정치/관료 요원을 충원하려는 (…) 결정"과 "'로마 진군' 이후 성장한 새로운 세대의 (…) 등장"에서 비롯된 것이었다. 특히, 새로운 세대는 "강력한 파시즘 교육을 수행한 학교와 단체 들에 다니면서 이전 시기와 현재 시기 사이에서 그 어떤 대립도 느끼지 못한 채 무엇보다 청소년 시기에 체제의 선전 슬로건, 특히 민족주의적 슬로건,

그러니까 우리나라를 '위대한' 나라로 만들겠노라고 늘 되풀이됐던 두 체의 약속, 그리고 위기에 빠진 자본주의를 '극복'함으로써 좀더 정의 로운 사회를 구현한다는 약속에 도취되어 있었던 것으로 보인다." 이런 맥락에서 한발 더 나아가 뜨란팔리아는 파시즘-반파시즘의 고정된 이 분법에도 반대했다. 당시 이딸리아인의 반파시즘 정서라는 것도 명백 히 "의식적인 반파시즘이라기보다는 체제의 모순과 억압에 대한 거리 감과 불편함"이었으니 말이다.[14]

뜨란팔리아의 주장은 데 펠리체의 동의 테제를 비판하면서 동시에 동의와 저항, 파시즘과 반파시즘의 이분법을 넘어서고 있다. 이런 태 도는 구술사가들의 연구에서도 두드러진다. 가령 빠세리니(Luisa Passerini)는 그런 이분법적 구도에서가 아니라 "좀더 광범위한 행동과 사 상의 패턴들" 속에서 당시 노동자가 체제에 대해 가졌던 저항, 순응, 수 동적 반대 등의 복합적인 정신상태를 잘 드러내주었다.[15] 그런가 하면 그리바우디(Maurizio Gribaudi)는 한발 더 나아가 젊은 세대의 노동자 들이 파시즘이 도입한 근대적 국면들, 그러니까 자동차, 비행기, 라디 오, 영화 등에 크게 매혹되었음을 보여주었다. 그는 계속해서 이민 노 동자들이 새로운 도시에 정착하고 체제가 안정화되면서 기성의 공동체 적·사회주의적 가치들보다는 개인주의적·소비주의적 가치들이 우세 해졌다고 주장했다.[16] 한편, 구술사가는 아니지만 그라찌아(Victoria De Grazia)도 파시즘의 여가 조직인 도뽈라보로를 중심으로 파시즘의 문 화 정책을 연구하면서 대중의 동의를 획득하려는 파시즘의 정책이 일 정한 성공을 거두었음을 인정했다. 그렇기는 해도 그는 여전히 기차의 삼등칸과 극장의 상석이 존재하고 스포츠에서 프로와 아마추어의 구별

130

이 엄존하는 한 대중의 체제 수용에는 한계가 있었고, 그런 점에서 "동의의 문화"는 (무솔리니 자신의 표현을 빌리자면) "사상누각"이었음을 강조했다.[17]

이와 같은 다양한 연구들이 진행되는 가운데 동의 테제의 당사자인 데 펠리체는 점차 초기의 강경한 어조를 누그러뜨리고 있었다. 그는 '동의의 세월' 이후 시기(1936~40)를 다룬 책에서 동의라는 말에 따옴표를 치기 시작했다. 그리고 이후 시기의 동의가 이전 시기의 동의보다 취약하고 소극적인 것이었음을 인정했다. 그럼에도 데 펠리체는 여전히 동의가 지속되고 있었음을 강조하면서 동의가 궁극적으로 해체된 것은 1942~43년에 패전이 임박했을 때였다고 주장했다. 이 말을 뒤집어 보면, 전쟁과 패배가 없었다면 파시즘은 붕괴하지 않았을 것이며 반파시즘이 체제에 대해 심각한 위협이 되지 못했고 체제에 대한 불만이 기본적으로 비정치적이었다는 말이 된다. 요컨대 파시즘은 내구성 있는 정치 체제였다는 말이다.

데 펠리체의 동의 테제를 둘러싼 논쟁에 대해 미국의 한 논평자는 데 펠리체가 절반의 성공(그러므로 절반의 실패)을 거두었다고 결산했다. 그가 절반의 성공을 거두었다는 것은 "이제 동의를 둘러싼 논쟁이 동의의 **존재**라기보다는 그 **정도**에 초점을 맞추고 있다는 사실"에서 입증되며, 그가 절반의 실패를 겪었다는 것은 "독재가 지배한 나라에 그것을 [동의를] 논쟁적으로 적용하는 것으로부터 후퇴"했다는 사실로 입증된다는 것이다.[18] 이 논평자의 판단대로, 이제 적어도 이딸리아에서 학자들과 일반 독자들은 '동의'라는 표현에 상당히 익숙해진 듯하다. 그런 점에서 데 펠리체가 겪은 실패보다는 그가 거둔 성공이 더 크다는 느낌이 든다.

근대성 논쟁

동의 논쟁 외에도 근대성 논쟁은 파시즘의 성격 규명과 관련하여 주목해야 할 쟁점이다. 파시즘과 근대성의 관계는 분석적으로 파시즘과 근대화(modernization) 사이의 관계 및 파시즘과 근대주의(modernism) 사이의 관계로 나누어 살펴볼 수 있다. 먼저 파시즘과 근대화의 관계와 관련해서는 일찍이 『세계정치』(*World Politics*)의 지면에서 벌어진 바 있는 터너(Henry Ashby Turner, Jr.)와 그리거(A. James Gregor)의 논쟁이 유명하다.

터너는 독일 나치즘을 가리켜 "오래 전에 잃어버린 세계의 조화와 공동체, 단순성, 질서라는 다분히 낭만적인 전망을 향해 절망적으로 역진함으로써 근대 세계로부터 탈출"하려는 "유토피아적 형태의 반근대주의"라고 보았다. 예컨대 히틀러의 '생활권'(Lebensraum)이라는 것도 결국 "나치 지도자들이 보기에 민족의 생존 그 자체를 위협하게 된 부패하고 쇠약한 산업도시로부터 해방되는 것"을 뜻했다. 이런 전제 아래에서 터너는 이딸리아 파시즘도 "유토피아적 반근대주의"인지를 물었다. 그에 따르면, 나치즘과 파시즘의 외관상의 차이에도 불구하고 이딸리아 파시즘 역시 독일 나치즘과 마찬가지로 "산업사회 없는 산업생산"을 원했다고 한다. 그런데 이 표현에서는 흥미롭게도 의도(산업사회가 아닌 낭만적 공동체)와 수단(산업생산)의 불일치가 부각된다. 터너 자신에 따르면, "나치는 기본적으로 반근대적 목표들을 추구하기 위해 부지불식간에 근대화를 실천했다. 그들에게 근대화 정책은 그 자체 목적이 아니라 일단 실현되면 대개 불필요해질 또다른 목표를 위한 단순한 수단에 불과했다."[19]

한편, 그리거는 주로 이딸리아 파시즘에 초점을 맞추면서 파시즘의 3대 구성 요소, 즉 미래주의, 민족주의, 혁명적 생디칼리슴이 공히 수단은 말할 것도 없고 의도에서도 근대적이었다고 주장했다. 이를 입증하기 위해 그는 "생산과 복지의 근대화"라는 파시즘의 슬로건과 "산업발전의 숭배"라는 파시즘의 관용구를 즐겨 인용했다. 또한 그리거는 파시즘이 그 결과에서도 근대적이었다고 보았다. 그는 다양한 경제 수치를 인용하면서 파시즘 치하에서 이딸리아 경제가 상당한 정도로 근대화를 이룩했음을 보여주고자 했다. 이런 맥락에서 그리거는 파시즘을 "유일정당의 보호 아래에서 작동하는 대중동원형 근대화 독재" 혹은 "유일정당의 보호 아래의 대중동원형 개발 독재"로 정의했다. 요컨대 그리거에게 파시즘이란 터너의 그것과는 달리 "실행과 의도 양면에서 공히 산업화와 근대화를 추진한 정치운동"이었다.[20]

그러나 메이어(Charles S. Maier)는 그리거가 인용한 경제 수치들에 의문을 표했다. 전간기 이딸리아의 경제적 성취가 다른 나라들에 비할 때 특별히 나은 점이 없었다는 것이다. 더욱이 메이어는 그리거가 말했듯이 무솔리니에게서 일종의 "기술관료적(technocratic) 의욕"이나 "생산주의"(productivism)의 요소를 발견할 수도 있지만, 이는 철저히 도구적인 수단에 불과했다고 주장했다. 즉 파시즘의 기술관료적 생산주의는 반사회주의적 경영권 관념과 사회당 관료제에 대한 동시적 반대의 산물이었다는 말이다. 이런 맥락에서 이딸리아 파시즘은 정치적 계산을 앞세움으로써 근대화를 추진했다기보다는 외려 지연시키고자 했다는 것이 메이어의 판단이었다. 물론 메이어는 당시 이딸리아가 독일보다 산업적으로 더 후진적이었다는 점에서 파시즘이 나치즘보다 좀더 근대적이었음을 인정했다. 그러나 이를 과장해서는 안 된다는 것이 그의 입장이었다. 메이어에 따르면, "이딸리아 경제는 파시즘 치하에서 진보했다. 그러나 이를 전전 졸리띠 시대의 성취보다 우월한 것으로 (…) 믿기는 어렵다. 누구도 파시스트 이딸리아가 전간기에 유럽적 표준에서 볼 때 두각을 나타냈다고 주장할 수는 없을 것이다." 그렇다면 파시즘의 역할은 무엇이었는가? 메이어는 파시즘의 역할은 기본적으로 경제적인 것이 아니라 **정치적**이고 **이데올로기적**인 것에 있었다고 단언했다.[21]

과연 파시즘과 근대화의 관계에 대해서는 최종적인 판정을 내리기가 쉽지 않다. 다만, 파시즘의 정치적·이데올로기적 효과에 대한 부정적 판단이 파시즘의 경제적 효과에 대한 부정적 판단으로 기계적으로 연결되는 것은 문제가 있다. 이런 점에서 뻬뜨리(Rolf Petri)는 파시즘을 도덕적으로 단죄하는 것과 파시즘이 경제적으로 성취한 것을 인정하는 것은 별개의 문제라고 보았다. 그러면서 의미심장하게도 파시즘 시대 이딸리아 국가가 "산업화 과정을 관리하는 과정에서 수행한 일차적 역할"을 강조하는, 이른바 "신중상주의적" 해석을 제출하기도 했다.[22] 필경 이런 해석은 천편일률적으로 파시즘 시대의 경제적 퇴보 내지는 정체를 강조하는 전통적 해석을 교정하는 데 기여한다. 물론 부차적 역할을 넘어 '일차적 역할'을 운위할 수 있는지는 따져볼 여지가 있다. 파시즘과 근대화의 관계에는 여전히 안개가 자욱하여 시야 확보가 여의치 않다. 다만, 확실한 것은 코너의 다음과 같은 판단이다. "체제가 정치적으로나 사회적으로 반동적이었다고 해서 그것이 '반드시' 경제적으로 퇴행적이었음을 뜻하는 것은 아니다."[23] 그러나 이 말을 뒤집은 명제도 확실히 진실이다. 즉 경제적으로 발전했다고 해서 그것이 '반드시' 정치적으로나 사회적으로 진보적이었음을 뜻하는 것은 아니다.

또다른 쟁점은 파시즘과 근대주의(모더니즘)의 관계다. 여기서도 터너의 견해가 편리한 준거점이 된다. 파시즘은 터너가 말했듯이 "유토피아적 형태의 반근대주의"인가? 예컨대 무솔리니의 '농촌주의'와 '농촌화' 정책은 반근대주의의 산물이 아닌가? 또한 파시즘의 '로마적인 것'(romanità)과 '이딸리아적인 것'(italianità)에 대한 숭배 역시 파시즘의 반근대성을 적나라하게 보여주는 실례가 아닌가? 그러나 스포츠카와 경비행기, 오토바이를 몰면서 트랙터 위에서 연설하는 무솔리니의 이미지는 그 자체로 근대성의 화신처럼 보이지 않는가? 무엇이 진실인가?

파시즘과 근대주의의 관계에 천착한 애덤슨(Walter L. Adamson)은 파시즘의 기원들 중 하나인 피렌쩨의 동인지 『목소리』(*La Voce*)를 분석하면서 여기서 "아방가르드 근대주의"의 요소를 발견했다. 그는 스펜더(Stephen Spender)의 정의에 따라 근대주의를 "인생-기억이 파괴로 위협받는 유례없는 근대적 상황 때문에 발전하는 양식(style)과 형식(form)에 대한 감수성"으로 보고, 이에 따라 근대주의를 "새로운 가치"에 호소하고 "문화적 재생"을 꿈꾸는 운동으로 규정했다. 그리고 이런 식의 "새로운 이딸리아"에 대한 『목소리』의 근대주의적 호소가 파시즘

파시즘과 근대성. 합리주의의 대가 주세뻬 떼라니(Giuseppe Terragni)가
설계한 파쇼 회관(꼬모)

의 중요한 자양분이었음을 애덤슨은 암시했다. 그러나 또한 그런 재생의 담론이 공허했고, 결국 나중에는 파시즘에 의해 기만당했다고 지적했다. 요컨대 『목소리』는 그 추상성 때문에 "또스까나의 돈끼호떼"의 역할에 만족할 수밖에 없었다는 것이다.[24]

한편, 벤-기앳(Ruth Ben-Ghiat)은 파시즘을 반근대주의로 보는 견해들을 어처구니없는 것으로 생각했다. 물론 파시즘에 "반동적" 요소가 있고 "전통으로의 복귀"를 주장하는 입장들이 있었다는 점을 그도 알고 있었다. 그러나 파시즘에서 두드러진 요소는 단연 "사회공학(social engineering)의 의제"라는 것이 벤-기앳의 판단이었다. 요컨대 그에 따르면, 파시즘이란 "이딸리아와 이딸리아인을 재형성하려는 야심에 찬 전체주의적 계획"이었다. 따라서 파시즘은 결코 반근대주의로 간주될 수 없었다. 나아가 벤-기앳은 파시즘이 근대의 희망과 공포를 공히 표현했다고 보았다. 즉 파시스트 국가는 "광범위한 불확실성과 변화가 지배하는 시대에 사회적·성별적·인종적 질서를 부과하는 새로운 문명 창출을 위한 실험실"이었다는 것이다.[25]

애덤슨이나 벤-기앳의 견해를 보면, 파시즘을 반근대주의로 보는 견해는 설득력이 없다. 특히 메이어가 지적했듯이 이딸리아 경제의 상대적 후진성을 고려하면 더더욱 (나치즘과는 달리) 파시즘을 반근대주의로 보기 어렵다. 즉 파시즘과 나치즘은 종종 '파시즘'이라는 공통 범주로 한데 묶이지만, 나치즘이 의고적(archaic)이거나 중세적으로 보이는 반면, 파시즘은 근대적이거나 미래주의적으로 보이는 것이다. 이렇듯 파시즘이 반근대주의가 아니었다는 사실은, 예컨대 이딸리아에서 "프롤레타리아 국민"을 강조한 꼬라디니(Enrico Corradini)의 공격적 민족주의나, 속도와 힘을 강조하는 마리네띠(Filippo T. Marinetti)의 미래주의가 대두하고 곧 파시즘에 흡수되어 중요한 요소로 작용한 것만 보아도 충분히 납득할 수 있다.

물론 나치즘이 의고적으로 보인다고 해서 그것을 반근대주의로 규정할 수 있는 것도 아니다. 가령 허프(Jeffrey Herf)는 나치즘을 근대성에 대항한 문화적·정치적 반란으로 보는 전통적인 견해에 반기를 들었다. 그에 따르면, 나치즘은 이데올로기와 실천 모두에서 근대적인 운동이었다. 단, 나치즘은 독특한 독일적·기독교적 문화 풍토의 산물로서독특한 방식으로 근대성을 추구했다. 나치즘은 기술(Technik)과 문화(Kultur), 근대성과 낭만주의를 결합한 독특한 형태의 근대성, 즉 반동적 근대주의(reactionary modernism)를 옹호했다는 것이다. 일찍이 독일 작가 토마스 만도 나치즘을 가리켜 "과거에 대한 꿈과 결합된 강건한 근대성과 진보에 대한 긍정적 입장의 혼합물, 요컨대 고도로 기술적인 낭만주의"로 정의한 바 있다.[26]

이 '고도로 기술적인 낭만주의'는 자본주의를 길들여 민족을 위한 산업생산을 추구하겠다는 전략이기도 했다. 독일 지식인과 엔지니어 들은 기술과 생산과 산업과 기업가를 원했지만, 각기 그와 반대되는 상업과 계산과 금융과 상인을 혐오했다. 좀바르트와 같은 지식인들에게 산업의 상업화는 건강한 독일적·기독교적 문화를 잠식하는 유대 정신의 징후였다. 그는 크룹(Krupp)과 지멘스(Siemens)는 독일적인 "전통적 스타일의 기업가"로 간주했지만, 라테나우(Walter Rathenau)는 유대적인 "무채색의" 상인 자본가라고 폄훼했다. 좀바르트에게 자본주의란 결국 우려할 만한 "기술에 대한 상업의 우위"였다. 결국 기술과 문화에 대한 좀바르트의 논의가 귀착되는 지점은 곧 자본주의적 이윤추구가 민족에 가장 유익함을 주는 기술적 진보와 갈등을 빚는다는 결론이다. 허프에 따르면, 이런 **반자본주의**는 필경 자유주의 전통이 부재하는 가운데 국가 주도의 산업발전이 추진된 독일적 상황에서 좀바르트와 같은 지식인들이 새로운 시대의 영웅으로 추켜 올린, 1870년대~1930년대의 독일 엔지니어들 사이에 공유된 문화 —"기술관료들의 반자본주의"— 이기도 했다. 이런 반자본주의는 훗날 나치즘 이데올로기에서 중요한 개념이 될 '노동'(Arbeit)에도 반영되었다. 즉 '노동'은 자본주의적 상품관계에 포섭된 임노동이 아니었다. 나치즘의 예언자들이 목이 쉬도록 호소했던 '노동'의 다른 이름은 곧 '정신'(Geist)이자 '영혼'(Seele)이었다. 바로 이런 것이 기술과 생산은 원하지만 자본주의와 임노동은 배격하는 나치즘 특유의 반동적 근대주의의 전략이었던 것이다.[27]

이처럼 오늘날 역사 연구의 중요한 성과들은 (나치즘을 포함한) 파시즘을 (비록 독특한 형태이기는 하지만) 기본적으로 근대적인 성격의 운동으로 간주하는 데 대체로 동의하는 듯 보인다. 그럼에도 여전히 일부 학자들은 파시즘과 근대성의 긴밀한 연관을 부정한다. 가령 뚤리오-알딴(Carlo Tullio-Altan)은 후견제(clientelismo)[28]와 이합집산(trasform-ismo)[29], 전복주의(sovversivismo)[30] 등을 이딸리아 고유의 "사회-문화적 후진성"의 국면으로 간주한다. 이런 맥락에서 파시즘도 "후진적 현실에 대한 그 자체 사회적으로나 문화적으로 후진적인 반응들" 중 하나로 파악한다.[31] 과연 파시즘이 자유주의 시대 이딸리아의 전통적인 관행과 제도를 많이 답습했다는 점은 널리 알려져 있다. 무솔리니의 정치에서도 이합집산은 어김없이 재연되었고 기성 관료제는 견고하게 지속되었다. 요컨대 파시스트 체제는 검은 셔츠로 갈아입기는 했으나, 그 셔츠 안에는 여전히 낡은 내의를 고집스레 착용하고 있었던 것이다.

파시즘과 근대주의, 나아가 파시즘과 근대성의 관계는 여전히 논쟁 중이며, 쉬운 결론을 허락하지 않는다. 그러나 역사가 메이슨(Tim Mason)의 예리한 지적대로, 파시즘을 둘러싼 '근대성/후진성'이나 '연속/단절'이라는 이분법 자체를 의심해볼 필요가 있다. 그는 파시즘에 근대성의 자격을 주지 않으려고 근대성의 정반대인 후진성으로 파시즘을 낙인찍을 필요는 없다고 보았다. 만일 파시즘을 후진성으로 규정하면, 파시즘의 역사적 죄과를 특유의 후진성 탓으로 돌리는 게 가능해진다. 그러나 이는 근대성을 맹신하는 우를 범하는 짓이다. 많은 연구가 잘 보여주듯이, 근대성은 야누스의 얼굴을 갖고 있다. 근대성은 번영과 진보를 가져왔지만, 그 병리학적 측면에 눈감을 수 없다. 애덤슨이 보여주었듯이, 힘차게 약동하던 "아방가르드 근대주의 운동"이 종내 파시스트 운동에 흡수되어 이를 정당화하는 수단으로 전락한 것이 근대성의 양면을 잘 드러내준다. 그런 점에서 근대성과 후진성 사이의 양자택일을 거부할 필요가 있다. 특히 파시즘을 포함하는 현대 이딸리아 국가에 대한 분석에서 필요한 것은 그런 양자택일이 아니라 "근대적인 것과 후진적인 것 사이의 정확한 융합양식"을 가려내는 일이다. 즉 낡은 사회 체제와 새로운 권력 체제가 혼합되어 근대성과 후진성이 공존하고 늘 타협과 절충을 통해 문제가 해결되는 독특한 이딸리아의 정치문화가 쟁점인 것이다. 익살스러운 용어를 동원하자면, 문제는 "이딸리아식(Italian style) 복지국가"다.[32]

새로운 합의?

파시즘과 근대성의 관계에 대해서는 또다른 흥미로운 견해가 있다. 그리핀(Roger Griffin)은 파시즘이 전통과 근대성의 이항대립을 초월하는 새로운 형태의 근대성을 추구한 "대안적 근대주의"라고 본다. 그에 따르면, 파시즘에는 한 시대가 저물고 새로운 시대가 열린다는 느낌이 짙게 깔려 있었다. 그러므로 새로운 시대에 맞는 새로운 사회와 새로운 인간을 만들어야 한다는 사회공학 혹은 사회혁명의 의제가 파시즘에서 강조되고 있었다는 것이다. 여기서 '새로운'이라는 수사는 오염된 것을 정화하고, 쇠락한 것을 재생시킨다는 함의를 갖는다. 이런 정서는 필경 앞에서 설명한 애덤슨의 '아방가르드 모더니즘 운동'과 유사한 것이었다. 이런 정서를 바탕으로 파시즘은 기성의 부패하고 나약한 질서와 문명을 혐오하고 새로운 문화적 재생을 위한 새로운 정치를 추구했다는 게 그리핀의 견해다.

나아가 그리핀은 '일반적 개념으로서의 파시즘'(generic fascism)에 대한 정의를 추구한다. 그에 따르면, 파시즘이란 "민족적 몰락과 부패로 감지된 한 시기가 탈자유주의적인 새로운 질서와 더불어 민족적 재생과 갱생의 시기로 대체될 것이라는 중핵 신화로부터 내적 응집성과 추진력을 끌어오는 (…) 근대적이고 혁명적인 '대중'정치의 일종"이다. 이 다소간 장황한 정의는 가령 파시즘을 "새로운 유형의 근대사회와 새로운 유형의 인간을 창출하려는 혁명적 형태의 민족주의"로 규정하는 모스의 정의나, 아니면 "민족적 갱생을 위한 혁명적 형태의 극민족주

의"(ultra-nationalism)로 규정하는 페인(Stanley G. Payne)의 견해 등과
도 유사하다. 그런 점에서 그리핀은 자신의 정의가 널리 공유되고 있다
고 보면서 파시즘 연구에서 '새로운 합의' 내지는 '새로운 합의 학파'가
나타났다고 자신 있게 말하고 있다.[33]

새로운 정의에서 특징적인 것은 사회와 인간을 전변시키는 파시즘의
혁명적 충동을 강조하는 부분이다. 이런 시각은 가령 파시즘에서 "인간
혁명"(anthropological revolution)의 발상에 근거한 전체주의적 충동과
야심을 강조하는 젠띨레(Emilio Gentile) 등의 견해를 연상시킨다. 물론
데 펠리체를 비롯한 많은 학자들이 이딸리아의 전체주의를 "불완전한
전체주의"라고 촌평했지만, 젠띨레는 그렇게 간주하기보다는 "전체주
의로 가는 이딸리아의 길"을 연구할 필요가 있다고 주장한다. 이런 시
각에서 보면, 파시즘은 전통적인 계급문화를 파괴하고 동질적이고 획
일적인 새로운 국민문화를 주조하려는 강력한 전체주의 운동이었다.[34]

그러나 파시즘에 대해 기성 질서를 혁명적이거나 전체주의적인 방식
으로 뒤집으려는 운동으로 보는 시각은, 그 '혁명'이나 '전체주의'라는
개념의 정확한 의미가 무엇인지가 불분명하기도 하거니와 파시즘의 의
도와 수사의 측면을 지나치게 강조하는 편향을 드러낸다. 실제로 파시
즘의 의도만이 아니라 실행, 그리고 파시즘의 수사만이 아니라 현실을
보면, 파시즘이 기성 질서를 전복하려고 했던 만큼이나 기성 질서와 타
협하려고 했던 측면이 잘 드러난다. 요컨대 많은 논자들이 한목소리로
강조하듯이 파시즘이 말한 것과 행한 것은 일치하지 않는 것이다. 그런
데도 이른바 '새로운 합의'는 행한 것에 비해 말한 것을 더 신뢰하는 것
으로 보인다.

'새로운 합의'에 대한 비판적 시각은 최근 일군의 파시즘 연구자들에 의해 명시적으로 표출되고 있다. 예컨대 2011년에 출간된『파시즘의 본성 재고』의 저자들은 파시즘의 고정된 본질이나 핵심을 상정하려는 시도 자체를 심각하게 의심한다. 파시즘에는 '새로운 합의'를 운위할 만한 본성 자체가 부재하다는 것이다. 이 책의 저자들 중 한명인 패스모어(Kevin Passmore)는 파시스트들이 서로 구별될 뿐만 아니라 서로 모순되는 다양한 이념들을 무작위로 끌어와 자신들의 의식적이거나 무의식적인 목적에 따라 특정한 역사적 조건 속에서 사용했기 때문에 파시즘에 대한 일반적 정의를 내리는 것은 불가능하다고 본다. 바꿔 말해, 파시즘은 다양한 이념들이 타협되고 절충되는 과정 그 자체이지, 선험적인 이념적 본질을 지닌 실체는 아니라는 것이다.[35] 그렇다면 그리핀의 '새로운 합의'에 대한 단언에도 불구하고, 단언컨대 파시즘의 정의에 대한 학계의 합의는 아직까지 존재하지 않는다고 할 수 있다.

지금까지 살펴본 파시즘에 대한 해석의 역사를 일별해보면, 처음에 당연시된 파시즘과 자본주의의 밀접한 연관성이 점차 희박해지다가 끝내 양자의 연관성이 사라져버렸다는 인상을 받는다. 그러므로 "자본주의에 대해 말하고 싶지 않다면, 파시즘에 대해서도 입을 다물어야 한다"라는 호르크하이머(Max Horkheimer)의 오래된 격언은 이미 유통기한을 지나버린 듯하다. 그럼에도 파시즘이 교회, 군대, 관료제 등 기성 질서와의 불화뿐만 아니라 타협을 추구했다면, 명백히 파시즘과 기성 질서의 하나인 자본주의 사이의 관계도 재차 관심의 대상이 될 수 있다. 과연 파시즘은 다양한 기성 세력과의 경쟁 속에서 자신의 정치적·이데올로기적 목표에 맞게 자본주의에 대한 입장과 태도, 정책을 결정하고 실행했다. 거꾸로 다른 세력들도 파시즘과의 경합과 긴장 속에서 자본주의에 대해 특정한 방식으로 관계를 맺어나갔음은 분명하다. 무엇보다 자본주의와 특권적인 관계를 맺고 있던 경제 엘리트층인 기업가들이 파시즘과의 협력과 갈등 속에서 특정한 방식으로 이딸리아 자본주의의 성격을 결정지었다. 그렇다면 위에서 인용된 호르크하이머의 명제를 거꾸로 변형시킨 다음과 같은 명제가 성립할 수 있을 것이다. 파시즘에 대해 입을 열고 싶다면, 자본주의에 대해서도 말할 수 있어야 한다.

제5장

자본주의 길들이기(I): 파시즘

자본주의와 부르주아 비판

파시즘은 여타 정치 이데올로기들과는 달리 생일과 고향이 뚜렷한 이념이자 운동이다. 즉 파시즘은 1919년 3월 23일 밀라노의 싼 쎄뽈끄로 광장 주변의 한 건물 강당에서 무솔리니를 비롯한 190여명의 발기인들에 의해 창립된 이딸리아 전투단(Fasci italiani di combattimento)과 함께 등장했다. 파시즘은 바로 이 전투단(파쇼)의 이념이었던 셈이다. 이딸리아 전투단은 1921년에 명실상부하게 정당 체제를 갖추면서 파시스트 국민당(Partito nazionale fascista, PNF)으로 확대 발전되었다. 그런데 1919년의 전투단에 참여한 면면이 몹시 다양하다는 점이 흥미롭다. 민족주의자, 미래주의자, 생디칼리스트, 페미니스트, 반교권주의자 등 얼핏 보아도 도저히 한데 묶일 수 없는 인사들이 공히 전투단에 참여했던 것이다.

1919년 6월 6일에 발표된 이딸리아 전투단의 강령도 흥미로운데, 특히 사회적·재정적 요구 부분이 그렇다. 전투단의 강령은 8시간 노동제, 최소임금제, 기업경영에 대한 노동자 대표들의 참여, 실제 경작하지 않는 토지의 (제대 장병의 우선권과 함께) 농민협동조합으로의 분배, 누진세 도입, 교회 재산의 몰수, 전시 이윤에 대한 85%의 세금 부과 등을 명시함으로써 상당히 급진적인 색채를 띠고 있었다. 이런 급진성은 명백히 파시즘이 프롤레타리아의 표를 얻기 위해 사회주의 세력과 경쟁하는 과정에서 불거진 것으로 보인다. 그러나 파시즘은 자유주의 세력과도 경쟁해야 했다. 따라서 무솔리니는 자유주의 정치인들을 지지하는 기성 세력을 안심시키기 위한 다양한 언어와 몸짓을 구사했다. 예컨대 그는 1920년 4월 27일자 파시즘 기관지『이딸리아 민중』(*Popolo d'Italia*)에 또리노 기업가들을 다음과 같이 찬양했다.

오늘날 또리노는 유럽에서 가장 강력한 산업 중심지 중 하나다. 기계산업, 특히 자동차산업 부문에서 또리노는 세계적 수준에 도달했다. 지금 이 고귀한 변형을 만들어낸 사람들은 금속기계산업협회(Associazione industriale metallurgici, meccanici, ed affini, AMMA)의 인물들이다. 그들은 또리노에 머물지 않고 바르샤바에 공장을 세우고 오스트리아의 광맥을 사들이며 헝가리와 루마니아에 산업공단을 연 창의적이고 용감하며 대담한 인물들이다(나는 개인적으로 그 누구도 알지 못한다). 지금 이 '근대적' 기업가들이 노동자들에 대해 맞서고 있는 것은 그저 변덕 때문에, 혹은 나쁘게 말해서 8시간 노동제를 무효화하기 위해, 혹은 더욱 나

146

쁘게 말한다면 임금을 삭감하기 위해서가 아니다. 그들은 노동의 규율이라는 필수적인 지상권을 재확립하기 위해 노동자들에 맞섰고, 아주 훌륭한 일을 한 것이다.[1]

이처럼 무솔리니는 한편으로 노동자들의 지지를 의식하면서 8시간 노동제와 기업경영에 대한 노동자 참여 등 노동자의 권익을 옹호하는 정책을 제시하면서도, 다른 한편으로는 기업가들의 지지를 얻기 위해 8시간 노동제나 노동자의 경영 참여에 맞서 싸우는 기업가 단체에 찬사를 보내며 '비즈니스 프렌들리' 정책을 준비한 것이다. 그런 무솔리니의 기회주의에서 잘 나타나듯이, 파시즘은 모든 계층에 모든 것을 약속하며 지지를 획득했다. 그런 과정에서 파시즘은 필연적으로 자신이 말한 것들 사이의 모순, 말한 것과 행한 것의 불일치를 드러내곤 했다(하기야 너무 많이 약속했기 때문에 자신의 약속을 모두 기억할 수도 없었을 것이다). 이런 맥락에서 무솔리니와 파시스트들은 권력을 장악하고 체제화하는 과정에서 점차 초기의 급진주의를 버리고 기성 세력과 타협하는 성향을 두드러지게 나타내기 시작했다.

그럼에도 파시즘 내부의 고유한 반자본주의적·반부르주아적 충동이 사라진 적은 한번도 없었다. 사실 이 점이 중요한데, 파시즘의 이런 경향은 늘 기업가들에게는 위협적으로 다가왔다. 심지어 일부 파시스트 생디칼리슴의 이론가들은 사적 소유권 자체의 철폐까지 주장할 정도였다. 그 정도는 아니었지만, 많은 기층 파시스트 활동가가 독자적인 흑색 노조를 결성하고 적색 노조와 싸우면서 공장 경영에 직접 개입하고자 했다. 이런 맥락에서 파시스트 공장감독관들은 그 존재 자체가 기업가들에게 경영의 자율성을 위협하는 요소처럼 보였다.

특유의 기회주의로 정치적 곡예에 능했던 무솔리니도 그런 반자본주의적·반부르주아적 충동을 종종 드러냈다. 대공황의 충격에 노출된 상황에서 무솔리니는 기업가 길들이기에 나서 "진취적이라기보다는 무분별하고, 산업과 금융 사이에서 위태로운 곡예를 하며, 문어발식으로 사업을 확장하는" 사업가들을 겨냥하여 비난을 쏟아내며 위협했다. 사실 무솔리니가 겨눈 창끝은 당시 인공직물업과 식품업, 광산업과 시멘트업을 아우르는 거대 기업가로서 종종 파시즘에 반항적인 태도를 숨기지 않던 괄리노(Riccardo Gualino)를 정확히 조준하고 있었다. 결국 괄리노는 무솔리니의 덫에 걸려들어 하루아침에 몰락하고 말았는데, 이 사건은 기업가들에게 체제에 반항할 경우 어떤 결과를 감수해야 할지 경고하는 본보기로서의 가치가 있었다.[2]

한편, 무솔리니는 괄리노와는 달리 피아트의 아넬리에 대해서는 많은 특혜와 이권을 보장해주었다. 그럼에도 아넬리 역시 때때로 무솔리니에게 분노의 대상이 되곤 했다. 가령 무솔리니는 피아트가 정부 방침과 달리 노동자들의 대량 해고에 나서자 피아트가 "국가나 왕조나 교회나 체제에 버금가는 신성불가침의 제도로 간주되는 심각하고 부조리한 위험"을 경고하면서 일개 기업인 피아트의 이해관계를 이딸리아의 이해관계와 동일시하여 피아트에 특혜를 주는 관행을 맹비난했다.[3] 피아트가 또리노 외곽에 거대한 미라피오리(Mirafiori) 공장을 건립하려고 했을 때에도 전략적·사회적 이유를 들어 반대했다. **전략적** 측면에서는 잠재적인 적성국인 프랑스 국경 근처에 대공장을 건립하는 것이 위험하고, **사회적** 측면에서는 단일한 공장에 거대한 수의 프롤레타리아트를

148

피아트 미라피오리 공장

집중시키는 것이 위험하다는 이유였다. 그럼에도 아녤리는 대담하게 자신의 계획을 밀고 나갔는데, 이에 분개한 무솔리니는 공장 건립 과정에 사사건건 간섭하기 시작했다. 무엇보다 무솔리니는 거대 공장에 집중된 프롤레타리아트의 현존에 불안감을 떨칠 수 없었다. 그가 또리노 지사에게 보낸 1937년 7월 16일자 전보는 이 점을 잘 보여준다. 그는 전보에서 노동자의 편에서 기업가들이 더 많은 인간적 배려를 해야 한다고 강조했다. 전보에 표현된 무솔리니의 명제는 이렇게 집약된다. 노동자를 부품으로 다루는 기업가는 파시스트 시대에 어울리지 않는다. 인간은 기계가 아니다! 이 말의 진정성을 어떻게 받아들이건 간에 무솔리니는 그렇게 주장했다.

아넬리 상원의원에게 피아트의 새로운 공장들에 노동자를 위한 안락하고 품위 있는 구내식당들이 갖추어져야 함을 연락할 것. 그에게 기계 곁에서 헐레벌떡 밥을 먹는 노동자는 이 파시스트 시대의 노동자가 아니라는 점을 말할 것. 인간은 다른 것으로 대체될 수 있는 기계가 아니라는 점을 덧붙일 것.[4]

이 무솔리니의 말에서 암시되듯이 파시즘에는 확실히 근대 기계문명에 대한 본능적인 혐오감이 깔려 있었다. 그리고 피아트는 바로 그런 기계문명의 대명사로서, 파시스트들의 눈에는 일종의 "이국적"(exotic) 생산방법을 표상했다. 파시스트들은 이런 사대주의에 민족주의를 맞세웠다. 이른바 "라틴적"(latin) 생산방법이 그것이다.[5] 그리고 이 민족적 생산방법을 대표한 것이 자동차 시장에서 피아트와 경쟁했던 알파 로메오였다. 게다가 피아트의 본산 또리노와는 달리 알파 로메오의 본산 밀라노는 무솔리니의 정치적 고향이자 파시즘의 온상이기도 했다. 무솔리니가 알파 로메오를 사랑한 것도 알고 보면 그만한 이유가 있었던 것이다.

무솔리니가 알파 로메오의 차를 얼마나 좋아했는지를 보여주는 농담 같은 일화가 있다. 그가 밀라노를 방문했을 때, 제일 먼저 간 곳이 다

알파 로메오 자동차

름 아닌 알파 로메오 공장이었다. 마침 알파 로메오의 최신 자동차가 출시되었는데, 이 차를 보자마자 무솔리니는 너무나 마음에 들어 애무하듯 쓰다듬으며 차의 세세한 내용을 꼬치꼬치 캐물었다. 알파 로메오의 대표이사는 무솔리니의 질문에 진땀을 흘리며 답변해야 했다. 마침내 무솔리니의 입에서 마지막 결정적 질문이 튀어나왔다. "가격이 얼마인가?" 순간 당황한 대표이사는 측근들과 한참 상의한 뒤 "각하에게는 무료"라고 대답했다. 무솔리니가 응수했다. "그럴 순 없소." 다시 당황한 대표이사는 측근들과 한참을 쑥덕거린 뒤 대답했다. "각하에게는 5리라입니다." 당장 무솔리니는 호주머니에서 돈을 꺼냈다. 10리라짜리였다. 대표이사는 거스름돈 5리라를 구하기 위해 동분서주했다. 기다리는데 짜증이 난 무솔리니가 간단히 말했다. "문제없소. 내게 두대를 파시오!"[6]

무솔리니와 파시스트들의 눈에 알파 로메오의 '라틴적' 생산방법은 전통과 근대성을 근사하게 결합한 방법으로 보였다. 여기서 근대성과 구분되는 전통이란 곧 라틴유럽 특유의 장인적 수공업 전통을 말한다. 기실, 포드주의를 채택한 피아트에서 숙련 노동자들이 대거 미숙련 노동자로 대체된 반면, 수공업 전통의 알파 로메오에서 숙련 노동자의 비율은 여전히 압도적으로 컸다. 알파 로메오의 주력 공장이었던 뽀르뗄로(Portello)의 경우를 보면, 1915~18년에 숙련 노동자의 비율은 37.9%에서 1926~33년에 오히려 47.1%로 증가했다. 피아트에서 미숙련 노동자들이 조립하는 평범한 수준의 승용차 양산 체제가 추구된 반면, 알파 로메오에서는 숙련 노동자들이 조립하는 고성능 레이싱카의 특화가 이루어졌다.[7]

알파 로메오의 '라틴적' 생산방법은 정치적으로나 사회적으로 안전한 방법으로 보였다. 대규모 노동자 대중을 한 공장에 집중하지 않고 소수의 숙련공으로 작업하는 알파 로메오의 방법은 **기술**과 **전통**을 동시에 추구하고자 한 파시즘의 시선에서 이상적인 것이었다. 실제로도 알파 로메오는 무솔리니와 파시스트들을 만족시켰다. 1930년 알파 로메오에서 파시스트 노조는 밀라노 평균인 15%를 월등하게 뛰어넘는 80%의 경이적인 가입률을 자랑했다. 알파 로메오의 노동자들 가운데 250명이 파시스트 당원이었으며, 1933년에는 1,000여명의 파시스트 당원과 150명의 파시스트 행동대원(squadrista)이 있었다. 이 수치들을 근거로 파시스트 노조 신문은 알파 로메오를 가리켜 "생동하는 사회적 협력의 본보기"라며 거리낌 없이 추켜세울 수 있었다. 그리고 파시스트들은 작업장 갈등이 약했던 알파 로메오 — 마찬가지로 노사갈등이 약했던 란차나 비앙끼 ─ 의 사례와 갈등이 심했던 피아트의 사례를 대비하면서 그 이유를 각각 '라틴적' 생산방법과 '이국적' 생산방법의 차이로 돌렸다.[8]

　물론 이런 간단한 통계 수치를 근거로 알파 로메오의 노동자들이 피아트의 노동자들과는 반대로 파시즘에 절대적 충성심을 갖고 있었다고 섣불리 일반화할 수는 없다. 위의 수치들도 회사와 파시스트 노조에서 작성한 것이므로 덥석 신뢰할 수는 없다. 그럼에도 알파 로메오의 노동자들이 손수 만들어낸 고도 기술력의 상징인 알파 로메오 자동차에 대해 노동자들 스스로가 가졌던 긍지는 의미심장한 현상이었다. 알파 로메오에 대한 독보적인 연구를 남긴 기업사가 비가쩨에 따르면, 그런 긍지는 "알파 제일주의"(Alfista) 이데올로기라고 명명될 수 있다고 한다. 그러면서 그는 '알파 제일주의'로 표출된 알파 로메오 노동자들의 드높은 기술적 자부심이 필경 알파 로메오의 작업장에서 노사갈등의 정도와 강도가 상대적으로 낮았다는 사실, 나아가 알파 로메오 노동자들 사이에서 파시즘에 대한 지지와 동의가 상대적으로 높았다는 사실과 모종의 관련이 있다고 추론했다.[9] 이로부터 알파 로메오는 파시즘에 의해 가장 이딸리아적인 기업으로 간주되었다. 파시즘이 근대 기술을 열렬히 찬양하면서도 역설적이게도 기계문명을 완강히 거부하는 모순은 알파 로메오의 방식으로 해결되었다!

미국주의와 포드주의 비판

미국은 근대 기계문명을 대표한 나라였다. 이딸리아인들에게 미국은 기적의 나라였다. 그곳은 단지 머릿속의 상상에서만 가능했던 비현실적인 것들도 끝내 실현되고야 마는, 말하자면 모든 것이 가능한 나라처럼 보였다. 거기서는 마땅히 모든 것을 크게 생각하고 많이 만들어내는 것이 일상적이었다. 1928년에 또리노에서 출간된 한 책의 저자는 미국에 대해 이렇게 쓰고 있다. "미국인들은 전 세계를 놀라게 하고, 각 개인의 도덕적·경제적 조건의 점진적인 향상으로 이어지면서 거대한 미국식 생산 그 자체랄 수 있는 위대한 기적을 성취한 조직 체제와 규율 체제를 통해 원료, 노동, 자본, 기계를 효율적으로 이용할 줄 알고 있었다."[10]

특히 당대의 많은 유럽 관찰자들의 눈에 미국이 일구어낸 기적 뒤에는 오롯이 "과학적 노동 조직화"라는 새로운 생산방법이 있는 것으로 보였다. 일찍이 이 점을 통찰한 프랑스의 생디칼리스트 뒤브뢰유(Hyacinthe Dubreuil)가 지은 책의 이딸리아 번역본에는 다음과 같은 구절이 실려 있다. "결국 과학적 노동 조직화는 기계기술의 진보로 최소한의 하루 노동만으로도 우리의 물질적 필요가 충족될 날이 오리라고 예언한 사람들의 오랜 숙원을 실현시켜주는 수단이다."[11] 여기서 '과학적 노동 조직화'란 곧 테일러주의(taylorism)와 그에 기초하여 발전한 '포드의 방법'을 말하는 것인데, 이 새로운 생산방법들은 당시 이딸리아는 말할 것도 없고 유럽에서 초미의 관심사로 떠올라 많은 이들에 의해 면밀하게 연구되었다. 이 근대적 방법은 조만간 미국주의(americanismo)와 포드주의(fordismo)로 알려질 것이었다.

이 연구들 가운데 단연 흥미로운 것이 이딸리아의 맑스주의 사상가인 그람시의 분석이다. 그는 1930년대에 쓴 『옥중수고』의 「미국주의와 포드주의」라는 단편에서 미국식 대량생산을 단지 하나의 생산방법으로 이해하는 것에 반대하면서 경제, 사회, 문화를 통합하는 자본주의적 축적 체제로 파악하고자 했다. 그람시는 '포드주의'란 용어를 처음 만들어낸 장본인으로서, 테일러주의와 포드주의를 가리켜 노동자의 생산활동에서 일체의 지성과 상상력, 창의력을 거세하고 기계적이고 파편적이며 신체적인 활동으로 환원시키는 생산 방법이라고 꿰뚫어 보았다. 그러면서도 포드주의가 새로운 시대의 요청이자 대세로서 합리적이고 진보적인 방식이며 이를 수용하기 위해서는 사회적 조건과 관습, 생활방식에 근본적인 변화가 필요하다고 생각했다. 그리고 이런 변화를 통해 새로운 유형의 노동자를 만들어내는 과정은 강제만이 아니라 자기규율과 설득을 통해서 가능할 것이라고 내다보았다. 그람시가 미국주의와 포드주의를 인간성 말살을 야기할 우려가 있는 체제로 보기는 했지만, 그럼에도 생산방법과 생활방식의 합리화요, 일반화되고 보편화되어야 할 방식 ──봉건제의 이끼가 잔뜩 낀 이딸리아에는 당장 이식되기 어려운── 임을 인정하고 있었다는 사실은 의미심장하다.[12]

그러나 이렇게 미국과 미국이 함의하는 모든 것이 이딸리아에서 뜨거운 쟁점으로 부각되고 있을 때, 파시스트들 사이에는 미국주의에 대한 급진적 비판의 기초가 놓이게 되었다. 이런 비판적 시각은 유럽인들의 "과잉교양"과 미국인들의 "무교양"을 대비시키는 농담에서 그 전조를 보이고 있었다. 특히, 미국식 "기계종교"(religione della macchina)에 대한 신랄한 비판이 두드러졌다. 이는 19세기 후반부터 미국 등을 중심으로 전개된 제2차 산업혁명의 격랑 속에서 이딸리아가 선발 산업국들의 발전 양상을 목도하면서 품게 된 어떤 두려움을 대변한다. 즉 선발국의 발전에 대한 '지식'이 그 발전에 대한 비판을 가능하게 한 것이다. 특히 기계종교에 대한 급진적 비판은 미국식 기계문명에 대한 부러움보다는 두려움이, 기계문명을 따라잡으려는 욕구보다는 길들이려는 욕구가 상대적으로 더 강했다는 증거다.

과연 기계문명에 대한 비판은 기계의 비인간성과 정신의 숭고함을 극적으로 대비하면서 자본주의에 대한 반대로까지 승화되었다. 가령 무솔리니가 매우 좋아했던 저술가 오리아니(Alfredo Oriani)는 이미 기계종교에 대한 비판을 근대성에 대한 총체적인 비판으로 고양시킨 바 있었는데, 그는 근대성의 실질적인 요소들이 "영혼의 고양"으로부터가 아니라 "안이한 산업적 자생성"으로부터 유래했다고 진단하면서 "도로와 공장이 학교와 교회보다 더 중요하게 여겨지는" 현실을 개탄했다. 그에 따르면, 20세기 초두에 "모든 지배적인 사회 형태는 이상 그 자체로 평가되지만, 산업주의는 오직 부의 이상만을 가질 뿐이었다."[13]

그런데 미국식 생산방법 및 생활방식, 곧 미국식 물질문명에 대한 비판은 흥미롭게도 볼셰비즘에 대한 우호적인 견해로 나아가기까지 했다. 이데올로기 전쟁으로 채색된 2차대전 시기 볼셰비즘과 파시즘 사이에서 벌어진 혈투로 말미암아 지금은 깡그리 잊히고 말았지만, 양자의 근접성을 보여주는 일화가 많다. 일례로, 1930년대에 비행 편대를 이끌고 소련 오데사에 도착한 이딸리아 파시즘의 제2인자 발보(Italo Balbo)

156

일행이 볼셰비키들에 의해 성대하게 환영받는 가운데 서로를 '동지'로 불렀다는 사실은 자못 의미심장하다. 그리하여 소련에 대한 파시스트들의 태도를 관찰하면서 역사가 바시냐나(Pier Luigi Bassignana)는 논평하기를, 파시즘에게 "볼셰비즘은 적이었다. 그러나 공동의 적은 서구의 타락한 금권정과 저주받은 부르주아적·자유주의적 자본주의였다. 아마도 '적의 적'과의 동맹이 이루어질 법했다."[14]

실제로 무솔리니는 패망이 임박한 시기에 저속하고 이기적인 '부르주아' 기업가와 금융가 들에 대한 반감을 노골적으로 드러냈다. "전쟁이 끝나면 나는 소심하고 비열한 부르주아에 대한 공격을 개시할 것이다. 우리는 그것을 물리적으로 파괴할 필요가 있고, 아마 그중 20% 정도만, 꼭 그만큼만 남길 것이다."[15] 여기서 한마디만 덧붙이면, 20%라는 수치는 무솔리니가 자기 스승으로 생각한 빠레또(Vilfredo Pareto)의 20 대 80 원리에서 착안한 듯하다. 빠레또에 따르면, 경제행위에서 주민의 20%만이 총산출물의 80%를 생산한다. 무솔리니에게 80%의 '부르주아'는 대부분 부를 축내기만 하는 기생적 계층에 불과했던 것이다.

제3의 길?

파시즘은 부르주아적·자유주의적 자본주의 문명을 비판했다. 그와 동시에 볼셰비즘에 대해서도 증오심을 숨기지 않았다. 그리하여 파시즘은 스스로를 자본주의도 아니요, 공산주의도 아닌 '제3의 세력'으로 제시했다. 그리고 그 근거를 개인주의에 기초한 자유경쟁 체제도 아니요, 계급투쟁에 기반을 둔 집산주의도 아닌, 계급대립을 초월하고 사회 통합을 추구하는 새로운 형태의 사회경제 체제인 **코포라티즘**[16]에서 찾았다. 그렇다면 파시즘이 대안 체제로 제시한 코포라티즘이란 무엇이며, 이를 어떻게 평가할 것인가? 일찍이 코포라티즘에 주목한 역사가 뜨란팔리아가 명쾌하게 질문했듯이, 코포라티즘은 "자본주의의 절대적이고 혼돈에 가득 찬 자유와 공산주의의 총체적 계획화 사이의 '제3의 종'(tertium genus)을 대표했는가?"[17]

여기서 먼저 염두에 두어야 할 점은 코포라티즘이 파시즘의 전유물이 아니라는 사실이다. 그것은 중세 유럽에 기원을 두고 가톨릭교회를 통해 지속된 사회 조직 및 운영의 원리로서 오래전부터 존재해왔다. 또한 20세기 유럽에서도 그것은 새로운 형태로 재등장하여 유럽 사회를 재조직하고 있었다. 미국 역사가 메이어는 1차대전 직후 프랑스, 독일, 이딸리아에서 자본과 노동의 타협 체제로서 코포라티즘이 등장하여 안착되는 과정을 세밀하게 분석했다. 그에 따르면, 위의 세 국가에서 전후 핵심 과제는 걷잡을 수 없이 분출하는 노동운동을 봉쇄하고 부르주아 사회의 안정을 달성하는 일이었다. 이를 위해 노동운동의 온건한 개량주의적 지도부가 내세우는 경제적 요구들을 수용함으로써 노동운동의 혁명적 예봉을 무디게 할 필요가 있었다. 바로 이것이 국가의 중재 아래에서 자본과 조직노동이 지속적인 협상을 통해 사회적 합의를 창출하는 "새로운 코포라티즘"(new corporatism)으로 이어졌다. 요컨대 메이어에 따르면, 위기에 처한 유럽 부르주아 사회를 **구제**하기 위해서는 그것을 **재편**할 필요가 있었고, 그 유력한 재편 수단이 바로 코포라티즘이었다는 것이다.[18]

그러나 메이어의 견해는 적어도 이딸리아의 경우에 코포라티즘이 파시즘에 의해 강력한 이데올로기적·정치적 대안 체제로서 대두한 측면을 간과하고 있다는 점에서 아쉬움을 남긴다. 그런 점에서 파시즘 치하 이딸리아에서 제기된 '파시즘+코포라티즘=제3의 길'이라는 도식을 분석할 필요가 있다. 실제로 무솔리니와 파시스트들은 특히 대공황으로 야기된 심각한 경제위기 상황에서 파시즘이 '제3의 종'으로서 위기에 빠진 자본주의를 대체하는 해결책임을 정력적으로 선전했다. 특히 코포라티즘의 이론가 스삐리또(Ugo Spirito)는 사적 소유권 자체를 공격하면서 '코포라티즘의 소유권'에 근거한 자본주의와 사회주의 사이의 '제3의 길'을 명확히 천명했다.[19] 그리고 이런 선전전을 넘어 무솔리니와 파시스트들은 코포라티즘을 현실화하기 위해 다양한 법적·제도적 장치들을 공들여 마련했고 실행에 옮기고자 했다.

1926년 4월 3일 발포된 법령 제563호는 "단체 노동협약의 사법적 규율"에 대한 것으로 1년 후 파시스트 대평의회에 의해 인준되어 노동 헌장(Carta del lavoro)으로 알려지게 될, 파시스트 코포라티즘의 예광탄이었다. 헌장은 노동을 사회적 의무로 규정했고 노동의 목표를 "개인의 복지와 국력의 신장"에서 찾았다. 이런 전제 아래에서 헌장은 생산의 이해관계들을 민족의 이해관계로 규정하면서 이해관계들을 "유기적으로" 대표하는 것이 바로 코포레이션이라고 못 박았다. 그런데 헌장에서 제시된 코포레이션들은 한참 시간이 흐른 뒤에야, 그러니까 1934년 2월 5일의 법령 제163호에 의해서 비로소 설치되었고, 실제로 나라의 각 경제 부문이 생산공정별로 코포라티즘의 원칙에 따라 조직된 것은 1936년 7월 1일 이후였다. 코포레이션은 총 22개가 조직되었는데 '농업·공업·상업' 생산공정에는 곡물경작, 과수원예, 포도주 및 올리브, 낙농 및 수산, 목재, 직물 등 6개 코포레이션이, '공업·상업' 생산공정에는 의류, 제철 및 금속, 기계, 화학, 액화연료, 제지 및 인쇄, 건축, 수도·가스·전기, 광산, 유리 및 도기 등 10개 코포레이션이, '서비스 생산활동' 분야에는 국내교통, 해운 및 항공, 예능오락, 숙박, 전문직 및 예술, 사회복지 및 금융 등 6개 코포레이션이 설치되었다.[20]

각 코포레이션은 중세 길드를 떠올리게 하는 엄격한 **경제적 규제** 아래에 놓였다. 즉 "경제관계에 대한 집단적 규제와 생산에 대한 통일적 규율을 위한 규범"에 종속되었다. 한편, 각 코포레이션의 의장은 무솔리니가 '파시즘의 두체'와 '정부 수반'의 자격으로 맡았는데, 이는 다분히 명예직의 성격이 강했다(무솔리니가 22개 코포레이션의 업무에 일일이 참여할 수는 없지 않았겠는가). 실제 의장의 역할은 파시스트 국민당에서 선출되고 파견된 부의장들이 맡았다. 그리고 이 파시스트 대표들 곁에는 사용자와 노동자의 대표가 동수로 있었다. 마지막으로 각 코포레이션은 1939년 1월 5일에 설치된 상위 기관인 전국코포레이션평의회(Consiglio nazionale delle corporazioni)에 종속되었고, 사실상 파시스트 체제에서 의회의 기능을 수행했다. 이 전국평의회는 의장 무솔리니를 위시하여 각 코포레이션의 부의장들, 사용자 연합체와 노동자 동맹체의 대표, 장관과 차관, 당서기와 당관료 들로 채워졌다.[21]

이처럼 호화롭고 정교한 조직을 설치했지만, 실제로 파시스트 코포라티즘은 잘 기능하지 못했다. 무엇보다 전국코포레이션평의회의 권한이 제한적이었다. 그것은 다른 국가기구나 당기구에 종속된 채 능동적인 발의체가 아니라 수동적인 추인기구로 기능했을 뿐이다. 더욱 중요

160

한 사실은 코포라티즘을 통해 자본과 노동의 대립을 극복하겠다는 체제의 약속은 노동자 대표성 자체를 보장하지 못함으로써 이미 실현될 가망이 없었다. 즉 코포레이션의 노동자 대표는 대부분 파시스트 노동조합 활동가나 전문가였고, 현장 노동자들이 선출되는 경우는 없었다. 게다가 노동자 대표들이 코포레이션을 이곳저곳 옮겨 다녔으므로 전문성도 떨어졌다.

그리하여 당시의 한 관찰자는 이렇게 논평했다. "파시스트 체제가 끝날 때까지 코포레이션에 대해 말이 많았다. 모두가 코포레이션이 '진짜 파시스트들'이 예언한 발전에 이르지 못했다는 데 동의했다." 파시스트 코포라티즘은 (이론적 목표대로) "이딸리아 민중"(popolo italiano)의 "몸"(corpo)을 이루는 신경, 근육, 두뇌를 각기 대표하는 자본, 노동, 국가의 조화로운 협력을 통해 "살아 움직이는 민족"(nazione operante)의 진정한 집합의지를 구현하는 데 실패했던 것이다.[22] 실제로 파시스트 코포라티즘의 총책이었다고 해도 좋을 보따이(Giuseppe Bottai) 자신도 코포라티즘을 두고 "전구 하나밖에 못 켜는 발전소"였노라고 회고했다.[23]

그런데 문제는 코포라티즘이 이론대로 실행되지 못했다는 것이 아니다. 더 큰 문제는 코포라티즘이 스스로의 이론을 배신하여 결과적으로 사용자의 이해관계를 충실히 대변했다는 것이다. 당대에 이딸리아 코포라티즘을 관찰한 프랑스 학자 프랑끄(Louis Franck)는 코포라티즘이 노동자 대표성을 관철시켰다는 주장은 기만에 불과하며 실제로는 "사용자들의 과두정"에 불과했다고 단정했다.[24] 또한 그 자신 열렬한 코포라티즘 이론가였던 스뻬리또 역시 이미 1932년에 파시스트 코포라티즘에 크게 실망하여 국가가 민간경제의 손실을 공공화시켰을 뿐이라고 밝힘으로써 코포라티즘이 실제로 기업가들의 이해관계에 따라 작동했음을 인정했다.[25]

당대인뿐만 아니라 후대 역사가들의 판단도 이와 비슷하다. 파시즘 시기 이딸리아의 자본-노동 관계를 연구한 역사가 싸티(Roland Sarti)는 코포라티즘에 대해 애당초 환상을 품지 않았다. 그는 코포라티즘을 "정부 안에서 조직된 이익집단들의 대표성에 기초한 정치적·경제적 의사결정 체제"라고 냉정하게 규정했다.[26] 코포라티즘이 자본주의와 사회주의를 동시에 극복하는 '제3의 길'이라는 주장은 어불성설이라는 것이다. 역사가 휴스(H. Stuart Hughes)의 촌평은 더욱 신랄하다. 그에게 코포라티즘은 허풍이요, 장광설에 불과했다.

코포라티즘이라는 장광설로부터 오직 두가지 현실만이 나타난다. 즉 정치적 독재와 사용자들의 우위. 나머지는 모두 허풍이다. 공들여 만든 코포라티즘의 기제는 대체로 외부 세계 ─ 그리고 이딸리아 국내의 일부 사람들 ─ 로 하여금 무솔리니가 자신의 새로운 국가 속에서 계급적 대립을 없앴다고 믿게끔 하려는 허울로 기능했다. 실제로 외관상의 조화로움 뒤에는 계급적 이해관계들의 갈등이 예전만큼이나 극성을 부리고 있었다.[27]

파시스트 코포라티즘은 일종의 수사(rhetoric)였다. 역사가들의 중론도 그렇다. 가령 파시즘이 표방한 '제3의 길'은 "신화"[28]라거나 "화염이라기보다는 연기"[29], 나아가 "파시스트 체제라는 무거운 진흙 주전자의 약한 손잡이"[30]라는 평가들이 그렇다. 그러나 한가지 주의해야 할 점이 있다. 파시스트 코포라티즘이 수사라고 해서 허구적이고, 따라서 무시해도 좋은 것은 아니라는 점이다. 그렇게 보는 것은 오해다. 오히려 그것은 '다모클레스의 칼'과 같았다. 무슨 뜻인가? 아주 오래전 시칠리아섬 시라꾸사의 참주 디오니시오스에게는 다모클레스라는 신하가 있었다고 한다. 다모클레스는 디오니시오스를 찬양했지만 속으로는 질시했다. 이를 눈치 챈 디오니시오스가 한올의 말총으로 아슬아슬하게 매달려 있는 칼 바로 아래의 왕좌에 다모클레스를 앉혔다. 칼이 언제라도 왕의 머리에 떨어질 수 있다는 걸 보여주기 위함이었다. 그렇듯 당시 이딸리아인의 머리 위에도 파시스트 코포라티즘을 포함하는 파시스트 체제는 다모클레스의 칼처럼 아슬아슬하게 매달려 있었다. 언제 떨어질지 몰랐다. 이 칼이 결국 떨어지지는 않았을지라도 언제 떨어질지 모른다는 현실적 공포와 불안이 존재했던 셈이다. 이렇게 보면, 파시스트 체제는 단지 수사인 것이 아니라 '정치적 서스펜스'를 창출한 현실적 위험이었던 것이다.[31]

재차 강조하거니와, 파시스트 코포라티즘은 체제가 선전한 대로 자본주의와 사회주의를 동시에 극복한 이상적인 '제3의 길'이 아니었다. 그것은 차라리 자본주의의 특이한 변형이라고 할 만한 것이었다. 무솔리니와 파시스트들은 (그들 간에 이론적 일치를 보지도 못한 채) 비유컨대 자본주의라는 야생마에 파시스트 코포라티즘이라는 고삐를 채우고 안장을 얹어 길들이고자 했다. 물론 야생마에게 이런 구속은 몹시 불편한 것이었음에 틀림없다. 실제로 아넬리와 같은 기업가는 코포라티즘이 부과한 경제적 규제를 싫어했고, 그래서 이를 두고 "몸에 너무 꽉 끼는 셔츠"라고 볼멘소리를 내뱉었다.[32] 그러나 파시즘은 몸에 꽉 끼는 셔츠였지, 체형 자체를 바꾸는 교정기구는 아니었다. 요컨대 코포라티 즘은 이딸리아 자본주의 경제를 파시즘의 정치적 목적에 맞게 길들이 려는 무솔리니와 파시스트들의 목표에 따른 것이었지, 자본주의 자체 를 바꾼 것은 아니었다. 어찌 보면 코포라티즘은 그동안 파시스트 체제 가 지속적으로 몸집을 불려온 관료제에 얹힌 또다른 비대한 관료제에 불과했다.

관치 자본주의

파시즘을 비판하는 쉬운 방식은 파시즘을 조롱하는 것이다. 파시즘 이 '장광설'이자 '허풍'에 불과하다는 촌평은 파시즘을 모욕함으로써 파시즘을 비판하는 손쉬운 방식을 보여준다. 무엇보다 파시즘이 패망 한 뒤 파시즘은 철저히 악마화되면서 동시에 희화화되었다. 여기서 희 화화란 무솔리니를 어릿광대로 보고 파시즘을 희극으로 보는 것이다. 그러나 희화화는 위험한 방식이기도 하다. 파시즘은 진지한 목표를 추 구한 육중한 이데올로기이자 체제였으니 말이다. 파시스트 코포라티즘 이 말에 비해 그 현실이 초라하다고 해서 백안시될 수 있는 건 아니다. 오히려 그것은 다양한 규제 장치를 통해 이딸리아 경제에 깊은 흔적을 남기고 지속적인 영향을 미쳤다. 적어도 경제에 대한 국가의 규제라는 측면에서는 분명 그러했다.

이런 맥락에서 파시즘이 자본주의에 물려준 거대한 유산은, 파시스트 체제에 의해 1933년 1월에 탄생한 매머드급 경제기구인 산업재건기구, 즉 IRI(Istituto per la Ricostruzione Industriale)다. 파시스트 국가는 IRI를 통해 산업은행 주식의 94%, 할인은행 주식의 78%, 로마은행 주식의 94%를 소유함으로써 '국가=은행'의 등식을 성립시켰다. 또한 IRI는 대공황의 위기 속에서 도산 직전의 기업들을 인수하여 그 경영을 책임졌다. 그리하여 1933년 말의 시점에 이딸리아 전화통신업의 83.13%, 해운업의 55.88%, 금속업의 37.92%, 전기업의 29.33% 지분에 참여했고, 1934년 무렵에는 이딸리아 전체 주식의 무려 48.5%를 소유하기에 이르렀다. 국영기업으로서 IRI는 원래 위기에 처한 은행들과 기업들을 일시적으로 구제한 뒤 다시 사적 구매자들에게 되판다는 목표를 갖고서 임시기구로 출범했으나, 1937년 6월에 영구법인이 되었다. 요컨대 IRI는 전무후무한 방식으로 '국가=기업가'라는 등식을 탄생시킨 국영 산업 지주회사로서 이딸리아 파시즘 최고·최대의 발명품이었다고 하기에 부족함이 없어 보인다.[33]

물론 그 이전에도 무솔리니는 강력한 국가 개입을 통한 경제 정책들을 지속적으로 펼쳐왔다. 그는 이 경제 정책들을 '전투'라고 불렀다. 그리하여 1925년 여름에 개시된 곡물증산 정책인 '곡물 전투'와 1926년 여름 리라의 평가절상을 선포한 '리라 전투', 1926년 이딸리아 중앙은행으로서 유일한 발권은행인 이딸리아은행(Banca d'Italia)의 창설, 1931년 11월 IRI의 선행 경제기구라고 할 이딸리아투자기구, 즉 IMI(Istituto Mobiliare Italiano)의 출범, 나아가 1936년 은행 개혁 등이 무솔리니 정부의 주요 경제 정책이었다. 이런 정책들을 통해 파시즘은 경제에 대한 국가의 규제를 강화하고 자본주의를 정치적 목표에 동원하려고 했다.

무솔리니는 이런 국가 역할의 거대한 증대에 대해 다음과 같이 만족감을 표했다.

아직까지도 자유 시장경제에 대해 떠드는 사람을 보면 절로 웃음이 나온다. 웃다가 울기까지 한다. 이딸리아 산업 및 농업 경제의 3/4이 이딸리아 국가의 수중에 있다. 내가 (물론 그렇지는 않지만) **국가 자본주의**나 혹은 이와 동전의 양면이라고 할 **국가 사회주의** 중 어느 것을 이딸리아에 도입하려고 마음만 먹는다면, 어쨌든 나는 객관적으로 그렇게 할 수 있는 필요하고 충분한 조건을 장악하고 있다.[34]

무솔리니가 말한 '필요충분조건' 가운데 단연 IRI야말로 국가 자본주의건 국가 사회주의건 국가의 의지를 경제에 관철시키는 강력한 수단이었음은 두말할 나위도 없다. 게다가 무솔리니에게는 자신을 도와줄 기업가 출신의 뛰어난 인재도 있었으니 바로 IRI의 회장인 베네두체(Alberto Beneduce)였다. 이른바 '베네두체 시스템'은 은행과 산업기업을 구별하고 국가가 경제에 대한 지도 기능을 수행하는 것이었다. 그런데 여기서 핵심은 국가가 경영에 직접 간섭하지 않는다는 것이었다. 물론 무솔리니는 원칙적으로 대규모 산업기업에 대한 파시즘의 통제는 간접적일 수도, 직접적일 수도 있다면서 파시스트 국가 치하에서 어느 기업도 순수하게 사기업으로 남기는 어려울 것이라고 천명했다.[35] 그렇기는 해도 경제위기 시절에 무솔리니 정부는 국유화를 택하는 대신에 구제금융의 방법을 선택함으로써 사기업의 소유권과 경영권에 대한 직접 통제를 주의 깊게 유예했다. 그런 점에서 파시즘은 노동에 대해서는 코포라티즘을 통해 직접 통제를 추구했으나, 자본에 대해서는 사회주의에서처럼 국가 소유가 아니라 IRI를 통한 간접 통제로 만족했다고 하겠다. "경제적 파시즘"을 연구한 첼리(Carlo Celli)는 이를 파시즘 특유의 "관치 자본주의"(crony capitalism)라고 불렀다. 즉 경제적 차원에서 이해된 파시즘은 자본주의의 극복이나 대안이라기보다는 특이한 형태의 자본주의, 즉 국가가 간접 통제를 통해 자본주의를 규제함으로써 자본주의를 구제하는 형태라는 것이다.[36]

이와 같은 관치 자본주의 혹은 경제적 파시즘을 통해 대공황의 위기 속에서 도산 직전에 있던 많은 이딸리아 은행과 기업이 구제되었다. 말하자면 파시즘은 자본주의의 구원투수였다. 그러나 국가의 강력한 개입이 경제위기에서 벗어나는 데는 도움을 주었으나, 그것이 실제로 이딸리아의 경제성장에 어떠한 기여를 했는지를 평가하는 일은 그리 간단치 않다. 예컨대 실업자 수는 1925년에서 1929년까지 극적으로 상승했고, 1933~34년에 조금 더 상승했다가 1937~39년에 감소했다. 산업분규(파업)는 극적으로 감소하여 1922년 40여만명의 노동자가 파업에 참여한 반면, 1927년에는 수만명대로 떨어지다가 결국 1932~36년에는 600명 수준으로 급전직하했다. 파시즘의 '철권'을 짐작할 수 있게 하는 대목이다. 한편, 공업생산에서 파시즘 치하 이딸리아 경제는 기본적으로 1937년까지 1차대전 직전인 1913년 수준에 도달하지 못했다. 그 후에야 1913년 수준을 넘어 고공행진했다가 2차대전의 파국 속에서 급락했다. 이 수치는 그다지 인상적인 것이 아니나, 1929년 대공황의 위기에 처한 다른 나라들이 경험한 국민총생산의 급격한 하락을 감안하면, 나쁘지 않은 성적일 수 있다. 확실히, 경제에 대한 국가 통제가 적어도 급

락을 막았던 것으로 보인다.[37]

경제적 파시즘의 성공과 실패 여부를 한마디로 단언하기는 어렵다. 전체적으로 보아 인상적인 수준의 성공도, 실패도 아닌 듯하다. 다만, 전쟁에 따른 파국으로 파시즘은 이딸리아 경제에 치명적인 타격을 입혔다. 이는 부분적인 경제적 성공을 상쇄하고도 남는 악영향이었다. 그럼에도 체제가 유지되는 동안 이딸리아 경제는 국가 규제를 통해 경제 위기를 '버텨'나간 것으로 보인다. 체제의 '철권' 탓이기도 하려니와, 체제에 대한 광범위한 대중의 이탈도 없었다. 이는 파시즘이 대중의 지지와 동의를 확보하는 데 매우 민감했음을 반증한다. 즉 파시스트 체제는 대중의 지지와 동의를 얻기 위해 적극적인 사회 정책을 펼쳤던 것이다. 이런 사실로부터 자본주의 경제에 대한 파시즘의 영향뿐만 아니라 자본주의 사회에 대한 파시즘의 영향까지 고려할 필요가 있다. 이를 편의상 사회적 파시즘이라고 부를 수 있다.

요컨대 사회적 파시즘이란 체제에 대한 대중의 동의를 획득하려는 정치적 목적으로 나타난 파시즘의 사회 정책이었다. 무솔리니 자신은 "자본주의적이거나 극자본주의적으로 변모하는 산업"에 대해 파시즘이 "경제적일 뿐만 아니라 사회적 성격의 문제들"을 제기했다고 하면서 자본주의에 대한 사회적 고려의 필요성을 자주 강조했다.[38] 이런 방식으로 파시즘은 자본주의를 부정하기보다는 자본주의에 특정한 방식으로 자신의 의제를 부과했다. 확실히, 파시즘이 던진 그와 같은 사회적 의제는 이딸리아 기업가들에게 고려해야 할 중요한 변수 하나를 던져주었다. 기업가들은 경제적 파시즘으로부터 필요한 만큼 규제받으며 동시에 충분한 만큼 지원받았지만, 노동자들의 충성심을 확보하기 위해 사회적 파시즘과 싫든 좋든 경쟁해야 했던 것이다. 이렇듯 파시즘 치하에서 이딸리아 기업가들이 경쟁해야 할 사회적 파시즘에 대해 무솔리니는 1934년 「밀라노 노동자들에게」라는 담화에서 이렇게 정의했다.

내가 생산자를 말할 때 그것은 단지 기업가나 사용자만이 아니라 노동자 또한 뜻하고 있다. 파시즘은 노동과 민족에 관련하여 모든 개인의 진정하고 심오한 평등을 확립한다. 개인들 간에 차이가 있다면 개인적 책임성의 규모와 범위에 관련된 것일 뿐이다. 나는 일찍이 인구가 밀집해 있고 진취적인 기풍의 도시인 바리에서, 경제에서 체제가 추구하는 목표는 모든 이딸리아 민중을 위한 높은 수준의 사회정의를 확보하는 것이라고 말한 바 있다. 맹세컨대 나는 오늘 여러분 앞에서도 그렇게 다시 선언하며, 이 선언이 반드시 이행될 것임을 약속한다. 여기서 높은 수준의 사회정의란 무엇을 뜻하는가? 그것은 보장된 일자리, 공정한 임금, 행복한 가정을 뜻한다. 그것은 지속적인 진화와 향상의 가능성을 뜻한다. 물론 이것만으로는 충분치 않다. 그것은 노동자들이 점점 더 친밀하게 생산과정에 진입할 수 있어야 함을, 그리고 그 필수적인 규율을 공유할 수 있어야 함을 뜻한다.[39]

이 밀라노 담화는 파시즘이 일부 논자들의 주장대로 민족주의와 사회주의의 칵테일이었음을 잘 보여준다. 적어도 사회정의에 대한 파시즘의 강박적 집착을 사회주의의 요소로 볼 수 있다면 말이다. 그러나 이 칵테일은 별로 풍취가 좋지 않았다. 인기도 없었다. 그점을 잘 보여주는 것이 바로 1939년 5월 15일 무솔리니가 피아트의 새로운 공장 미라피오리의 개장식에 참석하러 또리노에 왔을 때의 일화다. 당시 경찰 보고서 내용에 근거해 상황을 재현하면 이렇다. 무솔리니는 5만명의 피아트 노동자들 앞에서 연설했다. 그러나 무솔리니의 열변에 응당 따라와야 할 환성이 없었다. 무솔리니는 짜증이 난 듯했다. 연설 말미에 파시즘 12년에 자신이 발표한 밀라노 담화의 사회적 약속을 기억하느냐고 군중에게 물었다. "여러분은 그것을 기억합니까?" 보고서에 따르면, 5만여명의 군중 가운데 400명만이 그렇다고 답했다. 그러자 무솔리니가 말했다. "만일 기억나지 않는다면, 여러분은 그것을 다시 읽어봐야 합니다." 그러고는 황급히 연단을 떠났다. 일설에는 호텔로 돌아온 무솔리니가 측근들에게 피아트와 또리노를 향해 "망할 놈의 도시"(porca città)라고 분통을 터뜨렸다고 한다.

이렇듯 별로 풍취가 좋지 않은 파시즘의 사회 정책이었지만, 이는 파시즘이 사회적 합의를 창출하기 위해 자본주의에 대한 모종의 통제를 추구함으로써 노동자들의 충성과 지지를 획득하려고 한 시도의 일환이었다. 그런 만큼 기업가들에게는 우려스러운 경향이기도 했다. 기업가들은 무솔리니를 자신들의 상위 주군으로 인정했을지언정 자신들의 봉토에 사는 주민에 대한 간섭까지 묵인한 것은 결코 아니었기 때문이다. 무솔리니의 피아트 방문 일화에서도 피아트라는 아넬리의 봉토에서 노동자들은 무솔리니의 신민이기 이전에 먼저 아넬리의 노동자였음이 입증되었다. 당시 사건을 연구한 구술사가 빠세리니(Luisa Passerini) 등에 따르면, 피아트 노동계급 대다수는 경험상 체제의 사회적 약속에 반감을 느끼고 있었고, 그런 면에서 무솔리니의 방문 시점에 그들이 보인 이른바 "전설적인 침묵"은 어떤 면에서 "아넬리 상원의원과 그의 노동 대중들의 승리"로 보일 수 있었다.[40] 그러나 모든 기업가가 파시즘과의 관계에서 아넬리와 피아트처럼 자신의 봉토를 완벽히 방어할 수 있었던 건 아니었다.

제6장

자본주의 길들이기(II): 기업가

경영의 자율성

파시즘이 제기한 코포라티즘은 실제로 기업가들 사이에서 당혹감을 불러일으켰다. 1929년 전국코포레이션평의회 설립을 위한 법안이 발의되었을 때, 당시 꼰핀두스뜨리아의 의장이었던 벤니(Antonio Stefano Benni)는 파시즘이 사기업의 주도권을 해악으로 간주하면서 기업을 국가와 노동조합의 감독 아래에 두려 한다고 비판했다. 또한 꼰핀두스뜨리아의 이데올로그였던 올리베띠(Gino Olivetti)도 기업가의 창의성과 개인의 역량이야말로 사회발전의 대원칙이라는 점을 힘주어 강조했다. 피아트의 아넬리 역시 파시스트 코포라티즘에 위협을 느꼈다. 이미 언급되었듯이, 그에게 자본주의란 기업가의 절대적 권위가 통용되는 세계였다. 그는 코포라티즘이 바로 이 자본주의와 정면으로 대립한다고

이딸리아 자본주의의 상징 조반니 아녤리(피아트 창립 초기)

생각했다. 그러면서 다음과 이렇게 말했다. "피아트처럼 40여년간 빛나는 성과를 이룩하며 자신의 운명을 개척해나간 방법의 미덕에 견고히 뿌리내린, 사상과 노동의 통일성이라는 위대한 광경 앞에 서면, **자본주의에 절로 경의를 표하게 된다.**"[1] 자본주의는 스스로 제 운명을 개척한다는 말이었다.

그러나 아녤리의 말은 다소 위선적으로 들린다. 왜냐하면 피아트는 당시 IRI라는 거대한 국가기구를 통해 막대한 사업상의 이득을 챙겼기 때문이다. 피아트는 IRI를 통해 강철, 기계, 항공, 조선 부문에서 경영위기에 처한 숱한 기업들을 헐값에 인수하고 합병함으로써 해당 분야에서 독점적 지위를 구축했다. 물론 무솔리니 개인의 선호나 IRI의 전략적 판단에 따라 피아트의 인수 시도가 무산되어버린 경우들도 있었다. 예컨대 알파 로메오 인수 실패가 그런 경우다. IRI의 총수 베네두체는 피아트가 알파 로메오를 인수하려는 시도를 포기하지 않는 한 IRI는 피아트의 친구가 될 수 없다고 직언했다. 이런 부분적 대립에도 불구하고 전체적으로 피아트는 코포라티즘 체제 아래에서 위축되기는커녕 예전보다 더 번성했던 것 같다. 1934년의 『이딸리아 금융인 전기』에 따르면, 아넬리는 할인은행의 고문이었으며, 자본금 4억 리라의 피아트 회장인 동시에 아넬리 자신의 개인 금고라고 할 수 있는 자본금 6천만 리라의 금융지주회사인 산업금융기구, 즉 IFI(Istituto Finanziario Industriale)의 회장을 위시하여 피아트 그룹 산하 수많은 사업체의 대표였다.[2] 당시 이딸리아에서 누구도 그에 필적하는 부와 권력을 누리지는 못했을 것이다.

과연 IRI는 경영이 어려워진 기업의 손실을 국가가 떠맡은 뒤 이를 다시 민간 기업가에게 넘겨주는 "손실의 사회화"를 위한 국가기구였던 것으로 보인다.[3] 그리고 아넬리를 비롯한 민간 기업가들은 파시스트 국가가 헐값에 매각하는 기업들을 기다리다가 인수하는 진정한 체제의 수혜자들이었다. 확실히, 불완전하기는 하지만 코포라티즘의 적용과 IRI의 조직화를 통해 파시즘 치하의 이딸리아 경제는 이른바 '혼합경제'나 '조직 자본주의'의 방향으로 진화해나갔다. 그러나 이런 국가 개입주의의 외관에도 불구하고 기업가들의 이해관계와 주도권은 크게 손상받지 않았다. 오히려 기업가들에게 국가 개입주의는 위기가 아니라 기회였던 것으로 보인다.

이와 함께 파시즘의 적극적인 군수산업 육성 정책도 피아트와 같은 중화학산업 분야의 기업들에게는 기회였다. 피아트의 경우 군수 발주는 1935년 육군성의 기관총 수요를 필두로 하여 군용 트럭과 장갑차, 탱크, 항공기, 선박 엔진 등 육해공을 아우르는 전방위적인 규모로 개시되었다. 특히 디젤엔진을 장착한 6톤급 트럭인 '634N'은 에티오피아 전쟁을 상징하는 군사적 이미지의 중심에 있었고, 그렇기에 '제국 승리의 트럭'이라는 별명을 얻은 피아트 군수산업의 상징이었다. 이리하여 1937년 말의 시점에 피아트는 하루 300대의 자동차를 제작하고 있었고, 노동자 수는 5만명이 넘었으며, 그 매출액도 무려 20억 리라가 넘었다.

그러나 기회는 다시 위기가 될 수도 있었다. 당시 이딸리아 파시스트 체제는 적극적인 제국주의 팽창 정책을 추진하면서 국제사회의 제재를 야기했고 그로 인해 불가피하게 아우따르끼아(autarchia), 즉 자급자족 체제로 전환했다. 위기를 타개하기 위해 무솔리니는 국민들의 애국적 감정에 호소하면서 금반지 모으기 운동을 전개하기도 했다. 이런 상황은 피아트와 같은 기업들에 심각한 원자재 부족 사태를 초래했다. 특히 타이어에 필요한 고무 조달의 어려움이 극심해 자동차 생산에 크나큰 차질이 빚어지기도 했다.

또한 피아트는 국가 발주의 엄청난 수혜를 입으면서 동시에 국가에 의한 경영권 간섭에 노출되기도 했다. 이미 언급되기도 했거니와, 1936년 아녤리가 또리노 인근 미라피오리에 새로운 대규모 공장을 지으려고 계획했을 때 무솔리니는 이에 극력 반대했다. 위치가 잠재적인 적성국인 프랑스에 너무 가깝다는 전략적 이유와, 한 공장에 대규모 노동자들을 모아놓는 것은 위험하다는 사회적 이유에서였다. 무솔리니는 새로운 투자가 **지리적·생산적 탈집중화**의 원칙에 따라 이루어져야 한다고 지도했다. 그러나 파시스트 체제의 강력한 반대에도 아랑곳하지 않고 아녤리는 자신의 미라피오리 건립 방침을 밀고 나가 끝내 관철시키는 뚝심을 보였다. 이는 아녤리가 체제의 경영권 간섭에 맞서 자율성을 효과적으로 유지했음을 암시한다.

사실, 파시스트 체제의 간섭은 아녤리와 같은 기업가에게는 피곤하고 까다로운 문제를 제기했다. 예컨대 또리노의 파시스트들은 피아트 산하 일간지인 『언론』의 편집권과 심지어 그 소유권까지도 집요하게 빼앗으려 했고, 무솔리니는 피아트가 전화 사업에 뛰어들려 하자 이에 결사적으로 반대했으며, 체제가 전쟁을 대비하여 법인세를 올리자 피아트와 체제의 관계는 급속히 냉각되었다. 심지어 무솔리니는 아녤리 가문의 은밀한 문제에도 간섭했다. 내막은 이렇다. 아녤리의 외아들로서 피아트의 황태자였던 에도아르도(Edoardo)가 1935년 불의의 비행기 사고로 일곱명의 자녀를 남긴 채 사망했다. 그런데 홀로 남겨진 유서 깊은 귀족가문 출신의 며느리 비르지니아(Virginia Bourbon del Monte)와 당시 저명한 언론인 말라빠르떼(Curzio Malaparte) 사이에 연애 스캔들이 일어났다. 이에 격노한 아녤리는 손주들의 양육권을 주장하며 법정 소송을 불사했다. 그러자 비르지니아는 직접 무솔리니에게 탄원서를 올렸고, 무솔리니는 이 극히 사적인 문제에 개입하여 아녤리의 법률적 조치를 만류했다.[4]

과연 아녤리와 무솔리니 사이에는 늘 긴장감이 흘렀다. 무솔리니에게는 파시즘에 대한 아녤리의 불충을 고발하는 온갖 투서와 정보원들

176

의 보고가 들어왔다. 무솔리니와 측근들은 아예 정보기관을 통해 아넬리의 전화도 도청했다. 도청 기록들은 문서고에 남아 있는데 여기에는 아넬리가 정부 정책에 대해 노골적으로 불만을 터뜨린 내용들이 나온다. 게다가 아넬리는 지인들과의 통화에서 두체 무솔리니를 감히(!) "얼간이"[5]로 불렀다. 전화 도청수들은 "로마의 얼간이들"이라는 표현도 자주 받아 적어야 했다. 무솔리니는 이 모든 사실을 잘 알고 있었을 것이다. 그러나 그는 이에 대해 일절 언급하지 않았다. 짐짓 모르는 척했을 뿐이다. 짓궂게 말한다면, 무솔리니는 '얼간이'가 자신이 아니라 다른 이를 지칭하는 것으로 애써 여겼을 것 같다. 무솔리니에게 기업가들은 비위에 맞지는 않지만 포기할 수도 없는 계륵과 같은 존재였다. 그들은 자금의 원천으로, 경제의 근간으로 반드시 필요한 존재였다. 그러므로 아넬리의 불충에 대한 무솔리니의 묵인은 경제와 맞바꾼 정치적 관용이었던 것이다.[6]

파시스트 체제의 끊임없는 간섭에도 불구하고 전체적으로 보아 아넬리는 사업과 정치의 거래를 통해 기업과 가문의 자율성을 훌륭하게 지켜낸 것으로 보인다. 그는 한편으로는 절대 무리하지 않는 현실적이고 기회주의적인 사업가였다. 그의 정책은 가망성이 없는 곳에는 조금도 집착하지 않는다는 것이었다. 그만큼 포기도 빨랐다. 그러나 원칙의 영역에서는 일절 타협이 없었다. 이 점은 이미 앞에서 여러 차례 소개한 미라피오리 공장 건립 문제에서도 잘 드러난다. 이런 아넬리의 원칙적인 완강함은 그외에도 많은 일화가 증명하고 있다. 예컨대 파시스트 정부의 재무장관 볼삐(Giuseppe Volpi)는 협상에 임하는 아넬리의 태도를 다음과 같이 술회했다. "그가 협상 테이블에 앉을 때면, 마치 권총집을 테이블 위에 올려놓은 듯했다. 권총은 없었다. 그러나 모든 사람이 권총이 있다고 믿었다." 그런가 하면 가장 지적인 파시스트로 간주되던 코포레이션성 장관 보따이도 이렇게 회고했다. "어느날 접견실에 조반니 아넬리가 와 있다는 통고를 받았다. 그는 섰다가 왔다갔다하기도 하면서 나를 '젊은이'라고 불렀다. 그는 5분간 말했다. 그 순간 나는 내가 장관인지 그가 장관인지 헷갈렸다."[7]

물론 코포라티즘 체제 아래에서 모든 기업이 경영의 자율성을 지킬 수 있었던 것은 아니다. 예컨대 도네가니(Guido Donegani) 회장이 이끈 당시 이딸리아 최대의 화학기업 몬떼까띠니(Montecatini)는 피아트와 마찬가지로 체제의 막대한 수혜를 입었지만 동시에 피아트와는 대조적으로 체제의 경영권 간섭을 뿌리치지 못함으로써 사업상의 실책을 거듭하며 쇠퇴했다. 도네가니는 체제의 요구로 전혀 수익성이 없을뿐더러 기성 사업 분야들과 긴밀한 연관성도 없는 인공염료회사와 납채굴회사를 어쩔 수 없이 인수해야 했다. 그런가 하면 반드시 이딸리아산 자원을 사용해야 한다는 체제의 민족주의적 요구로 말미암아 몬떼까띠니는 수익성이 없어 이미 문을 닫은 갈탄 광산을 뒤늦게 다시 운영해야 했고, 이딸리아산 보크사이트의 이용을 고집하다가 알루미늄 생산에서 외국 기업들과의 경쟁에서 크게 뒤처지게 되었다.

확실히, 몬떼까띠니의 경우는 피아트의 경우와 선명하게 대조를 이룬다. 피아트는 자동차 생산에서도 군수 발주에 크게 힘입었지만 그렇다고 군수에 절대적으로 의존하지는 않았다. 오히려 피아트는 군수 생산이 한창일 때 민간 시장의 수요를 겨냥하여 1936년 6월에 '피아트 500', 일명 '생쥐'(Topolino)라고 불린 경차를 출시했다. 이것은 당시 세계에서 가장 작은 차로서 자동차의 대량생산과 대중소비, 즉 '자동차 대중화'에 대한 아넬리의 집념을 잘 보여준다.

그런 점에서 앞서 인용되었듯이 아넬리가 코포라티즘에 맞서 자본주의의 우월성을 소리 높여 옹호한 것은 반드시 위선적인 태도는 아니었다. 아니, 위선적이라기보다는 아넬리의 진정한 확신을 표현한 것이라고 볼 수 있다. 재차 강조하거니와, 아넬리라는 기업가에게 자본주의란 스스로 운명을 개척하는 위대한 방법이요, 기업가의 사적 주도권과 창의성이 온전히 발현되어 보답을 받는 운명의 시험장이었다. 그렇기에 자본주의는 바로 원칙의 영역에 존재하는 제도였다. 이 원칙과 관련하여 아넬리는 조금도 타협하지 않는 완강함의 극치를 보여주었다. 이에 비해 아넬리에게 국가는 원칙의 영역이 아니라 기술적 영역에 위치했다. 바꿔 말해, 국가는 실무적으로 자본주의적 기업을 도와주는 제도였다. 그러니 국가의 간섭이 지나쳐 거꾸로 기업을 지도하고 명령하는 것은 명백히 자본주의의 원칙에 어긋나는 일이었다.

회사복지

기업가의 절대적 권위와 자본주의의 완전한 자율성은 아넬리를 비롯한 기업가들의 지배적인 자본주의관이었다. 기업은 앞에서도 잠깐 비유되었듯이 중세에 **불입권(immunity)**을 향유하는 장원 영주의 봉토와 같았다. 형식적으로 무솔리니는 상위 주군이고 아넬리는 봉신이었을지 몰라도 피아트라는 봉토에서 아넬리의 권한은 불입권을 통해 외부 간섭으로부터 절대적으로 보호받았던 것이다. 요컨대 기업가는 다양한 정치적·사회적 위계에 얽매여 있지만 자신의 기업 안에서는 절대적 지배자였다. 따라서 기업의 직원과 노동자는 그런 봉토로서의 기업을 구성하는 유기적 일부였고, 그런 만큼 기업가의 절대적 지배가 관철되는 대상이었다. 이미 살펴보았듯이, 전후 '붉은 2년간'의 시기에 아넬리가 불복종과 저항이 일상화된 피아트는 자신의 것이 아니라며 협동조합화 제안과 대표이사직 사퇴를 천명한 일화를 상기해보면, 그런 원칙을 재확인할 수 있다. 그러므로 자본주의적 기업은 자기완결적이어야 했다.

　이는 노동자들의 모든 삶의 요구가 기업 안에서 충족되어 일체의 사회갈등 없이 유기적으로 각자의 경제적 기능과 역할을 수행할 수 있다는 산업 온정주의의 이상으로 연결될 수 있다. 그런 점에서 기업가의 절대적 권위와 자본주의의 완전한 자율성은 이미 파시즘 이전 시대에도 충분히 확인될 수 있는 원칙이었다. 그러나 파시즘 시기에 제기된 새로운 차원은, 파시즘 자체가 정치적 목적에 따른 사회 정책을 추진하면서 노동자들을 체제의 일부로 만들고자 하는 대중정치를 작동시켰다는 사실이다. 이는 기업가들에게 위협이었다. 노동자들은 기업의 유기적 일부로서 일체의 외부 영향에서 차단되어 있어야 했기 때문이다. 이로써 파시즘 시대에 기업가는 노동자의 충성심을 독점하는 문제를 둘러싸고 파시즘과 경쟁을 벌여야 했다. 그러므로 '사회적 파시즘'이 주장하는 사회정의라는 이데올로기적 요구들에 맞서 기업가들은 실질적인 복지를 노동자에게 제공할 필요가 있었다. 이 시대에 회사복지 혹은 복지 자본주의는 경제 규모의 확대와 더불어 훨씬 더 조직적이고 체계적으로 진화해나갔다.

과연 피아트의 회사복지는 실상 눈부신 위용을 보여주었다. 예컨대 1930년대 초에 피아트를 시찰한 소련 대표단의 눈에 피아트의 온정주의적 복지시설은 명백히 "소비에트적인" 것으로 보였다. 당시 시찰단을 감시한 경찰청 관련 한 보고서에 따르면, 소련 대표단이 가장 큰 관심을 보인 대상은 바로 '복지 제도들'(도뽈라보로, 협동조합 매점, 공제회 등)이었고, 한 대표는 이것들을 보고 너무 흥분한 나머지 이 제도들이 야말로 '소비에트적'이라고 규정했다. 당시 피아트가 회사와 공장 안에서 설립하여 운영하고 있었던 복지 제도는 종류도 다양했고 규모도 거대했다. 도뽈라보로와 같은 노동자 여가 조직, 직원공제회, 노동자공제회, 공장의료 서비스, 전문학교, 도서관, 공장촌, 휴양지, 사보 등 일일이 헤아릴 수 없이 많았다.

예컨대 피아트가 1932년에 시공하여 이듬해 개장한 회사 전용 보육시설인 '바릴라 타워'(Torre Balilla)는 그 규모도 규모려니와 위생적이고 체계적인 시설이 당대에 단연 돋보였다. 그런가 하면 쎄스뜨리에레(Sestriere)에 세운 거대한 동계 휴양지는 이딸리아를 대표하는 휴양지로서 2006년 또리노 동계 올림픽의 무대가 되기도 했다. 파시스트 체제는 이런 복지시설들을 체제의 업적으로 선전했으나, 실제 체제가 한 일은 전혀 없었다. 많은 역사가가 입을 모아 증언하듯이, 피아트의 "회사온정주의"(company paternalism)는 파시스트 정부의 사회 정책과는 별개로 전적으로 아넬리와 피아트 경영진의 사적 주도성 아래에서 전개되었다.[8]

특히 피아트 전문학교(Scuole professionali Fiat)는 흥미로운 복지시설이었다. 그것은 기본적으로 피아트의 기업 문화를 체현한 전형적인 '피

바릴라 타워와 어린이들

아트맨'을 만들기 위한 도제교육 기관이었다. 피아트 전문학교에 다닌
도제들은 엄격한 규율에 따른 집단생활을 통해 스스로를 공장의 일부
로 간주하게 되었다. 피아트 전문학교에서 가장 흥미로운 것은 학교에
입학할 수 있기 위해서는 가족 중에 반드시 피아트 직원이 있어야 한다
는 규정이었다. 피아트는 거대한 가족이었던 셈이다. 피아트의 제2인
자로서 아녤리가 1945년에 사망한 이후 피아트를 이끌며 전후 경제기
적을 선도한 발레따(Vittorio Valletta)는 "피아트 가족"에 대해 이렇게 말
했다.

동계 휴양지 쎄스뜨리에레

피아트에 적어도 한명의 부모나 다른 친척을 두지 않은 피아트 노동자나 직원은 소수에 불과합니다. 똑같은 회사에서 일하는 아버지, 어머니, 자식, 남편과 아내, 형제자매들은 회사의 연대성과 단체정신을 함양하는 혈연적 유대의 씨줄과 날줄을 이루고 있습니다. 자식은 부모의 작업을 이어받습니다. 피아트의 작업 라인에서 세대는 가족을 통해 계승되고 있습니다.[9]

발레따의 말은 기업을 가족으로 보는 전형적인 산업 온정주의의 시각을 표현한다. 피아트는 말로만 가족주의를 선전한 것이 아니라 노동자를 충원할 때 늘 가족관계와 이웃관계를 통해 신규 채용하는 등 가족주의를 실천했다. 그들의 소개와 보증은 피아트를 안정된 가족공동체로 만들기 위한 필수적인 전제였다. 그렇다면 파시즘이 국가를 통해 자본주의를 규제하면서 길들이고자 했다면, 기업가들은 가족을 통해 자본주의를 안정화하면서 길들이고자 했다고 말할 수 있다. 어느 경우든 이른바 '자본주의 길들이기'의 문제의식과 잘 부합하는 현상이라고 하겠다. 결국 이렇게 보면, 파시스트 이딸리아에서 자본주의는 가족을 통해 국가와 경쟁한 꼴이다. 예컨대 피아트에서 노동자들에게는 국가의 시민이기 이전에 먼저 피아트의 직원이라는 정체성이 일찍이 도제교육 과정에서부터 형성되었다. 그럼으로써 피아트는 '국가 속의 가족'임을 넘어 심지어 '국가 속의 국가'로 나타나기 시작했다. 이런 과정을 통해 피아트라는 줌렌즈로 당겨 본 20세기 전반 이딸리아 자본주의는 전통적인 산업 온정주의를 새로운 차원에서 확대 심화하면서 독특한 가족주의적 기업 문화를 형성한 것으로 보인다.

박애 자본주의

새롭게 확대 심화된 산업 온정주의는 기본적으로 회사 직원과 노동자라는 제한된 대상을 갖는다. 그런데 파시스트 이딸리아에서는 그렇게 제한된 대상이 아니라 보편적 대상을 갖는 새로운 형태의 자본주의, 그러니까 최근 일부 연구자들이 '박애 자본주의'(philanthrocapitalism)

라고 부르는 형태가 나타났다는 사실이 특기할 만하다.[10] 물론 '박애 자본주의'라는 것이 성립 가능한 개념인가를 둘러싸고 논쟁이 있을 수 있다. 그러나 개념상의 논쟁을 차치하고 주목할 점은 자본주의의 발전에서 박애(philanthropy)의 테마가 제기되었다는 사실이다.

사실, 박애는 일찍이 자본주의의 시작과 더불어 사회 문제를 해결하는 한 방식으로 나타났다. 우리는 그런 예를 16세기 혹은 19세기 영국에서 찾아볼 수 있다. 그러나 현대적 의미의 박애가 자본주의의 발전과 더불어 본격적으로 제기된 것은 19세기 후반 미국에서였던 것으로 보인다. 일부 역사가들은 박애야말로 "미국 자본주의의 심장"이자 "미국 내셔널리즘의 상징이자 시민권의 척도"라고 하여 그 중요성을 꿰뚫어 보았다.[11] 그러나 미국에서 박애와 자본주의의 밀접한 연관성을 역사적으로 해명한 사람은 기업사가 준즈(Olivier Zunz)다.[12]

준즈의 설명에 따르면, 박애는 그 어원(phil+antropos) 그대로 보편적 '인류애'에 기초하여 인간 전체를 대상으로 삼는다. 근대 박애주의자들의 목표는 말 그대로 인류의 복지였던 것이다. 또한 자선이 결핍자와 빈자에 대한 일시적인 구호에 머무르는 것에 반해, 박애는 사회 문제에 대한 장기적인 해결을 추구한다. 그런 점에서 박애는 자선보다 훨씬 더 조직적이고 체계적인 성격을 띤다. 그러므로 현대 미국의 박애주의 발전에서 중요한 전환점은 보편적이고 개방적이며 체계적인 박애를 조직하는 재단(foundation)의 설립이었다. 준즈는 특수 목적이 아니라 일반 목적을 추구하는 이 재단이야말로 전형적인 "미국의 발명품"이라고 평가했다.

준즈는 미국 기업가들이 실천한 박애가 두가지 의미에서 진정한 혁신이었다고 보았다. 첫째, 미국 자본주의에서 박애는 이윤을 추구하는 거래와 증여(선물)의 이분법을 폐기하고 양자 사이에 가교를 놓았다. 고대 세계에도 판매 행위와 증여 행위는 존재했지만, 양자는 엄격하게 구별되었다. 그러나 현대 미국의 기업가들은 박애를 단지 증여로만 생각하지 않고 그 자체 또다른 투자로 간주했다는 것이다. 둘째, 미국 자본주의에서 박애는 광범위한 대중참여를 야기함으로써 대중박애(mass philanthropy)를 확산시키며 민주주의의 발전에 기여했다. 즉 박애는 적어도 다수가 참여하는 행위인 한에서 민주주의를 확장할 수 있었다는 것이다.

그렇다면 유럽에서는 어떠했는가? 유럽에서 박애는 미국과는 조금 다른 양상을 보인다. 유럽에서 사회 문제에 관심을 둔 기업가들은 주로 기업 내부에서 문제를 해결하려고 했다. 이미 충분히 살펴보았듯이, 산업 온정주의나 복지 자본주의가 바로 그런 해결 방식이었다. 유럽의 기업가들은 노동자와 직원의 회사복지 제도를 마련하는 데 적지 않은 비용을 투자하면서 자본-노동 관계를 안정화하려고 했다. 그런데 엄밀하게 말해서 미국 자본주의 스타일의 박애는 제한된 회사복지의 한계를 뚫고 나갈 때에만 성립할 수 있는 개념이다. 그러므로 유럽에서 준즈가 말한 기업가적 박애의 등장은 미국보다 상대적으로 뒤늦었다고 할 수 있다.

다른 한편, 유럽에서 사회 문제에 대한 해결책은 국가의 공공 정책이나 계급정당과 노동운동의 강령과 명시적으로 연관되었다. 이것이 바로 유럽에서 복지국가 이념이 등장한 맥락이었던 것으로 보인다. 이미 언급했거니와, 복지국가는 적어도 자본주의의 틀 자체를 건드리지 않는 한에서 복지 자본주의와 다소간 혼용되면서 사회 문제를 다루려는 다양한 가치와 정책, 제도 등을 내장한 자본주의의 발전을 뜻하는 말로서 통용되었다. 그런가 하면 국가뿐만 아니라 교회도 박애의 주된 조직자였다. 가령 이딸리아의 경우 박애 기업가들은 가톨릭교회와 기민당(Democrazia Cristiana, DC) 정치가들의 견제를 받으며 그들과 공동보조를 맞추지 않을 수 없었다. 그렇다면 유럽에서 기업가적 박애는 기업의 사내복지와 국가의 공공복지 정책, 그리고 교회의 전통적 자선(charity/caritas) 사이에 난 '좁은 길'을 걸어갈 수밖에 없었다고 할 수 있다.

이딸리아에서 흥미로운 점은 준즈가 말한 기업가적 박애가 파시즘 시대에 처음 등장했다는 것이다. 이 최초의 이딸리아 박애 기업가가 바로 제롤라모 가슬리니(Gerolamo Gaslini, 1877~1964)였다. 그는 '이딸리아의 록펠러'라는 별명이 단적으로 보여주듯이 이딸리아식 박애 자본주의를 대표하는 인물이다. 그는 놀라운 기업가 역량을 발휘하여 짧은 기간에 식품업을 필두로 부동산업과 금융업 등에 걸쳐 대규모 기업을 일군 이딸리아의 손꼽히는 거대 기업가였다. 그런데 가슬리니는 자신의 모든 개인 재산과 회사 자산을 박애활동에 투자함으로써 다시 한번 세상을 놀라게 했다. 그는 어린 나이에 죽은 자신의 딸을 추모하여 1931년에 딸의 이름을 딴 소아병원 연구소(Istituto Giannina Gaslini)를 설립하고 1938년에 공식 개장했다. 이 시설은 명백히 회사 직원과 노동자만 대상으로 한 특수 목적 기관이 아니라 일반 목적 기관이었다는 점에서 회사복지가 아니라 박애 자본주의의 범주에 들어갈 수 있다. 파시스트 체제는 이를 체제의 업적으로 선전했으나, 이를 위해 한 일은 전혀 없었다.

가슬리니의 기업가적 박애가 미국식으로 확대 심화된 것은 파시즘 시대 이후의 일이었다. 무엇보다 그의 기업가적 박애에서 이정표는 1949년에 자신의 이름을 딴 재단(Fondazione Gerolamo Gaslini)을 설립하여 종래의 연구소 활동을 획기적으로 강화하고 아동의 건강과 교육 등의 부문에서 다양한 사회적 서비스를 후원하고 조직한 일이다. 특히 제노바의 근대적 소아병원은 이딸리아에서 기업가의 박애활동이 낳은 위대한 성과로 간주되기에 조금도 부족함이 없다. 과연 가슬리니는 이 성과를 인정받아 1957년에 제노바 대학으로부터 명예 의학박사 학위를 수여받기도 했다. 가슬리니의 기업가적 박애에서 특징적인 것은 록펠러보다도 더 철저하게 박애활동을 조직했다는 점이다. 그가 개인 재산과 회사 자산의 일부가 아니라 전부를 박애활동에 투자했다는 점이 주목할 만하다. 과연 가슬리니의 이와 같은 '급진적' 박애활동은 이딸리아 자본주의가 보여주는 흥미로운 한 단면이자 이른바 '자본주의 길들이기'의 문제의식과도 잘 부합하는 현상이라고 할 것이다.[13]

막간극

#3 피아트 수프

  비단 회사의 직원만이 아니라 일반 시민까지 대상으로 하는 보편적 박애는 전쟁의 산물이기도 했다. 2차대전에서 파시스트 이딸리아가 고전하면서 시민들의 삶은 급속히 피폐해졌다. 전쟁터가 된 남부 이딸리아는 말할 것도 없었고, 당장 전쟁터가 되지 않은 북부 이딸리아에서도 생필품이 모자라고 기아 사태가 확산되었으며 생산시설은 연합군의 폭격 등으로 거의 마비 상태에 빠졌다. 이런 상황에서 기업은 어려움에 빠진 시민들의 삶을 긴급 구호하는 제도로서 나타났다. 그점을 상징적으로 보여주는 것이 바로 전시의 '피아트 수프'였다. 이는 말 그대로 피아트 기업이 또리노 시민들을 대상으로 무상으로 혹은 극히 저렴한 가격으로 제공한 음식물을 뜻하는데, 피아트는 식료품 외에도 의복, 땔감,

주거지, 의료시설, 운송수단 등 생활과 생산에 필요한 품목을 자사 직원과 노동자는 물론이요, 일반 시민에게도 제공했다. 피아트 사보는 이 피아트 수프를 다음과 같이 홍보했다.

여러분은 공장에서든 사무실에서든 몇달 전부터 매일매일 피아트 수프를 먹습니다. 직장 상사도, 기술자도, 종업원도, 노동자도 모두 먹습니다. 이 피아트 수프를 제공하는 데는 적지 않은 비용이 들며 앞으로는 더욱 많은 비용이 들겠지만, 여러분은 딱 60첸테시모만 내면 됩니다. (사원증 없이 먹을 수 있는) 빠스따와 리조또도 마찬가지입니다. 이 음식들은 훌륭합니다. 맛있고 따끈하며 접시마다 넉넉하게 담겨 나옵니다. 피아트가 일상적으로 공급하는 수십가지의 수프마다 맛도 다양합니다.[1]

확실히, 피아트 수프로 대변되는 피아트의 긴급 구호활동 양상은 인상적이었다. 피아트는 식자재를 자체 조달하기 위해 150헥타르에 달하는 농지를 경영했고, 각종 식자재를 비롯한 생필품을 공급하는 회사 매점들을 확충했다. 피아트 매점들에서는 100리라 이상을 구입하는 경우 월 30~45리라를 할인해주었고 이재민들에게 5,000리라까지 대출해주기도 하는 등 신용금고나 협동조합 역할까지 수행했다. 또한 가구들을 무료로 대피소까지 운반해주었고 약국도 직접 운영했다. 더욱 인상적인 것은 집을 잃은 아이들을 위해 4,000명 이상을 수용하는 보육시설을 무료로 제공했다는 점이다. 심지어 시내 교통편까지도 직접 편성하여 운영했다. 국가가 보장해주지 못하는 것들이 기업에 의해 제공된 셈이다. 피아트는 파시즘의 운명과는 무관하게 또리노 주민들의 삶을 직접

전시 피아트 매점(또리노, 1941)

부양한 유일무이한 기관으로 남을 것이었다.

　어느정도 예상할 수 있듯이, 이런 기업활동으로 인해 피아트와 파시스트 정부는 심각한 불화를 빚기도 했다. 가령 피아트는 파시스트 정부가 거의 마비 상태에 빠진 1944년 1월부터 회사 매점을 위해 인근 농촌에서 야채를 매점하고 감자 생산을 위한 농지를 임차했다. 사실 감자는 전시의 귀중한 식자재로서 피아트는 이미 1942년부터 대량으로 감자를 매점하고 있었다. 이는 체제에 의해 전시 부당 매점매석으로 해석되어 파시스트들의 공분을 샀다. 파시스트들이 보기에 피아트의 매점매석과 사적인 식자재 공급은 파시스트 정부의 무능을 부각하고 공식 영농단체들과의 위험천만한 경쟁을 야기하는 것으로 보였다. 즉 기업의 구

호활동을 정치적으로 해석한 것이다. 1944년 7월 13일자 내무성 문서는
이렇게 쓰고 있다.

피아트는 그렇게 매점매석자가 되었다. 그 이유를 추정하기란 쉽다.
그것은 **정치적 성격**을 갖고 있는데, 말하자면 근로 대중에게 **피아트의 역
량**과 동시에 **파시스트 정부의 무능**을 보여주고, 나아가 이미 1942년과
1943년 사이에 감자의 경우가 그러했듯이 농산물의 품질을 떨어뜨릴지
도 모를 위험을 무시하면서 영농 단체들과 협동조합동맹처럼 공식적으
로 생산물 구입 허가를 받은 기타 단체들에 대해 위험천만한 경쟁을 야
기하는 것이다.[2]

이런 정치적 해석은 일리가 있다. 그러나 기업의 입장에서도 그런 사
회적 구호활동은 기업의 존폐가 달린 긴급하고 절박한 사안이었다. 당
장 피아트는 폭격으로 많은 생산시설을 잃었고, 심지어 파시스트와 반
파시스트, 연합군과 나치 독일 사이에서 카멜레온처럼 변신하며 회사
의 생존을 모색해야 할 형편이었다. 당시 피아트의 한 엔지니어는 일선
에서 피아트 경영을 지휘한 발레따의 말을 다음과 같이 전하고 있다.
"발레따는 항상 우리가 훌륭한 독일인일 수도 있고 훌륭한 미국인일 수
도 있으며 훌륭한 파시스트일 수도 있으나, 결단코 피아트를 지켜내는
일이야말로 바로 우리의 정책이라고 말했다." 국가의 붕괴로부터 피아
트를 지켜내는 것 혹은 사회의 총체적 몰락에서 회사의 **연속성**을 구하
는 것이야말로 당시 피아트 제1의 경영 목표였다. 그리고 이를 위해 피
아트의 **존재 이유**를 입증할 필요가 있었고, 사회적 구호는 그 유력하고

도 독보적인 수단이었다. 특히 해방 이후 기업의 그런 사회적 활동은 파시즘에 대한 협력 문제로부터 피아트가 자유로워지는 데도 결정적인 역할을 했다.

과연 피아트는 파시즘과의 부정할 수 없는 협력의 과거에도 불구하고 매우 성공적으로 파시즘과 관련된 불편한 기억을 지우는 데 성공했다. 해방 이후 민족해방위원회(Comitato di liberazione nazionale, CLN)의 조사에 대응하여 준비한 피아트의 반파시스트 활동 내역은 피아트가 정치적으로 민감한 시절에 회사를 지키기 위해 얼마나 주도면밀하게 정치적 곡예를 했는지를 잘 보여준다. 당시 피아트를 대변한 발레따는 피아트가 반파시즘 저항운동을 전개한 파르티잔 단체들에 1억 리라에 달하는 자금과 5억 리라에 상당하는 운송수단을 공급했다고 주장했다. 특히 발레따는 나치 독일의 생산수단 해체 시도에 반대하면서 생산설비를 지켰고, 직원과 시민 들을 구제하기 위한 사회적 서비스 활동에 정력적으로 임했음을 입증했다. 이런 치밀한 입증 노력으로 협력 기업으로 단죄된 몬떼까띠니 등과는 달리 피아트는 자신의 반파시즘을 증명할 수 있었다. 피아트가 반파시즘 저항운동에 자금을 댔다는 신화는 오늘날에도 의연히 유지되며 피아트의 명분을 강력히 뒷받침해준다. 그러나 파시즘 치하 이딸리아 기업들의 실상을 잘 알고 있던 밀라노 기업가 까유미(Arrigo Cajumi)는 1946년 제헌의회 경제위원회 청문회 석상에서 이렇게 말했다. "실제 정치적인 현실은 이렇습니다. 몬떼까띠니는 몇몇 다른 기업들이 행한 것보다 더하게도 덜하게도 행한 게 없습니다. 이를테면 피아트는 훨씬 더 나쁜 짓을 저질렀지요. 그리고 아넬리와 피아트 그룹의 정치적 책임을 조사해보면, 나로서는 그것이 몬떼까띠니의 책임보다 더 클 것이라고 믿습니다."[3]

까유미는 분명 진실을 말한 걸로 보이지만 한가지 사실을 간과했다. 피아트의 생산시설과 발레따의 기업가 역량이 전후 이딸리아의 경제 재건에 꼭 필요한 자산이었다는 사실이 그것이다. 물론 이 점에서는 몬떼까띠니도 마찬가지였다고 할 수 있다. 그러나 몬떼까띠니에 없는 것이 피아트에는 있었다. 몬떼까띠니는 파시즘에 협력했다는 혐의에서 벗어날 알리바이가 없었다. 반면, 피아트는 지역사회에서의 다양한 구호활동과 반파시스트 저항운동에 대한 지원활동 등 파시즘에 대한 협력을 상쇄하거나 적어도 얼마간 정상참작을 받을 수 있는 증거들이 있었고, 또 이를 명민하게 활용했다. 피아트는 파시즘과 반파시즘, 연합군과 독일군 사이에서 곡예를 펼치며 계란을 한 바구니에 담지 않는 신중함과 주도면밀함으로 창업 이래 맞닥뜨린 최악의 위기에서 기업의 정당성을 획득하고 연속성을 확보할 수 있었던 것이다. 이와 같은 피아트와 몬떼까띠니의 상반된 운명은 400여년 전에 피렌쩨의 외교관이자 역사가인 귀차르디니(Francesco Guicciardini)에 의해 이미 예견된 것이기도 하다! 몬떼까띠니로서는 그의 지혜를 귀담아 듣지 않은 것이 못내 통한으로 남을 터였다. "폭군과는 아주 절친한 사이보다 적당히 거리가 있는 친구관계로 지내는 편이 더 낫다."[4]

#4 루니따 논쟁

1945년 12월 아녤리의 사망으로 피아트라는 배는 폭풍우를 뚫고 항해하던 중 돌연 선장을 잃어버렸다. 누가 피아트의 키를 쥐고 배를 몰 것인가? 아녤리의 외아들로서 피아트의 황태자였던 에도아르도는 이미 1935년의 사고로 세상을 뜨고 없었다. 에도아르도는 두명의 아들과 다섯명의 딸을 남겼는데, 이들은 모두 어렸다. 그러므로 생전의 아녤리가 열렬히 바랐듯이 직계 손자인 잔니 아녤리에게 당장 경영권을 넘겨줄 수는 없었다. 이때 일시 끊어진 가문의 계보를 다시 잇기 위해 귀중한 시간을 벌어준 사람이 바로 전후 피아트의 '경제기적'을 이끌게 될 경영자-기업가인 발레따였다. 그는 부분적으로는 파시즘에 대한 협력 문제로 구설에 오르기도 했으나 당시 법적 관점에서는 아무 문제도 없었고 오히려 피아트의 반파시즘을 열정적으로 옹호하기도 했다. 당시 폭넓은 좌·우 당파들로부터도 전후 폐허가 된 피아트를 재건할 사람은 오직 발레따밖에 없다는 견해가 지배적이었다. 이리하여 발레따는 포스트파시즘 시대 피아트의 재건이라는 절체절명의 과제를 떠안게 되었다.

당시 피아트의 생산설비는 태반이 마비된 상태였다. 그런 가운데 과거 '붉은 2년간'을 떠올리게 할 파업이 빈발했다. 생산시설 가동률에 비해 노동자 수가 턱없이 많다는 견해가 지배적이었고, 노동자의 약 50% 정도를 해고해야 한다는 견해가 비등했다. 그러나 발레따는 대량 해고가 기업과 사회의 위기를 가속화할 것이라면서 "기업과 사회에 대한 우리의 의무"를 부각하며 "고용 프로그램"을 가동시킴으로써 전후 케인스주의적 사회 정책의 일단을 제시했다. 그런데 발레따의 케인스주의는 권위주의적이었다. 그는 기업과 공장 안에 철저한 위계적 명령과 복종의 구조를 확립했다. 그점을 잘 보여주는 것이 바로 1948년 9월에 『루니따』(*L'Unità*) 지면에서 공산주의자 상원의원인 네가르빌레(Celeste Negarville)와 벌인 논쟁이다.

먼저 포문을 연 쪽은 네가르빌레였다. 그는 나라의 경제재건과 기업의 생산증대가 무엇보다 절박한 시기임을 인정하면서도 이를 핑계로 삼아 노조를 탄압하려는 피아트의 정책은 과거에서 아무것도 배우지 못한 처사라고 공격했다. 그는 "공장에서는 사용자가 전제 군주"라는 원칙을 앞세워 경영진의 말을 듣지 않는 노동자에 대한 해고를 획책하고 노조를 무력화하는 것은 시대착오적인 일이라고 항의했다. 이에 발레따는 일부 노동자의 "태만" "무능" "비협조"를 비난하면서 "노동의 규율과 효율, 열의와 정숙함"이야말로 생산의 근대화와 노동 과정의 혁신을 위한 대전제임을 힘주어 강조했다. 이 발레따의 답신에서는 무엇보다 노동 규율이 경제재건의 대전제라는 원칙이 강력하게 표명되어 있었다. 나아가 노동 규율의 중요성이 본격적으로 강조되고 있음은 곧 경제재건을 위한 대규모 투자가 준비되고 있음을 암시하는 것이기도 했다. 바야흐로 이딸리아의 '전후'는 끝나가고 있었으며, 마셜 계획 등을 통한 미국의 대규모 원조를 재원으로 삼아 본격적인 경제재건의 시동이 걸리고 있었다.

『루니따』 지면에서 전개된 발레따-네가르빌레 논쟁은 단지 서로의 추상적인 원칙의 차이만을 확인하고 맥없이 끝난 한낱 에피소드에 지나지 않을 수도 있다. 그러나 실은 그 원칙의 차이가 중요했다. 발레따는 자신의 주군이었던 아녤리로부터 기업 안에서 불복종이 만연하는 상태는 자본주의가 아니며 이는 기업가와 경영진에 아무 의미도 없는 것이라는 교훈을 제대로 배운 인물이었다. 오히려 발레따는 어떤 의미

196

비또리오 발레따(가운데)

에서 자신의 주군보다도 훨씬 더 생산의 우선성과 이를 위한 절대적인
노동 규율에 강박적으로 집착한 최고경영자였다. 실제로 일부 역사가
들은 발레따에게서 특유의 비타협적인 "민족적 생산주의"를 발견하기
도 한다.[5]

　여기서 생산주의(produttivismo)란 무엇인가? 그것은 한마디로 말해
서 생산성 향상과 경제성장이 모든 인간 조직과 활동이 추구하는 궁극
의 목표라고 믿는 신조를 가리킨다. 즉 생산주의자란 '호모 파베르'의
이상에 근거하여 생산물을 어떻게 분배할 것인가의 문제 이전에 어떻
게 더 많이, 더 낫게 생산할 것인가를 고민하는 사람이다. 사실, 이런 생
산주의는 민족주의와 결합한다면 근대화가 뒤처진 후발국에 안성맞춤

인 이데올로기일 수 있다. 파시스트 이딸리아에서 '생산성'(produttiv-ità)이 강조되거나, 나치 독일에서 '업적'(Leistung)이 강조된 것도 그런 맥락에서였다.[6] 그리고 이렇게 생산이 강조되는 것과 더불어 생산 현장에서 노동자들의 일사불란한 대오, 즉 노동의 절대적 규율과 효율이 강조되는 것은 당연한 일이다.

이제 피아트 재건에 나선 발레따는 이 특유의 '민족적 생산주의'라는 신조에 따라 자신의 사회적 이상을 제시하게 될 것이었다. 그의 이상을 요약하면 '권위'와 '규율'에 입각한 '생산'과 '노동'의 공동체였다. 그리고 이의 실현을 위해 '회사복지'를 강력한 수단으로 삼아 피아트를 거대한 '노동'과 '복지'의 공동체로 만들고자 했다. 이 공동체는 발레따에게 거의 종교적 경지로까지 고양된 것처럼 보인다. 발레따는 자기 신앙의 열렬한 신도였다. 그는 피아트 노동자들에게 열심히 일하면 부유해질 수 있다고 설교했다. 그가 꿈꾼 유토피아는 모든 노동자가 자기가 생산한 자동차로 출퇴근하며 정당한 노동의 대가를 얻으며 근대성의 편의를 누리는 세상이었다. 훗날 발레따로부터 바통을 넘겨받아 아녤리 가문의 끊어진 세대를 이으며 피아트의 경영을 책임질 아녤리 가문의 3대 잔니 아녤리도 그에 대해 이렇게 평했다.

발레따는 실제로 **사회민주주의자**였습니다. 피아트의 회사복지 정책을 통해 자신만의 방식으로, 그러니까 **사적인 형태로** 이딸리아에서 '사회국가'(Stato sociale)를 처음 세운 사람은 다름 아닌 발레따였습니다.[7]

물론 발레따를 사회민주주의자로 규정한 아녤리의 말은 지나치다.

로버트 오언의 사회적 유토피아

그럼에도 발레따가 당대인이나 역사가 들에게 때때로 사회주의 친화적
인 인물로 그려지는 것을 고려하면 그리 놀라운 일은 아니다. 발레따의
출신과 풍모 자체가 서민적이었거니와 그에게 '민중'(popolo)이라는
말은 친숙했다. 일부 논평자들은 발레따의 생산주의 이념에서 자본과
노동이 평등하게 협력함으로써 위대한 민족공동체를 일구어낸다는, 일
종의 "민족적 민중주의"를 발견하기도 한다.[8] 기업가는 사상가가 아니
다. 그러나 기업가도 사상가 못지않은 **사회적 유토피아**를 구상할 수 있음
을 발레따는 보여준다. 이는 혁신을 수행하는 기업가의 동기와 관련하
여 일찍이 슘페터가 말한 왕조 개창자, 스포츠맨, 예술가에 비견되는 **심
리적 동기** 외에 한 사회의 개혁과 진보를 포괄적으로 설계하려는 **사회적**

동기의 차원이 존재하고 있음을 예시해주는 것이다.

여기서 기업가의 사회적 유토피아에 대해 덧붙여둘 말이 있다. 기업가는 사상가가 아니지만, 이윤추구 때문이든 순수한 지적 열정 때문이든 자신만의 사회적 유토피아를 구상하곤 한다. 확실히, 유토피아를 구상하고 실천하는 기업가들의 노력은 시대와 지역에 따라 다양한 방식으로 경주되었다. 가령 19세기 전반 영국의 공장주이자 기업가였던 오언의 유토피아는 협동촌을 건설하려는 사회주의적 비전으로 이어져 영국 사회주의의 이념과 운동에 지대한 영향을 미쳤다. 또한 이미 앞에서 살펴보았지만, 19세기 후반 이딸리아의 위대한 온정주의 기업가 로시의 경우도 기업가와 노동자를 부모와 자식의 관계로 파악하는 독특한 개념에 입각하여 목가적 공장 도시를 건설하려는 야심적인 기획을 실천에 옮겼다. 그런가 하면 20세기 러시아인들은 17세기 초의 이딸리아 지식인 깜빠넬라(Tommaso Campanella)의 『태양의 도시』에서 영감을 받아 우랄산맥의 마그니토고르스크(Magnitogorsk)에 철두철미한 계획 공업 도시를 건설하려는 공산주의적 기획을 가동했다. 또한 40여년 전에 스페인 사람들이 길드의 원리를 현대적으로 적용하여 한 도시에 생산자 협동조합을 세움으로써 기업활동에 자치와 민주주의의 원리를 접목한 일도 유명하다. 오언의 '뉴 하모니'나 로시의 '신 스끼오', 러시아의 '태양의 도시'나 스페인의 '몬드라곤'처럼 강렬하지는 않더라도, 실제로 수많은 기업가와 기술자가 스스로 이상적이라고 여기는 새로운 원리를 사회에 제시해왔다.

발레따도 위에서 열거한 경우들처럼 강렬하지는 않지만 그런 사회적 유토피아들의 한 판본을 구상했다. 다만, 발레따의 경우에 유토피아의 사회성은 다소 약한 것으로 보이는데, 이 또한 발레따 판본의 사회적 유토피아가 보여주는 한 특징일 것이다. 즉 발레따의 생산주의와 민중주의는 아넬리도 인식하고 있듯이 '사적인 형태'로 제시되었고, 그런 점에서 국가의 공공성보다는 가족성에 근거해 있었다. 그래서 발레따가 아넬리의 말대로 설령 사회민주주의자라고 하더라도 이딸리아식 사회민주주의자였다고 반드시 덧붙여야 한다. 또한 이런 것이 바로 앞에서도 언급되었듯이 '이딸리아식(Italian style) 복지국가'였던 것이다. 그러므로 발레따는 엄밀한 의미에서 사회민주주의자라기보다는 전통적 의미의, 그러니까 19세기 이딸리아의 위대한 기업가 로시의 계보를 잇는 가부장적 온정주의자라는 평가가 더 정확할 듯하다. 물론 그는 전후 경제 기적의 시대에 피아트의 눈부신 진보를 일구어냈다. 고도의 기술혁신을 통해 '자동차 대중화'를 실현한 것이다. 그런 점에서 발레따의 온정주의는 19세기 온정주의 기업가들의 비전과 스펙터클을 훌쩍 뛰어넘는다. 그럼에도 그는 본질적으로 19세기부터 지속되어온 이딸리아 기업가들의 전통에서 벗어나지 않았다. 역사가 무소(Stefano Musso)의 적확한 표현을 빌리자면, 발레따는 "보수적 온정주의자"이자 동시에 "기술적 근대화의 옹호자", 즉 "사회적 근대화를 추구하지 않는 경제적 근대화의 옹호자"였다.[9] 말하자면 사회적 근대성이 아닌 사회적 **전통**이 바로 발레따의 **사회적** 비전이었던 셈이다.

민주주의 시대

제3부

제7장
국가 자본주의

파시즘의 유산

전후 이딸리아 민주주의 공화국은 반파시즘의 합의 위에서 출범했다. 파시즘은 전후 이딸리아에서 금기어가 되었고 민족적 이기주의가 파시즘과 전쟁을 낳았다는 과거사에 대한 반성이 이루어졌다. 전후 이딸리아에서 '민족'보다 '유럽'이 선호되고 집권당인 기민당이 적극적인 유럽 통합 정책을 추진한 것도 이런 맥락에서였다. 당시 기민당은 유럽의 여러 기민당 중에서는 대중의 압도적 지지를 등에 업고 나라를 통치한 첫번째 정당이었다. 기민당의 당수로서 훗날 "이딸리아의 재건가"이자 "유럽의 아버지"로 추앙받게 될 노련한 정치가 데 가스뻬리(Alcide De Gasperi)는 유럽 통합에 대해 이렇게 말했다. "나는 비관하지 않는다. 다만 기다릴 뿐이다. 유럽 통합은 단지 시간문제다. 그것은 이루어

'이딸리아의 재건가'이자 '유럽의 아버지' 알치데 데 가스뻬리

질 것이다. 유럽의 민족 및 민족 간 문제들은 오직 통합의 도정 속에서, 조금 더 긴밀한 협력 속에서만 해결될 수 있기 때문이다."[1] 이런 낙관론은 여론의 지지 또한 받고 있었다. 1950년 여론조사 기관인 에릭 스테른 (Erik Stern)이 시행한 조사에서 유럽 통합에 찬성하는 이딸리아인의 비율은 무려 71%로 당시 유럽 각국에서 최고 수준이었다.[2]

이처럼 정치적 측면에서 과거와의 단절을 위한 노력이 경주되었음에도 불구하고 파시즘을 표방하는 이딸리아 사회운동당(Movimento Sociale Italiano, MSI)과 같은 정당들이 부상하고 선거에서 상당한 표를 얻었다는 사실은, 그런 과거청산 노력의 한계를 여실히 보여준다. 그럼에도 전후 이딸리아 정치는 광범위한 반파시즘의 합의를 바탕으로 독특한 구조를 이루며 발전했다. 한편으로 기민당이 다양한 연립을 통해 헤

게모니를 쥐며 장기 집권했고, 다른 한편으로 반파시즘 저항운동의 정당성을 과시한 공산당이 제1야당으로서 상당한 영향력을 행사하고 있었다. 그런 가운데 전후 이딸리아 국가는 그라운드 제로 상태가 된 이딸리아 경제의 재건 사업에 나섰다. 이 재건 사업에서 마셜 플랜을 통한 미국의 원조와 더불어 국가의 산업 정책이 중요한 역할을 했다. 특히 전후 국가의 경제 개입은 자원과 자본, 시장이 결여된 열악한 조건에서 '경제기적'(1958~63)의 놀라운 마술을 선보일 때 이딸리아가 구사한 고난도 기술이었다. 예컨대 데 가스뻬리 정부는 1947년부터 부츠 모양의 이딸리아 반도에서 발끝에 해당하는 깔라브리아 지역에서부터 재건 사업 ─ "식민화" ─ 에 나섰고, 남부의 포괄적인 개발을 위해 1950년 8월에는 남부개발공사(Cassa del Mezzogiorno)를 출범시켰다. 그러나 남부개발공사보다 더 중요한 국가기구는 예전의 파시스트 정부가 출범시킨 바 있는 산업재건기구(IRI)였다. 파시즘이 고안해낸 국가기구가 역설적이게도 포스트파시즘 시대의 경제 재건을 위한 유용한 도구가 된 것이다. 이로부터 이딸리아 현대사에서 파시즘을 앞뒤로 한 정치적 단절에도 불구하고 경제적 연속성이 있었음을 새삼 깨닫게 된다.

전후 '경제기적'을 위한 마술 장치로서 IRI는 1933년 대공황의 위기가 한창이던 때 파시스트 정부에 의해 발족했다. IRI의 탄생 자체가 이딸리아 산업의 역사에서 결코 잊을 수 없는 획기적인 사건이었다. 그것은 자유주의 이딸리아에서 산업발전을 주도한 두개의 거대 투자은행, 즉 이딸리아 상업은행과 이딸리아 신용은행의 위기에 대한 해법으로 탄생했다. 이 은행들은 자유주의 정치 엘리트의 주도로 독일 자본을 끌어들여 설립되었는데, 그 후 일바(Ilva)와 안살도 등 이딸리아 굴지의 중공업 부문 대기업들의 투자자이자 경영자로 군림하면서 전체 이딸리아 경제를 마음대로 주물렀다. 그러나 상업은행과 신용은행은 1920년 대 말 경제위기에 희생되었고, IRI가 이들의 역할을 떠맡았다. IRI의 탄생에는 심오한 의미가 있었다. 그것은 국가의 경제 개입을 단순히 확대 심화한 것을 넘어 국가가 그 자체 산업기업가로 변형되었음을 함축했다.[3] 물론 이미 언급했듯이, IRI의 회장 베네두체와 무솔리니는 국유화와 직접 통제보다는 구제금융과 간접 통제를 선호했고, 그런 점에서 국가와 사기업 사이의 균형을 추구했다. 그럼에도 IRI의 존재와 활동은 이딸리아 경제에 지워지지 않는 흔적을 남겼다. 그리하여 이딸리아 역사학계의 거물인 로메오는 이딸리아 경제사 연구서에서 1930년대 후반 이딸리아는 소련 다음으로 국유 기업이 많은 나라라고 단정할 수 있었다.[4]

파시즘의 패망 이후에도 IRI는 건재했다. 그 영향력은 줄기는커녕 계속 늘어났다. 그리하여 IRI는 1980년의 시점에 약 1,000개의 기업들과 50만명의 종업원을 거느린 공룡 기업으로 막강한 존재감을 발휘하고 있었다(IRI는 2002년에 최종 해체되었다). 이 IRI 산하의 기업 가운데 특히 유명한 것이 강철업 부문의 핀시데르(Società Finanziaria Siderurgica, Finsider)다. 그것은 일찍이 1884년에 국영 강철기업으로 탄생한 떼르니(Terni)[5]의 계보를 잇는 이딸리아 강철업의 대표 주자였다. 특히 1945년에 회장으로 취임한 씨니갈리아(Oscar Sinigaglia)의 탁월한 기업가 역량에 힘입어 1950년대에 이딸리아를 강철 생산의 세계 제9위 국가에서 제6위 국가로 끌어올리는 데 혁혁한 공을 세웠다. 또한 1950년대 말에 강철업 부문 외에도 국유 도로 및 전화 부문에서도 IRI의 영향력은 압도적이었다. 특히 흥미로운 사례는 자동차 부문의 알파 로메오였다. IRI 산하의 알파 로메오는 피아트 다음으로 '넘버 투'의 지위를 공고히 할 수 있었다.[6]

그런데 IRI에서 무엇보다 흥미로운 것은 **공적 자본과 사적 자본의 협동**에 기초한 독특한 'IRI 공식'이다. 예컨대 영국 노동당원들에게 그것은 단순한 국유화보다 훨씬 더 효율적인 본보기로 간주되기도 했다. 이 효율적인 IRI 공식을 구체적으로 보여주는 사례가 메디오방까(Medioban-ca)의 경우다. 전후 기민당 지도자들의 후원 아래에서 1946년에 설립된 메디오방까는 처음에 IRI의 자회사격으로 출발했다. IRI가 메디오방까의 주식 68%를 소유하는 구조였다. 그러나 메디오방까는 꾸차(Enrico Cuccia)의 리더십 아래에서 국가 통제를 받지 않고서 기업 구조를 조직하는 새로운 방식을 고안해낸 결과, 3.75%의 지분으로도 동등한 발언권을 갖는 주요 민간 부문 기업가들의 공동 의사결정으로 운영되었다.

과연 메디오방까는 공적 자본과 사적 자본의 절묘한 조화를 대표했다. 즉 금융은 국가의 원조를 받지만 경영은 사적으로 통제되어야 한다는 메디오방까의 이념은, 한편으로 국가의 과도한 개입을 우려하는 반파시즘의 이념에서 영감을 받았고, 다른 한편으로 자본이 부족한 이딸리아 특유의 상황, 즉 '자본 없는 자본주의'의 모순을 반영한 것으로 보인다. 그러므로 국가와 사기업 사이에서 곡예를 넘고 있던 메디오방까의 균형은 극히 불안정한 것이었다. 그리하여 메디오방까는 당시 IRI를 이끌고 있던 메니껠라(Donato Menichella)의 신랄한 공격을 받기도 했다. 당시 이딸리아의 중앙은행인 이딸리아은행(Banca Italiana)의 총재였던 까를리(Guido Carli)는 메디오방까의 꾸차가 "이딸리아 자본주의라는 빈 드럼통을 지키는" 역할을 할 뿐이라고 혹평을 퍼붓기도 했다. 그런가 하면 메디오방까는 피아트와 삐렐리 등 이딸리아의 민간 대기업들의 지분도 갖고 있었는데, 이들과 공동 출자의 방식으로 다른 기업들에 큰 영향력을 행사했다. 메디오방까는 항상 정치인들이나 교황청 등과의 불투명한 거래로 의심을 샀는데, 비대한 국영 부문을 바로잡기 위해 등장한 사경영의 이념이 거꾸로 정경유착과 비밀주의라는 이딸리아 경제의 고질적인 폐해의 온상이 되기도 했음을 보여준다.[7]

정치적 자본주의

일찍이 역사가 보넬리는 국가와 은행의 역할을 극단적으로 강조한 전통적인 거센크론적인 패러다임을 비판하면서도 이딸리아 자본주의의 역사에서 국가의 역할을 주저 없이 인정하면서 "조숙한 국가 자본주의"라는 표현을 쓰기도 했다.[8] 과연 19세기 중반 이후 이딸리아의 경제사와 기업사를 힐끗 훑어보더라도 국가 발주, 보조금 지급, 보호주의, 산업 구제 등 국가 개입의 범위와 정도는 대단한 것이었다. 그렇기에 이딸리아에서 국가는 그 자체 기업가였다. 이런 경향은 전쟁에 의해 가속화되었고, 특히 1차대전은 분수령이었다. 1915년 6월 26일에 이딸리아 정부는 법령을 통해 정부가 산업공단을 전쟁 목적에 사용할 배타적인 권리를 가진다고 선포했는데, 이로써 원료의 공급과 생산량 및 가격이 전적으로 정부에 의해 결정되고 할당되었다. 국가가 가장 거대하고 유일한 '전쟁기업가'로 등장한 것이다.

나라의 경제는 모든 형태의 행위와 활동과 상황을 양극화하는 전쟁이라는 현상과 더불어 흡사 포위된 도시의 경제와 닮게 되었다. 국가의 새로운 역할은 이런 현상의 절대적 지배를 상징한다. 전쟁기업가로서 국가는 모든 것이 집중되는 지점이자 전체 경제의 엔진이 되었다. 그것은 수천개에 달하는 (국가보다) 작은 개별 기업들이 의존하는 거대한 기업의 수장이 되었다.[9]

이렇듯 이딸리아 경제에서 국가의 역할은 대단히 컸고, 이런 전통은 그 후로도 오래 지속되었다. 이런 비대한 국가의 경제 개입이라는 현실 속에서 메디오방까의 경우에도 드러나듯이 정경유착과 비밀주의라는 고질적인 폐해가 나타나기도 했다. 이는 이딸리아에만 고유한 특성은 아니겠지만 그럼에도 이딸리아는 유럽에서 정경유착의 대명사가 되는 불명예를 감수해야 했다. 그런데 이딸리아식 정경유착에서 국가의 경제 개입은 관료가 아니라 정치가가 주도했다. 그래서 이딸리아 기업사가인 아마또리(Franco Amatori)는 이딸리아가 제2차 산업혁명의 역사적 흐름에 편입되는 과정에서 "정치가 경제에 올라탔다"고 말하면서 이딸리아 자본주의의 정치적 측면을 부각했다. 아마또리는 챈들러의 유형학을 원용하여 미국 자본주의가 '경영적'이고 영국 자본주의가 '개인적'이며 독일 자본주의가 '협동적'이라면, 이딸리아 자본주의는 '정치적'이라고 하여 이딸리아 특유의 정치적 자본주의론을 펼쳤다.[10]

아마또리에 따르면, 2차대전 이후 이딸리아 국가는 외관상 중재자로서 경제에 개입했다. 그러나 중재 과정에서 실제로 영향력을 발휘한 것은 '불편부당한' 관료들이 아니라 '당파적' 정치가들이었다. 정치가들은 포퓰리즘적인 정치적 합의를 추구하면서 주로 강철, 화학, 기계 부문의 국유 기업들을 전혀 사회경제적 인프라를 갖추지 못한 남부로 마구잡이식으로 이전함으로써 결과적으로 비생산적이고 비효율적인 "사막의 대성당"만을 짓고 말았다. 예컨대 전도유망한 자동차기업인 알파 로메오도 무리하게 나뽈리에 대규모 공단을 설립하면서 하락의 길로 접어들기 시작했다. 기업가들도 '경제적' 이유가 아니라 정부와의 협상에서 유리한 위치를 점하려는 '전략적' 이유로 기업활동이 불리한 시기에도 무리하게 기업 팽창을 시도했다. 특히 아마또리는 다양한 국가 개입의 요인 중에서도 발전성이 약한 기업들을 '정치적' 이유로 구제하는 것이야말로 "정치적 자본주의"의 전형적인 폐습이라고 꼽았다.[11]

아마또리는 '정치적 자본주의'를 후발 자본주의 발전의 한 유형으로 간주했다. 그는 이딸리아와 함께 후발국인 러시아와 일본을 비교하면서 이딸리아식 발전을 일종의 '제3의 길'로 패턴화했다. 그에 따르면, 1917년 10월 혁명 이후 러시아는 사회주의적 형태의 소비에트 권력을 바탕으로 시장과 기업의 자율성을 포기하고 중공업 부문에서 성공을 거두었다. 그러나 사회주의 실험은 종내 실패함으로써 러시아의 경우는 시장이 결코 포기될 수 없음을 보여주었다. 한편, 일본은 메이지유신 이후 경제에 대한 강력한 국가 개입을 통해 발전을 추구했다. 그러나 1930년대에 강력한 국가 주도의 전쟁 수행 노력은 오히려 경제를 파탄으로 몰고 갔다. 이 교훈은 1945년 이후 일본에서 진지하게 받아들여졌다. 그리하여 전후 일본은 비당파적 관료제를 이용하여 전략적 부문을 지원하는 방책을 추구했는데, 이 과정에서 국가와 시장의 균형을 맞추며 국제시장에서 기업들이 경쟁력을 갖출 수 있도록 촉진했다. 이에 비해, 이딸리아는 러시아와도, 일본과도 다른 독특한 후발국 발전 경로를 걸었다. 이딸리아는 (러시아와 달리) 자본주의 체제를 유지하면서 (일본과 달리) 국가가 기업의 **지원자**일 뿐만 아니라 그 자체 기업의 **소유자**로서 시장에서 경쟁력을 갖추었다. 바로 여기에 이딸리아식 발전의 특수성이 있다는 것이 아마또리의 시각이었다. 그에 따르면, 이딸리아 자본주의가 보여주는 그런 독특함은 기본적으로 "관료 국가가 취약한 대신 정치 세력이 공적 제도를 지배하는 이딸리아 특유의 환경에서 이루어진 국가와 시장의 결합"에서 비롯되었다.[12]

아마또리의 정치적 자본주의론은 비록 가설에 불과하지만 통찰력 있는 흥미로운 가설이다. 이와 유사한 논의들은 이딸리아 학계에서 쉽게 찾아볼 수 있다. 예컨대 역사가 까페(Federico Caffè)는 이딸리아 대기업들의 과두정치적 활동 방식을 정상적인 자본주의에서 일탈한 것으로 간주하여 싸잡아 비판하는 건 적절치 않지만, 이딸리아 자본주의에서 확인되는 "정치권력과의 공모와 그것의 압력이 통합적 일부를 이루는 거대 과두정치 집단들의 능숙한 적응력"은 중요한 연구 주제라고 강조했다.[13] 그런가 하면 라나로는 이딸리아의 주요 기업가들 사이에서 국가를 단지 "할인과 특혜를 요구하면서 무엇인가를 사고파는 고객"으로 간주하는 태도가 우세하다는 점을 지적했다. 그러면서 이딸리아 경제 체제에서 모든 사적 영역은 정치권력의 선택과 의도, 그 입법활동에서 비롯되었다고 해도 과언이 아니라고 단언했다.[14] 이런 시각들은 틀림없이 이딸리아 자본주의에 대한 부정적 편견을 조장하고 유포한다. 그리하여 이딸리아 자본주의를 "태만한 자본주의"나 "원조 받는 기업활동",

혹은 "불건전한 정경유착" 등으로 특징짓는 담론이 만연하게 되었다.

그러나 이런 부정적 담론들은 이딸리아의 후발 자본주의가 사회통합을 유지하며 경제성장을 추구하기 위해 국가라는 제도를 동원하는 과정에서 불가피하게 지불해야 한 대가였다. 달걀을 깨뜨리지 않고는 오믈렛을 만들 수 없는 법이다. 이딸리아의 국가 자본주의는 자신에 대한 비난의 물꼬를 터뜨렸지만 경제성장이라는 근사한 오믈렛을 만들었던 것이다. 물론 이딸리아 국가가 기업들과의 관계에서 정당하고 효율적인 사회적 조직자의 역할을 감당했는지의 여부는 가늠하기 어렵다. 특히 파시즘에 대한 부정적 기억을 미처 떨쳐버리지 못한 전후 이딸리아 민주주의 국가는 경제의 공적 영역과 사적 영역 사이에서 아슬아슬하게 줄타기를 해야 했고, 그런 과정에서 포퓰리즘적인 정치적 합의를 의식할 수밖에 없었다. 이것이 정치적 자본주의론이 나오게 된 배경이었다. 그러나 거듭 강조하거니와, 이딸리아 특유의 정경유착과 이에 대해 쏟아진 비난에도 불구하고 이딸리아 자본주의는 '경제기적'의 역사를 연출하는 데 성공했다. 그런 점에서 이딸리아는 놀라운 경제적 성공과 똑같이 놀라운 정치적 실패가 공존하는 기묘한 무대였다. 마지막으로 중요한 논점 하나를 덧붙이자면, 비대한 국가의 과도한 경제 개입에 대한 부정적 담론들에도 불구하고 국가 개입이 늘 비생산적이고 비효율적인 것은 아니었다. 이딸리아의 사례는 국영기업에서도 탁월한 기업가 역량이 발휘될 수 있고 이에 힘입어 경제성장이 가속화될 수 있음을 잘 보여준다.

애국자-기업가

이딸리아의 '경제기적'을 대표한 국영기업은 탄화수소공사(Ente Nazionale Idrocarburi, 이하 ENI)다. 그리고 ENI의 회장 마떼이(Enrico Mattei)는 비효율의 대명사로 비난받는 이딸리아 국영기업가 세계의 군계일학으로서 현대 이딸리아 기업사상 가장 혁신적이고 창의적인 기업가들 중 한명으로 손꼽힌다. 그는 2차대전 기간 중에 비공산주의 계열의 대표적인 기독교 민주주의 저항운동 단체인 자유의용군(Corpo dei Volontari della Libertà)을 이끌면서 과감하고도 결기 있는 파르티잔 지도자로 활약했다. 마떼이는 중도우파 민족주의 세력의 아이콘과 같은 인물이었는데, 확실히 그의 두드러진 존재는 파시즘이 우파를 독점할 수 없게 함과 동시에 공산주의가 반파시스트 저항운동을 대표하지 못하도록 했다. 마침내 1945년 12월에 기민당의 데 가스뻬리가 총리로 취임하면서 마떼이는 즉각 (일찍이 1926년에 설립되어 당시 경영난에 허덕이던) 이딸리아종합석유회사(Azienda Generale Italiana Petroli, AGIP)의 북부 지역 책임자로 발탁되었다.

마떼이는 자생적 에너지원을 개발하는 일이 조국 이딸리아의 운명을 좌우한다고 확신했다. 그리하여 꼬르떼마조레와 끄레모나 등지에서 석유와 가스를 채굴하고 이를 또리노와 밀라노 등 주요 산업도시로 연결하는 거대한 배관망을 건설했다. 이런 정력적인 노력을 인정받아 마떼이는 AGIP의 회장으로 취임했고, 1953년에는 독자적인 국영 에너지 회사인 ENI를 설립하기에 이르렀다. 종래의 AGIP은 ENI의 일부가 될 것이었다. ENI는 처음에는 영미 석유회사들로부터 정유를 공급받아 이딸

파르티잔-기업가 엔리꼬 마떼이

리아 국내에 배급하는 역할에 일단 만족했다. 마떼이의 리더십 아래에
서 ENI는 거대한 송유관과 정유시설을 건설하고 주유소망과 유조선 선
단을 구축하며 고무화학 등 연관 산업공단들을 설립하는 등 정력적이
고 야심적인 활동을 펼쳤다.

그런데 마떼이는 이딸리아 에너지 산업의 발전을 가로막는 가장 큰
장애물이 바로 미국과 영국의 석유기업들이라고 확신했다. 세계 석유
업계를 지배한 일곱개 영미 기업들을 "7자매"(Seven Sisters)[15]로 처음
지칭한 것도 마떼이였다. 그는 '7자매'가 자신들이 보유한 원유를 최고
가로 유지하기 위해 생산량을 제한하는 등 부정한 방법으로 막대한 이

216

익을 취하고 있다고 보았다. 그리하여 마떼이는 영미 석유기업들에 도전장을 내밀며 해외에서 독자적으로 원유자원을 확보하려는 민첩한 행보를 보였다. 이제 마떼이와 ENI는 단지 석유의 수동적인 배급자로 만족하지 않고 직접 새로운 공급원을 찾아 이딸리아 국내외를 휘젓기 시작했다.

특히 해외를 무대로 한 마떼이의 활약상은 정녕 인상적이었다. 리비아와 이집트, 이란, 소련 등이 마떼이의 주요 활동 무대였다. 1955년에 마떼이는 이집트의 나세르(Gamal Abdel Nasser)와 협상을 벌여 시나이 반도의 석유 개발권을 확보했는가 하면, 1957년에는 이란과 협상을 벌여 이란에 더 많은 수익을 보장하는 파격적인 조건을 내걸고 당시 영미 회사들이 지배하고 있던 중동 석유자원을 확보하기 위한 이딸리아와 유럽의 전진기지를 구축했다. 이런 활동은 모두 영미 기업들에는 심각한 위협이었다. 그런가 하면 냉전이 한창이던 1960년에 소련 정부와의 협상을 통해 소련의 원유를 구매하고 동유럽을 관통하는 대규모 송유관을 건설하는 대담한 사업에 착수하기도 했다. 이딸리아 국내에서도 마떼이의 활약상은 눈부셨다. 그는 이딸리아 최초의 시험용 원자로 건설을 추진했고, 국영전력회사(Ente Nazionale per l'Energia Elettrica, ENEL)를 설립했다. 그외에 라벤나의 거대한 석유화학 공단과 파이프를 생산하는 따란또의 거대한 제철소는 모두 마떼이의 놀라운 기업가 역량의 상징물이나 다름없었다. 그러나 마떼이는 경력의 최절정이던 1962년 10월 27일에 전용 비행기로 시칠리아에서 밀라노로 이동하던 도중에 의문의 항공 사고로 갑자기 사망하게 되었다.[16]

마떼이는 후발 자본주의 국가에서 배출될 수 있는 혁신적 기업가의 한 전형을 우리에게 보여준다. 그는 파르티잔의 경력이 알려주듯이 비타협적인 반파시스트 민족주의자였다. 그는 파시즘이 패망하고 난 뒤 새롭게 제기된 과제가 정치투쟁이 아니라 경제투쟁임을 잘 이해하고 있었다. 그의 경제적 민족주의는 어떤 대가를 지불하든지 생산과 발전을 이룩해야만 민족의 번영을 이끌어낼 수 있다는 확신에 바탕을 둔 것이었다. 이 점은 예컨대 전후 피아트를 이끌고 나간 발레따와도 유사한 대목이다. 발레따 역시 이딸리아를 산업화하고 근대화하는 작업에 절대적인 우선권을 두었다. 바로 그 길이야말로 이딸리아 민족이 지긋지긋한 빈곤에서 벗어나 풍요를 향유할 수 있는 유일한 길이었다(발레따는 이딸리아 사회주의가 오히려 빈곤의 원인이라고 생각했는데, 마떼이 역시 그런 판단에서 단 한번도 공산주의와 타협하지 않고 기독교 민주주의의 원칙을 고수했다). 이를 위해서는 자본과 노동의 갈등은 잠시 접어두고 양자의 조화로운 협력을 통해 단일한 민족적 노동의 공동체를 수립할 필요가 있었다. 많은 역사가가 발레따의 이념에서 이른바 "민중주의적 민족주의"를 추출해내는 까닭도 여기에 있다.[17]

마떼이와 발레따의 유사성은 여기에 그치지 않는다. 양자 모두 후발국 기업가로서 선발국들이 독점하고 있는 시장의 틈새를 공략했다. 그리하여 이들은 자연스레 이른바 제3세계로 지칭되는 주변부 시장을 공격적으로 개척했다. 이렇듯 **제3세계 지향성 혹은 친화성**은 무조건적인 생산과 발전을 통해 가난한 나라를 부유하게 만든다는 절대적 지상명제를 가진 후발국 이딸리아 기업가들의 필연적인 경향성이었다고 하겠다. 제3세계뿐만 아니라 제2세계도 그들의 관심 대상이었다. 마떼이가 소련산 원유를 구매하고 동유럽 송유관을 건설했듯이, 발레따

똘리아띠그라드 건설을 위해 협정을 맺는 비또리오 발레따
(오른쪽 앉은 발레따 바로 뒤에 서 있는 사람이 조반니 아녤리의 손자 잔니 아녤리)

도 소련의 볼가강 유역에 거대한 공장 도시인 똘리아띠그라드(Togliat-tigrad) ─ 이딸리아 공산당 서기장 똘리아띠의 이름을 딴 ─ 를 건설함으로써 세계를 놀라게 했다. 요컨대 마떼이와 발레따의 제3세계 친화형 '민중주의적 민족주의'는 철의 장막까지 찢을 정도로 절실하면서 강력한 것이었다. 비록 마떼이는 이딸리아 경제의 국가 부문을, 발레따는 사기업 부문을 대표한다는 차이가 있었지만, 그들은 공히 전후 이딸리아

'경제기적'의 두 주역으로서 이딸리아의 후발 자본주의를 극적으로 상징하는 위대한 기업가였다.

　마떼이와 ENI의 사례는 국가 자본주의의 효율성에 대해 다시 생각해보라고 우리를 독촉한다. 국가라는 대표적인 비자본주의적 제도가 후발 자본주의의 발전을 위해 매우 긴요한 목발이라는 것을 마떼이와 ENI는 간단히 증명했다. 이와 동시에 국가 개입이 기업가 역량과 결코 배치되는 것도 아니라는 점을 훌륭하게 증명했다. 게다가 마떼이와 ENI에는 항상 애국심의 아우라가 따라다녔는데, 이는 이딸리아인들 사이에서 애국심이 자본주의의 매체로, 또 자본주의가 애국심의 매체로 수용될 수 있게끔 했다. 과연 ENI의 대중적 이미지는 "이딸리아 '경제기적'의 중추적 요소, 즉 국익에 철저히 봉사하는 회사"라는 것이었다.[18] 그런가 하면 마떼이는 전형적인 애국자-기업가로서, 그의 경쟁자인 뉴저지 스탠더드 사의 부회장인 스톳(William R. Stott)이 표현했듯이, "끓어오르는 열정으로 나라의 이해관계를 추구했다." 또한 한 아르헨띠나 정치인은 그를 보고 다음과 같이 간결한 인물평을 남겼다. "마떼이는 100퍼센트 이딸리아인이다."[19] 마떼이와 ENI에 대해 넘치는 민족적·애국적 표상들은 국가 주도 후발 자본주의의 압축적 발전에 대한 국민적 지지를 창출했고, 경제발전 과정에서 야기되는 불만을 중화하며 사회통합을 유지하는 데 기여했다. 요컨대 국가와 애국심은 '자본주의 따라잡기'와 '자본주의 길들이기'의 효과적인 수단이었던 것이다.

제8장

가족 자본주의(I): 거인들

가족기업의 동학

이딸리아 자본주의에서 국가의 역할이 아무리 컸다고 해도, 사기업 부문이 질식한 것은 아니었다. 오히려 이딸리아의 사기업들은 국가에 눌려 압사하기는커녕 국가를 업고 번성했다. 이미 강조했듯이, 이딸리아의 국가 자본주의를 대표한 IRI는 산하 기업들을 직접 경영하지 않았다. 게다가 IRI의 회장 베네두체와 전무이사 메니껠라는 정치나 이론과는 무관한 전문 경영자였다. 바로 이런 상황이 꾸차나 씨니갈리아 등 유능한 경영자들이 국영 부문에서 탁월한 기업가 역량을 발휘할 수 있었던 요인이었다. 또한 IRI는 빈사 상태에 빠진 은행과 기업 들을 구제했지만, 건강을 회복한 회사는 다시 기업가에게 넘겨줌으로써 민영화했다. 그렇다고 IRI가 자본가들의 손쉬운 도구는 아니었다. 가령 아녤리는

IRI를 통해 트럭 생산 부문의 알짜배기 기업인 OM을 인수하는 데 성공했으나, 무솔리니가 사랑한 알파 로메오 인수에는 실패했다. 또한 아넬리는 너무나도 탐이 났던 삐에몬떼 전기전화회사인 SIP의 인수와 관련해서 성공을 목전에 두고서 고배를 마셔야 했다. 이러한 국가와 사기업 사이의 긴장과 갈등에도 불구하고 기업가들은 IRI 체제 아래에서 막대한 이권과 이윤을 챙겼다. 그렇다면 이미 파시즘 시기에 이딸리아 경제는 국영 부문과 민간 부문의 균형에 입각한, 이른바 "절반은 공적이고 절반은 사적인 켄타우루스"의 모습을 보여주었다고 하겠다.[1]

이 기이한 형상의 켄타우루스의 절반, 즉 사기업 부문에서는 관록 있는 소수의 대규모 가족기업들이 군림했다. 이 시점에서 앞에서 인용된 바 있는 꼰띠의 증언을 되새겨볼 가치가 충분하다. 그는 "민중에게로 가자"라는 파시스트 포퓰리즘이 득세하던 상황에도 불구하고, 나아가 그 어느 때보다 국가 통제가 강력하게 실시되던 환경에도 불구하고 이딸리아 경제가 아넬리, 치니, 볼삐, 삐렐리, 팔끄 등 "낡은 봉건제를 떠올리게 하는 금융 과두정"을 형성하고 있었다고 지적했다. 그의 진술은 파시즘 시대에 이딸리아 경제를 지배한 소수 대규모 가족기업들의 막강한 영향력을 증언한다. 포스트파시즘 시대에도 대규모 가족기업들은 국가와 은행의 간섭을 효과적으로 배제하는 동시에 국가와 은행을 자신들의 발전을 위한 지렛대로 이용하면서 번창했다. 특히 은행이 제 역할을 하지 못하고 주식시장이 발전하지 못한 이딸리아에서 기업 가문들은 가족이 통제하는 금융지주회사를 설립하여 적은 투자 자본으로 그룹을 지배하며 이딸리아 경제생활 전반에 걸쳐 막강한 영향력을 행사해왔다. 그런 점에서 이딸리아 기업사는 소수 기업 가문들로 이루어진, 이른바 '과두적 가족 자본주의'의 역사로 보인다.

물론 켄타우루스의 또다른 절반인 국유 부문이 오랫동안 비난의 대상이 된 것처럼 사기업 부문도 추문의 대상이 되어왔다. 이 대규모 가족기업의 총수들은 막대한 금권을 통해 정치인과 결탁하여 부당한 특혜와 이득을 누렸다. 또한 총수의 절대적 권한이 통용되고 이 권한이 후대에 승계되는 구조는 이딸리아 자본주의 특유의 '닫힌' 구조를 재생산했다. 그리하여 사회적 유동성이 한 사회의 건강도를 나타내는 척도인 한에서 이들 과두적 가족기업들의 존재는 이딸리아 사회에 적신호를 보내고 있다. 또다시 비가쩌의 적절한 비유를 떠올리자면, 이딸리아라는 호텔의 스위트룸은 항상 똑같은 사람들에 의해 점유되어 있었던 것이다. 물론 이와 같은 사회적 폐쇄성이라는 결함은 자본주의의 발전이라는 오믈렛을 만들기 위해 지불해야 할 대가였다. 이딸리아의 대규모 가족기업들은 특유의 결함과 한계에도 불구하고 때때로 놀라운 기업가 역량을 선보이면서 이딸리아의 경제발전을 선도했으니 말이다. 예컨대 이딸리아의 대표적인 대규모 가족기업이라고 할 피아트는 "피아트에 좋은 것이 이딸리아에도 좋다"라는 강한 자신감과 함께 이딸리아 자본주의의 성공 신화를 상징하는 글로벌 기업으로 성장했다.

이런 사실은 가족기업이 경영기업에 비해 열등하다는 상식과 통념에 의문을 제기한다. 실제로 경영기업이 등장한 후에도 여전히 가족기업이 건재하다는 사실이 가족기업의 생명력과 내구성을 에둘러 말해준다. 이런 맥락에서 가족 자본주의를 논평하면서 기업사가인 존스와 로즈는 가족기업의 '구조'가 항상 '전략'을 규정하지는 않는다고 말함으로써 가족기업의 역사적 유효성을 이론화하려고 했다. 그들에 따르면,

가족기업은 고유한 구조적 결함들, 즉 기업 확장을 위한 자본 조달의 난점, 가족생활을 위한 자본의 과잉 소모, 정실에 따른 인사의 난맥상, 가족 내 불화 등 극복해야 할 단점들이 많다. 그러나 동시에 가족기업은 가격 등락이나 인수 합병의 위험에서 벗어나 중장기적 성장 전략을 추구하거나 가족의 구성원으로서 오랫동안 체득한 지식과 기술에 바탕을 둔 경쟁력 있는 기업 문화를 형성할 수 있다는 등의 장점을 발휘할 수 있다. 그러므로 가족기업의 단점이 아닌 장점을 극대화하는 전략적 선택을 통해 가족기업의 구조적 경직성을 극복하고 시장의 선택을 받을 수 있다는 것이다.[2]

과연 가족기업은 특정한 조건과 환경에서 경영기업에 비해 **상대적** 이점을 갖는다.[3] 그렇다면 가족기업은 어떤 조건과 환경에서 유리한가? 첫째, 무엇보다 가족기업은 산업화 초기 단계에서 특유의 이점을 발휘하는 경향이 있다. 이런 장점은 가령 한국과 일본의 '재벌'에서 보이듯이 후발 산업국에서 두드러진다.[4] 이런 맥락에서 랜디스는 가족 자본주의가 후발국의 '이륙'에 필요한 요소라고 보기도 했다. 그는 이집트의 사례를 들었다. 1800년대 이집트의 무함마드 알리(Mohammed Ali)는 잔인한 방식으로 집권한 뒤 이집트 근대화를 위해 환금작물(목화) 재배를 추진하고 직물과 금속 제작 공장들을 건설하며 서양 엔지니어들을 초빙하고 자본을 끌어들였다. 그러나 그의 대담한 계획에서 결여된 요소가 있었으니, 바로 사람이었다. 즉 "토착 기업가도, 잠재적 경영자도, 자발적 참여자도 없었다." 알리는 공장을 운영하기 위해 외국인들을 끌어들였고, 정작 이집트인들은 이 외국인들을 감시하는 역할만 했다는 것이다. 이 대목에서 랜디스는 만일 당시 가족기업이 나타났다면, 사정은 달라졌으리라고 단언했다. 그는 이런 생각을 일반화하여 아프리카와 중동, 라틴아메리카가 경제성장을 이루기 위해서는 무엇보다 가족 자본주의가 필요하다고 믿었다.[5] 확실히, 랜디스의 견해는 일반적으로 받아들여질 수 있는 듯하다. 그럼에도 그의 시각이 항상 타당한 것은 아니다. 산업화 이후에도 개인적인 연줄과 가족 네트워크를 이용할 수 있는 가족기업은 해외로 팽창하는 데 유리했기 때문이다. 존스에 따르면, 다국적기업의 활동은 종래에 영국 상인 가문들이 전 세계에 걸쳐 확립한 복잡한 파트너십 네트워크를 이용하여 전개되었다.[6] 따라서 가족기업이 배타적으로 산업화 초기 단계에만 유효한 것은 아니었다.

둘째, 가족기업은 특히 일부 산업 부문에서 효과적이었다. 영국 상인과 중국 화교의 경우에서 보이듯이, 인간적 접촉과 네트워킹이 필요한 금융업에서 이점을 발휘했다. 또한 고도로 다변화된 소비재(식품, 사치품, 유통 등) 시장에서도 유리했다. 가족기업은 전수된 지식과 경험을 통해 유연하고 신속하게 다각화 전략을 추구할 수 있었다. 특히 의약품업과 의류업처럼 브랜드네임에 헌신적이고 충성스러운 고객들이 주된 대상인 부문에서 강세를 보였다.[7] 그러나 일견 경영기업이 유리할 것으로 보이는 부문에서도 가족기업은 번창했다. 자동차 부문에서 미국의 포드와 일본의 토요따(Toyota), 이딸리아의 피아트는 국민 브랜드로서 확고한 명성을 쌓았다. 철강업 부문에서도 프랑스의 방들(Wendel)과 독일의 하니엘(Haniel), 이딸리아의 팔끄는 각국을 대표하는 가족기업으로 오랫동안 군림했다. 따라서 가족기업이 배타적으로 일부 산업 부문에서만 유효한 것은 아니었다.

셋째, 가족기업은 지역에 따라 유리하거나 불리했다. 가톨릭이 우세한 지역에서는 가족기업이 유리한 반면, 프로테스탄티즘이 우세한 지역에서는 경영기업이 유리하다고 널리 간주되고 있다. 또한 기업을 상품으로 보는 문화인가(미국), 공동체로 보는 문화인가(유럽)에 따라서도 가족기업의 유·불리가 다르다. 그런가 하면 가족기업이 유망한 기업 형태인가 아닌가는 특정한 제도적 환경들, 가령 법체계(상속법과 회사법), 금융 시스템, 국가정책 등에 의해 직접적으로 좌우되는 경우가 많다. 따라서 가족기업을 시간과 공간을 초월한 이상형으로 다룰 것이 아니라 역사적으로 형성된 문화적·제도적 환경과 맥락 속에 넣고 분석해야 한다. 이런 맥락에서 예컨대 이딸리아의 경우는 가족기업이 발전하는 데 여러모로 유리한 조건을 갖추고 있는 것으로 보인다. 특히 이딸리아는 이른바 "무도덕의 가족주의"(amoral familism)[8]라는 유명한 인류학적 개념을 낳을 정도로 가족과 지방 공동체에 대한 애정과 충성심이 강하기 때문에 가족기업이 상대적으로 유망한 기업 형태로 기능할 수 있었을 것이다.

이상의 사실들은 일반적인 수준에서 가족기업과 경영기업 가운데 무엇이 우월하냐는 식의 양자택일적 문제 설정이 타당하지 않다는 점을 말해준다. 양자는 주어진 조건에서 **상대적** 이점과 결점을 공유한다. 그런데 최근에는 가족기업 자체의 장점에 주목하는 경향도 강하다. 전통적인 챈들러적 패러다임에서 강조점은 경영자들이 단기 이윤에 마음을 빼앗기지 않고 장기 성장 전략을 추구한다는 점에 있다. 그러나 경영기업의 이런 이점도 절대적이지 않다는 게 최근의 견해다. 제임스(Harold James)에 따르면, 1990년대 이후 주주의 이익을 극대화하는 것을 나타내는 "주주 가치"(shareholder value)에 따라 경영자들은 단기적 성과에

226

집착하는 경향을 보이게 되었다. 주주에게 얼마만큼 이익을 돌려주는 가의 문제가 경영자의 임면과 보수를 결정하는 상황에서 경영자들에게 장기 성장 전략을 추진할 여유는 사라졌다. 반면, 기업 가문들은 가업을 한층 더 효과적으로 경영하려는 과정에서 점차 재정 문제를 터득하게 되고 사업 현황에 정통해졌다. 그러면서 '주주 가치'의 대안으로 (전문 경영자에 대비되는) "전문 소유주 역량"(professional ownership)의 개념을 발전시킴으로써 장기적 비전에 따른 책임 경영이라는 새로운 모델을 제시했다. 이렇게 보면, 챈들러가 말한 장기 성장 전략과 전문 경영 능력이 관료제적 경영 위계를 통해서가 아니라 오히려 "가족의 기업가 역량"(family entrepreneurship)을 통해 실현되는 것 같다.[9] 이처럼 경영기업의 이점까지도 가족기업이 전유할 수 있음을 볼 때 가족기업의 활력과 역동성을 새롭게 평가할 필요가 있다.[10]

가족기업의 급소

랜디스는 본질적으로 가족기업이 산업화 초기 단계나 후발 산업국의 경우에 제한적으로 적합한 기업 형태라고 보았다. 이런 근본적 한계 안에서 그는 가족기업의 여러 장점을 기꺼이 인정했다. 특히 랜디스에 따르면, 가족기업의 최대 장점은 혈통적 승계에 있다. 가족은 지식과 기능, 신뢰, 자본의 저장소로서, 그리고 가족의 이름이 고객에게 믿음을 주는 브랜드네임으로 훌륭하게 기능했다는 것이다. 그럼에도 랜디스는 승계와 상속 자체가 경쟁력을 보증해주지는 않는다고 단언했다. 특히 가족 불화는 가족기업을 근본적으로 위협하는 요소다.

이딸리아 명품기업인 구찌(Gucci)의 역사가 바로 가족기업의 성장판과 급소를 동시에 드러내 보여준다. 구찌 기업의 창업자 구쪼 구찌(Guccio Gucci, 1881~1953)는 피렌쩨의 모자 가게를 운영하는 집안에서 태어났다. 그는 비교적 부유한 가정 출신이었지만 어린 나이에 런던으로 건너가 최고급 싸보이호텔의 벨보이에서 지배인까지 올라가는 성공 스토리를 썼다. 그러다 구쪼는 돌연 피렌쩨로 낙향해 가업으로 승마 관련 피혁 제품을 생산하기 시작했는데, 높은 인기로 잇따라 이딸리아 내 다른 도시들에 지점들을 개설했다. 나아가 구쪼의 두 아들인 알도(Aldo)와 로돌포(Rodolfo)는 뉴욕에 점포를 열어 핸드백을 제작 판매하기 시작했다. 세련된 고급 브랜드로서 구찌의 명성은 재클린 케네디(Jacqueline Kennedy), 오드리 헵번(Audrey Hepburn), 그레이스 켈리(Grace Kelly) 등 패션 아이콘들에 힘입어 급속히 퍼져나갔고 구찌는 토오꾜오와 홍콩을 위시하여 런던, LA, 빠리 등 세계 도처에 지점망을 개설하며 글로벌 기업으로 성장했다. 구찌 스타일은 '시크함'의 대명사였고, 구찌의 상징인 'GG'는 명품의 고유명사가 되었다. 이렇듯, 구찌는 장인적 기술력 외에 해외 네트워킹과 브랜드 마케팅을 효과적으로 구사하며 성공할 수 있었다. 가족기업의 생명과도 같은 브랜드네임이 확립된 것이다.[11]

그러나 행운도 영원하지는 않았다. 창업자의 아들들인 알도와 로돌포 외에 바스꼬(Vasco)와 우고(Ugo), 그리고 손자들 사이의 경영권과 재산을 둘러싼 파국적 갈등이 구찌를 계속해서 괴롭힌 아킬레스건이었다. 구찌 가문의 분쟁은 가족기업의 분쟁들 중에서도 가장 극단적인 경

228

우들 중 하나로 보인다. 단적인 사례가 하나 있다. 구쪼 구찌의 손자 마우리찌오(Maurizio)의 전처가 불만에 가득 차 가정부 앞에서 전남편을 죽이고 싶다는 말을 무심코 내뱉은 일이 있었는데 그 후 괴한들이 마우리찌오에게 총격을 가하고 전처를 협박하는 충격적인 사건이 벌어졌다. 이는 당시 이딸리아 사회에 엄청난 추문을 몰고 왔고, 구찌 가문의 명예는 땅에 떨어졌다.[12] 구찌의 몰락은 하루 이틀의 문제는 아니었다. 특히 1980년대에 라이선스가 남발되고 액세서리 사업에 치중되면서 공항 면세점 브랜드라는 오명을 쓰기도 했다. 가족 분쟁은 몰락을 가속화했다. 결국 구찌는 프랑스 백화점 그룹인 PPR에 넘어가기에 이르렀다. 가족 분쟁 이후 1990년대에 구찌는 톰 포드(Tom Ford) 등 유능한 디자이너와 경영자를 영입하며 브랜드 가치를 회복하는 데 성공했다.[13] 그러나 가족기업의 약점을 보완할 수는 있었지만 더이상 가족기업 형태를 유지할 수는 없었다. 구찌 가문은 구찌 그룹의 경영권에서 완전히 손을 뗐다. 말하자면 구찌 가문은 죽어 이름만을 남긴 것이다. 그렇기는 해도 구찌 가문과 구찌 기업은 여전히 가족기업이라는 상형문자를 해독하는 중요한 단서로 남아 있다.

구찌의 경우 후손들이 기업활동에 너무도 관심과 욕망이 큰 나머지 가족기업의 승계 문제가 시끄러운 분쟁의 형태로 불거졌다면, 거꾸로 후손이 기업활동에 너무나 관심과 능력이 없는 것도 가족기업을 위협한다. 가족기업의 연구에서 자주 운위되는 이른바 '부덴브로크 신드롬'이라는 것도 창업과 수성의 두 세대가 지난 뒤 세번째 이후 세대들의 관심 저하와 능력 부족으로 가족기업이 쇠퇴하는 패턴을 가리키는 용어다. 3, 4세대로까지 갈 것도 없이 당장 2세대도 창업자의 역량을 물려받

는 일이 드물다. 따라서 100년을 가는 가족기업의 전통을 수립한다는
건 적자생존의 기업 진화에서 희귀한 일임에 틀림없다. 가족기업에서
후손의 기업가 역량이 어떻게 전수되는지를 연구한 제임스에 따르면,
보통 기업 가문들은 자신들에게 기업가의 DNA가 각인되어 있다고 과
시하곤 했으나, 실제로 이는 증명되지 못했다. 가령 프랑스 방들 가문의
장남 샤를 드 방들(Charles de Wendel)은 근면하기는 했지만 사업 수완
은 평범했다. 독일의 프란츠 하니엘(Franz Haniel)의 아들들도 믿음직
하고 부지런했지만 창의성은 없었다. 이딸리아의 조르조 엔리꼬 팔끄
(Giorgio Enrico Falck)의 맏아들은 사업보다는 정치에 더 관심이 많았
고, 둘째와 셋째 아들이 분담하여 사업을 맡았다.[14] 이런 점에서 가족기
업의 급소는 다양한 방면의 공격에 노출되어 있는 것 같다.

그렇다면 가족기업의 훌륭한 기업가 전통이 세대에서 세대로 온전히
승계되는 것은 기본적으로 '운'에 맡길 수밖에 없었다고 하겠다. 물론
어릴 적부터의 도제활동과 전문적 훈련 등 교육을 통해 경영자의 자질
과 기법이 최대한 전수될 수 있을 것이다. 또한 남성 가장의 직계 승계
가 가로막힐 경우 예컨대 사위를 매개로 외손자에게 승계되거나 모녀
간에 승계되는 방식으로 승계 과정 자체가 '젠더화'(gendering)될 수도
있다. 그런 방식으로 교육과 젠더는 '운'에 휘둘리곤 하는 승계의 불확
실성을 최소화하는 수단이 된다. 그러나 이런 수단들에도 불구하고 가
족기업에서 기업가 역량의 연속과 단절은 본질적으로 생물학적 요인에
의해 결정된다고 할 수 있다. 그러므로 선대의 '덕'이 후대에 계승되는
것은 궁극적으로 '운'에 좌우될 수밖에 없다. 이는 가족기업과 가족 자
본주의의 최대 약점으로서 그 급소에 해당한다. 이미 앞에서 소개한 구

찌의 경우가 잘 보여주듯이, 가족기업의 역사는 이 급소를 보호하면서 약점을 강점으로 전환하기 위해 전력을 다해 분투한 역사라고 하겠다. 우리는 구찌 외에 이딸리아의 대표적인 가족기업인 피아트의 사례에서도 그런 역사를 서사적으로 읽어낼 수 있다.

이딸리아 뻬에몬떼의 신흥 지주 집안 출신의 조반니 아넬리는 원래 기병 장교였다. 그러나 또리노에서 처음 자동차를 본 뒤 미래는 말이 아니라 차에 있다고 확신하게 되었다. 또리노의 '까페 부렐로'는 아넬리가 자동차 애호가들과 교분을 나누며 사업의 밑그림을 그린, 말하자면 피아트가 잉태된 자궁이나 다름없었다. 그리하여 아넬리는 브리께라시오 디 까께라노(Bricherasio di Cacherano) 백작 등 지방 재력가들을 끌어들여 1899년 또리노에서 '또리노의 이딸리아 자동차 공장'(Fabbrica Italiana Automobile Torino), 즉 피아트(F.I.A.T./Fiat)를 창립했다. 그후 아넬리는 특유의 상업적 감각과 경영 능력으로 짧은 시간 안에 피아트의 생산 능력을 확충하고 판매고를 높이면서 초기 사업 파트너들을 몰아내고 전권을 장악하기 시작했다. 완고한 시골 지주가 혁신의 감각을 갖춘 부르주아 엘리트로 변모한 것이다.

1911~12년의 리비아전쟁과 1차대전은 초기 피아트 발전사에서 두개의 전환점이었다. 1918년 이후 피아트는 자본 규모에서 안살도와 일바에 뒤이은 '넘버 쓰리'로 우뚝 올라서게 되었다. 아넬리는 위험을 감지하고 분산하는 능력 또한 뛰어났다. 그의 기업활동을 관찰해보면, 달걀을 한 바구니에 담지 않는다는 일관된 원칙을 읽어낼 수 있다. 아넬리에 대한 독보적인 전기를 쓴 역사가 까스뜨로노보(Valerio Castronovo)는 이런 원칙을 가리켜 아넬리 특유의 "여러개의 테이블에 돈을 거는" 성

피아트의 탄생(또리노, 까페 부렐로)

향이라고 표현하기도 했다.[15] 일례로 전후 피아트는 그 이전까지의 성
장 동력이었던 군수 발주를 줄이면서 민간 수요를 겨냥하여 자동차 시
장을 분할하고 생산을 다각화해나갔다. 이는 전후에도 여전히 군수 발
주에 의존하며 몰락의 길을 간 안살도와 극적으로 대비된다. 특히 아녤
리는 포드의 추종자로서 자동차의 대량생산과 대중소비를 이딸리아에
서 실현하겠다는 집념을 보였다. 당시 피아트 공장에 내걸린 회사의 모
토는 "포드처럼 만들자"였다. 그리하여 저렴한 경차 생산에 박차를 가
하는 한편, 자동차의 할부 판매제를 도입하는 등 생산과 마케팅의 혁신
을 주도해나갔다.

　피아트의 포드주의는 어쩌면 혁신이라기보다는 단순한 모방으로 보
일지도 모른다. 그런 점에서 아녤리는 헨리 포드의 이딸리아식 아류인
'엔리꼬 포드'에 불과할지도 모른다. 그러나 전혀 그렇지 않다. 이딸리

아와 같이 협소한 시장에서 포드의 방법을 적용한다는 것은 엄청난 위험부담을 떠안는 모험이요, 그런 만큼 진정한 의미의 혁신이었다. 실제로 수많은 당대 관찰자들이 이딸리아에는 포드의 방법이 맞지 않는다고 냉소했다. 후대 역사가들도 이 점에 대해 공감한다. 예컨대 랜디스는 미국에서 자동차는 상업적·운송적 필요의 수단이었지만, 유럽에서는 그저 과시와 호기심의 대상이었다고 관찰했다. 그래도 유럽에서 영국과 프랑스 등은 시장의 규모가 크다는 점에서 자동차의 대량생산이 가능했겠지만 이딸리아의 경우는 전혀 가능하지 않았다고 단언했다. 이딸리아 시장은 기껏해야 "하나의 거대 자동차기업과 틈새시장을 노린 소규모 생산자 집단들"만을 부양할 수 있을 뿐이었다는 것이다. 바로 이 '하나의 거대 자동차기업'의 주인공이 바로 피아트가 된 것이었다. 아녤리와 피아트는 엄청난 경쟁률을 뚫고 "가난한 자의 포드주의"를 성공적으로 적용하여 수성한 독보적인 기업이었던 것이다.[16]

1922년 '로마 진군'으로 권력을 장악한 파시즘은 아녤리의 사업에 하나의 도전이었다. 그는 또리노의 지방 파시스트들과 자주 충돌했다. 아녤리는 파시스트 정부로부터 다양한 특혜와 이득을 얻었지만 자신의 기업에 대한 정치적 간섭에는 단호하게 저항했다. 그리하여 지방 파시스트들, 파시스트 노동조합주의자들과 자주 충돌하면서 아녤리 가문의 영지를 지켰다. 그런가 하면 외부 금융 세력도 가문의 영지를 위협하는 요소였다. 예컨대 아녤리의 사업 파트너로서 또리노의 대금융가였던 괄리노(Riccardo Gualino)가 프랑스 금융을 끌어들이려고 하자 아녤리는 지체 없이 그를 몰아냈다. 훗날 괄리노는 무솔리니에 의해 경제사범으로 체포되어 몰락할 것이었다. 또한 아녤리는 금융 세력의 영지 침범을 예방하기 위해 '자가 금융'을 시도했다. 그는 1927년에 가족 자금을 종잣돈으로 삼아 인척 및 사돈 관계인 나시(Nasi) 가문과 부르본 델 몬떼(Bourbon del Monte) 가문, 그리고 일부 자회사 자금 등을 합쳐 총 1천만 리라의 자본 규모로 금융지주회사인 산업금융기구(Istituto Finanziario Industriale, IFI)를 설립하여 재정 독립성을 강화했다.[17] 이렇듯 '자가 금융'의 관행을 통해 **자본주의의 가족성**을 강화하는 것은 이딸리아 가족기업의 역사에서 흔히 볼 수 있다. 은행에 대한 이딸리아 기업 가문의 태도는 다음과 같은 팔끄의 말에 경구처럼 표현되었다. "은행의 손 안에 자신을 들이미는 순간, 은행에 먹혀버리고 말리라는 것은 확실하다."[18]

모든 면에서 탁월한 기업가 역량을 과시하면서 성공가도를 내달린 아녤리였지만, 그에게도 말 못할 고민이 있었다. 그에게는 아들 하나와 딸 하나가 있었는데 그는 외아들 에도아르도가 피아트를 물려받기를 원했다. 그러나 불행히도 에도아르도에게 자동차는 만드는 것이 아니라 탈 것이었다. 그는 사업에 별다른 열의도, 능력도 보여주지 못한 것으로 보인다. 그런 에도아르도마저도 1935년에 불의의 비행기 사고로 사망하자 아녤리 가문의 영지를 이어받을 승계 구도가 묘연해졌다. 물론 에도아르도는 슬하에 2남 5녀를 남겨 아녤리 가문의 대가 끊긴 것은 아니었다. 그러나 장손인 잔니 아녤리는 나이가 아직 너무 어렸다. 게다가 잔니는 할아버지의 반대를 무릅쓰고 2차대전에 하급 기갑장교로 참전하여 북아프리카와 소련, 이딸리아 전선에서 싸우고 있었다. 그런 상황에서 창업자는 1945년에 세상을 떠났다. '아녤리=피아트'라는 등식이 깨지고 한 '산업왕조'가 개창되자마자 문을 닫게 될 판이었다.

전후 피아트의 재건을 책임지고 이끌어간 인물은 창업자 조반니 아녤리의 집사 격으로 통상 '교수'(professore)라고 불렸던 뛰어난 경영자 발레따였다. 그는 이딸리아의 '경제기적'을 대표하는 기업가로서 피아트를 전쟁의 폐허에서 성공적으로 재건했을 뿐만 아니라 글로벌 기업으로 일으켜 세운 장본인이었다. 미국 언론 『포춘』은 발레따가 이끄는 피아트가 이딸리아에서 "가장 거대한 민간 기업"으로서 "이딸리아 경제의 바로미터"를 대표한다고 전하기도 했다.[19] 그가 1967년에 사망했을 때 피아트 그룹 산하에 있던 이딸리아의 대표적 일간지인 『언론』은 그를 가리켜 "피아트의 아버지" 혹은 "피아트의 제1노동자"로 부르며 추모했다.[20] 그런데 정말이지 놀라운 사실은 발레따가 사망하기 1년 전에 피아트의 모든 경영권을 창업자의 손자인 잔니 아녤리에게 고스란히 넘겨주었고, 이때 발레따는 피아트 주식의 1%도 채 안 되는 지분만을 갖고 있었다는 점이다. 발레따가 20년간 전권을 행사하며 피아트를 지배했음을 고려할 때 이런 '부드러운' 승계 과정은 정녕 놀라운 일이었다. 그렇다면 발레따의 예외적인 경영 능력 외에도 회사에 대한 둘도 없는 충성심이 아녤리 '산업왕조'의 계보를 잇게 했다고 단언할 수 있다. 그는 생전에 한 미국 언론과의 인터뷰에서 은퇴 후 계획을 질문받자 피아트를 떠나면 무엇을 해야 할지 모르기 때문에 은퇴 계획은 "가능한 한 빨리 죽는 것"이라고 답할 정도였다(놀랍게도 정말 그렇게 되었다).[21] 요컨대 발레따는 대공위시대 피아트의 충직한 섭정으로서 '산업왕조'의 황금시대를 준비한 위대한 경영자-기업가였다.

피아트의 3세대를 대표한 잔니 아녤리도 발레따만큼이나 흥미로운 인물이다. 그는 발레따 체제 아래에서 일절 경영에 개입하지 않았다. 오히려 그는 리비에라 해안에서 화려하고 방탕한 생활을 즐겼다. 그러나 발레따로부터 경영권을 넘겨받은 후에는 특유의 카리스마로 피아트를 이끌었다. 더블 청재킷의 소매를 바짝 접어올린다거나 와이셔츠 소매 위에 시계를 찬다거나 양복 정장 위에 패딩 점퍼를 걸치는 특이한 패션을 선보이며 전 세계의 유력한 정치인과 기업가, 연예인 들과 거침없이 교우하고 과감하게 발언하면서 늘 언론의 스포트라이트를 받았다. 과연 잔니 아녤리는 당시 많은 언론들이 묘사했듯이 왕이 없는 이딸리아 공화국에서 "왕관을 쓰지 않은 이딸리아 왕"이라고 불리며 20세기 이딸리아 자본주의의 상징적 존재로 군림했다. 그의 시대에 피아트는 한때 포드와 GM 다음의 세계 제3의 자동차기업으로 부상했고, 이에 만족하지 않고 프랑스의 시트로엥(Citroën)까지 인수하려는 야심까지 드러냈다. 그러나 이 시도는 드골(Charles De Gaulle)에 의해 무산되었다. 국내에서는 전통을 자랑하던 자동차업체 알파 로메오를 인수함으로써 완전한 의미에서 이딸리아 시장을 독점했다. 이런 잔니 아녤리의 성공 뒤에는 경영자 로미띠(Cesare Romiti)가 있었다. 그는 피아트의 생산과 판매를 진두지휘했을 뿐만 아니라 정부나 의회와의 협상에서 피아트를 대표했다. 그는 1974년에 피아트에 입사하여 제 실력을 뽐내며 마침내 1980년에 전권을 장악했다. 당대 언론들이 품평했듯이, 로미띠는 "제 마음대로 일했다. 그러나 피아트를 구했다."[22]

발레따와 로미띠의 이야기는 가족기업의 운명에 대해 중요한 한가지 사실을 함축한다. 즉 여러가지 이유로 가족기업 내부의 승계에 문제가 생길 때 이를 해결할 유능한 경영자를 외부에서 적시에 확보할 수 있어야 한다는 사실이 바로 그것이다. 이 점을 바로 꿰뚫어 본 학자가 랜디

잔니 아녤리 가족

스다. 그에 따르면, 아녤리 가문이 발레따와 로미띠라는 두명의 유능하고 충직한 경영자를 가질 수 있었던 것은 "두번의 기적"이었다. 과연 아녤리 가문은 "발레따와 로미띠에게서 사업체를 인수하려고 함이 없이 사업을 경영할 명민하고 빈틈없으며 능력 있는 외부자를 발견했다."[23] 가족기업 자체의 본질적인 폐쇄성에도 불구하고 가족기업은 이렇듯 최소한으로라도 내부와 외부를 접속할 수 있을 때 내적 위기를 극복할 수 있는 것이다.

그러나 아녤리 가문의 기적은 계속 일어나지 않았다. 잔니 아녤리에게도 할아버지와 마찬가지로 승계 문제가 심각한 골칫거리였다. 그는 슬하에 1남 1녀를 두었다. 그러나 외아들 에도아르도는 아버지의 온갖 배려에도 불구하고 사업보다는 점성술과 인도 신비주의 철학에 심취해 있었다(결국 자살로 생을 마감했다). 아들에 실망한 잔니는 동생 움베르또(Umberto)의 아들에게 경영권을 맡기려고 했으나, 조카도 암으로 일찍 사망했다. 남아 있는 마지막 선택은 딸 마르게리따(Margherita)의 아들 존 엘칸(John Elkann)이었다. 2003년 잔니가 사망했을 때 엘칸은 채 30세가 안 된 상태였고, 그가 선대의 기업가 역량의 전통을 이어갈지는 아직 미지수다. 그리고 무엇보다 '엘칸'은 '아녤리'가 아니다. 이런 사실들은 이미 강조했듯이 가족기업과 기업 가문에서 승계 문제가 옆구리에 박힌 가시라는 점을 잘 보여준다. 요컨대 가족기업과 기업 가문은 일단 대가 이어져야 하고 후대가 사업에 관심이 있어야 하며 나아가 사업 능력까지 갖추어야 한다는 조건들이 두루 충족될 때에만 번창할 수 있는 것이다.

시민에서 신민으로

이딸리아의 후발 자본주의는 사회통합을 유지하며 경제발전을 추구하는 과정에서 한편으로 국가라는 제도를, 다른 한편으로 가족이라는 제도를 동원했다. 특히 가족은 야생마처럼 날뛰는 불확실하고 급변하는 시장이라는 말에 안전하게 올라탈 수 있게 해주는 고삐나 안장과 같았다. 가족기업의 경우 가족 구성원들 간의 애정과 신뢰를 통해 기업은 가산을 유지하고 증식하는 훌륭한 수단이 되었다. 그리고 가문의 훌륭한 전통과 명성, 스타일은 기업 문화로 형성되고 브랜드로 정착됨으로써 기업의 경쟁력을 보장했다. 일부 가족기업들은 가족의 재산과 전통을 확실하게 유지하기 위해 친척끼리 결혼하기까지 했다. 6세대 250여 년을 이어온 로스차일드(Rothschild) 가문이 그 유명한 사례다. 확실히, 그런 족내혼은 "가족의 유전적 특징을 좋은 것이나 나쁜 것이나 어떤 것이든 두드러지게 만들었다."[24] 유전이 좋은 쪽으로 작용할 경우 가족기업의 앞날은 유망했다(물론 반대라면 악몽일 것이다). 그런데 가족기업의 전통과 문화는 비단 기업을 소유하고 경영하는 가문 구성원들 사이에서만이 아니라 기업 내부에서 폭넓게 공유되었다. 가족의 제도와 가족주의의 수사가 소유주와 피고용자, 최고경영진과 노동자를 아우르는 통합의 기제로 작동했다. 기업 자체가 하나의 가족인 것이다.

이와 관련하여 피아트가 흥미로운 사례를 제공한다. 피아트에서는 하나의 '대가족'(grande famiglia)으로 표상하는 담론과 이미지가 강력했다. 여기서 가족은 단순한 비유를 넘어 그 자체 실제의 친족관계를 반영했다. 다시 말해, 피아트의 직원이 되려면 가족과 친족 중 적어도 한 명이라도 피아트 직원이 있어야 했다. 그들의 보증과 추천으로만 피아트의 직원이 될 수 있었다는 것이다. 이렇게 '피아트 가족'의 울타리 안에 들어감으로써 노동자들은 이미 앞에서 소개한 피아트 특유의 산업 온정주의가 제공하는 각종의 복지 혜택을 향유할 수 있었다. 이 피아트 가족에 대해 발레따는 1956년의 주주총회에서 다음과 같이 말했다. 이 말은 이미 앞에서도 언급된 바 있지만, 여기서 재차 인용될 가치가 충분하다.

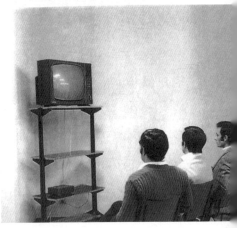

위 또리노의 피아트 노동자 주택단지
아래 피아트 노동자 주택에서의 일상생활

피아트에 적어도 한명의 부모나 다른 친척을 두지 않은 피아트 노동자나 직원은 소수에 불과합니다. 똑같은 회사에서 일하는 아버지, 어머니, 자식, 남편과 아내, 형제자매들은 회사의 연대성과 단체정신을 함양하는 혈연적 유대의 씨줄과 날줄을 이루고 있습니다. 자식은 부모의 작업을 이어받습니다. 피아트의 작업 라인에서 세대는 가족을 통해 계승되고 있습니다.

이 피아트 특유의 가족주의는 피아트의 노동력이 1950년대와 1960년대 북부 산업도시인 또리노로 이주한 남부 이민자들로부터 충원되던 특정한 상황에서 기능한 것으로 보인다. 산업 문화에 처음 노출된 이민자들이 빠른 시간 안에 근대산업에 적응하기 위해 가족주의가 일종의 윤활제로 기능했다는 것이다. 가족이라는 운명 공동체로 묶인 피아트 노동자들은 강한 결속력과 일체감으로 라인에서 작업했다. 피아트 경영진은 이 가족주의에 삐에몬떼 지역주의를 곁들여 피아트 특유의 조직 문화를 완성하고자 했다. 근면과 복종을 미덕으로 찬양하는 **삐에몬떼주의(piemontesismo)**는 피아트 노동자들에게 일종의 이데올로기적 규율로 작용했다.[25] 잔니 아넬리는 이 삐에몬떼주의의 핵심에 있는 또리노인들의 독특한 기질과 품성을 피아트의 태생적인 기업 정체성과 문화로 내세우며 다음과 같이 삐에몬떼주의를 정의했다.

우리 또리노인들은 자신의 조국에서 다소 이방인이라고 느낍니다. 우리는 산악인입니다. 또리노는 고대 병영 도시 중 하나였고, 의무가 권리에 선행하며, 가톨릭에는 얀센주의의 피가 흐르고, 대기는 차가우며, 사람들은 일찍 일어나 일찍 잠에 들고, 반파시즘은 진지하며, 그에 못지않게 노동과 이윤 역시 진지한 것입니다.[26]

과연 '삐에몬떼화'는 미국에서 포드가 이민 노동자들을 '미국화'하여 근대 산업에 적합한 성실하고 순종하는 이상적 노동자를 만들려고 한 것을 연상시킨다. 그렇다면 피아트 노동자들은 이처럼 삐에몬떼 향토애와 결합된 피아트 가족주의를 어떻게 받아들였는가? 이 질문에 대한 대답은 단순하지 않다. 최선의 답변을 찾는 데는 노동사가 무소(Stefano Musso)의 관찰이 도움이 된다. 그에 따르면, 첫번째 부류의 노동자들은 실제로 피아트 가족에 속한다는 감정을 강하게 느꼈다. 두번째 부류의 노동자들은 냉소적으로 일한 만큼 받는다는 계약적 관계로 생각했다. 세번째 부류의 노동자들은 피아트 가족에 속한다고 느끼지는 못했지만, 최소한 자신들이 상대적으로 낙후된 이딸리아의 경제 상황에서 상대적으로 '특권 공동체'에 속한다고 느꼈다. 그러나 서로 다른 태도들 사이에 적어도 한가지 공통된 느낌이 있었는데, 바로 피아트가 엄격한 노동 규율이 관철되는 공동체라는 느낌이 그것이었다.[27]

바로 이 대목에서 가족은 사랑이 꽃피는 사적 공간이 아니라 무미건조한 명령이 오가는 지배 공간으로 전환된다. 그리고 근면과 복종을 찬양하는 삐에몬떼주의는 작지만 강력한 삐에몬떼 절대왕정을 지배했던 군사적 규율, 즉 싸보이아주의(sabaudismo)로 변형된다.[28] 엄격한 노동 규율을 준수하지 않는다면 어느 누구도 피아트에서 일할 수 없었다. 피아트에서 권위와 복종의 관계는 군대의 그것이나 다름없었다. 피아트에서 널리 통하던 표현들이 그점을 잘 보여준다. 최고경영진은 '참모본

싸보이아주의의 상징 에마누엘레 필리베르또 동상

부'(Stato maggiore)였고, 노동자는 '병사'(soldati)였으며, 발레따는 이 양자를 연결해줄 '하사관'(sottufficiali)을 양성하는 피아트 학교(Scuola allievi Fiat) ─ 오직 피아트 직원의 자제만이 엄격한 심사를 거쳐 입학할 수 있는 ─ 에 큰 기대를 갖고 과감하게 투자했다. 이처럼 피아트에서 기업은 가족이면서 동시에 군대였던 셈이다.

요컨대 이런 군대의 은유가 웅변하듯이, 피아트는 언제나 권위주의적인 군사적 리더십에 의해 지배되었다. 이미 앞에서 잔니 아넬리가 구사한 비유를 재활용하자면, 피아트는 고대 병영 도시가 낳은 근대적 파생물이었던 것이다. 다시 잔니 아넬리를 인용하면, 피아트에서 의무는 늘 권리에 선행했다. 피아트 노동자들은 회사에 무언가를 요구하기 이전에 회사 경영진의 명령에 일사불란하게 복종해야 했다. 그렇다면 피아트에서 자본주의는 바로크 시대에서 격세유전된, 그 옛날의 고색창연한 군사적 규율에 따라 철저하게 길들여져 있었다고 할 수 있다.

이런 측면에서 피아트 노동자는 시민(citizen)이기 이전에 신민(subject)이었다. 시민이 동등한 권리를 향유하는 통치의 대상이자 동시에 주체라면, 신민은 권리 이전에 의무에 묶여 있는 통치의 대상이다. 따라서 피아트는 권위와 복종의 관계로 신민을 통치하는 일종의 구체제(ancien régime)에 비유될 수 있다. 아넬리와 발레따는 루이 16세였고, 노동자들은 왕의 안수를 기다리는 왕국의 백성이었다. 그러나 프랑스혁명이 보여주었듯이, 착하고 순박한 백성들은 언제나 한순간에 폭도로 돌변할 수 있다. 그리고 프랑스혁명의 공포정치가 보여주듯이 이들에 의해 왕족과 귀족 들은 끝내 죽임을 당하곤 했다. 이처럼 혁명 과정에서 정치화된 과격한 민중, 즉 상퀼로트(sans-culottes)의 유령은 피아트 구체제에서도 어김없이 배회했다.[29] 이로부터 공포정치에 대한 공포가 특정한 방식으로 피아트 경영에 영향을 미쳤으리라고 추론할 수 있다. 과연 피아트에서 노동자의 굽은 허리는 상퀼로트의 점증하는 불만을 야기했고, 1943년 3월 총파업은 그런 불만이 봉기로 전환되었음을 보여주었다. 그리고 '경제기적'의 끝물에서 다시 터져나온 1962년 피아트 총파

244

피아트의 '뜨거운 가을'(토리노, 1969)

업과 1969년 "뜨거운 가을"(autunno caldo)[30]은 바로 구체제에 반항하는 상퀼로트의 부활을 고지했다.

경영혁신과 노동통제

'뜨거운 가을'은 변곡점이었다. 그 이후 상황은 크게 뒤바뀌었다. 창업자 아넬리와 발레따가 초석을 놓은 가부장적 온정주의의 상부구조와 인프라가 뿌리째 흔들리고 있었다. '뜨거운 가을'은 하나의 중요한 진실을 드러냈다. 문맹률이 높은 남부 이민 노동력의 공급이 급속히 감소하면서 그만큼 저렴하고 순응적인 노동력을 무제한적으로 이용할 수 있는 가능성이 사라지고 있었던 것이다. 또한 제도적으로는 물가에 연동된 임금 결정 방식(scala mobile)이 도입되어 기업 입장에서 노동비용이 상승했다. 그러므로 '뜨거운 가을' 이후 피아트 최고경영진은 완전히 구체제로 돌아갈 수는 없지만 적어도 두려움을 야기하는 또다른 민중봉기를 예방하기 위한 '테르미도르의 반동'을 선제적으로 기획해야 했다. 이 반혁명은 1973~74년의 석유파동 이후 가열되기 시작한 글로벌 경쟁에서 살아남기 위해 추진한 혁신과 나란히 전개되었다. 이 각각의 혁신 자체가 명백히 노동력의 절감과 통제를 겨냥한 기업의 신중한 사회적 전략의 일환이기도 했다.

이미 피아트는 1960년대부터 노동자들의 집중을 막기 위해 신중하고 점진적인 방식으로 지리적 분산화를 추구했다. 피아트의 주력 공장들인 린고또와 미라피오리 외에 미라피오리에서 약 10km 떨어진 곳에 리발따(Rivalta, 1967년부터 생산 개시)와 역시 삐에몬떼 주의 까시노(Cassino, 1972년 개장) 공장들, 그리고 시칠리아 빨레르모의 떼르미니 이메레세(Termini Imerese, 1970년 개장) 공장을 건설했다. 또한 피아트는 제1차 석유파동의 위기에 맞서 그룹의 자동차산업 부문을 줄이면서 사업의 다각화를 추진했다. 1975년 상용차 전문 제작업체인 이베꼬(IVECO)의 설립을 필두로 중장비, 공장기계, 생명공학, 통신, 보험 등 비자동차 부문에의 투자를 크게 늘렸다. 그러나 1980년대 초 제2차 석유파동 위기가 닥쳐오자 다시 자동차 부문에의 투자를 늘려 피아트 역사상 최대 판매모델인 '우노'(Uno)를 1982년에 출시했다. 그러면서 피아트 경영진은 로봇을 대규모로 이용하는 생산의 **자동화**를 추진하면서 노동력을 절

피아트 멜피 공장

감하고 대량 해고와 노조 무력화를 통해 우위를 확립해나가기 시작했다.[31] 이처럼 이 시대 피아트가 추구한 분산화, 다각화, 자동화는 자본주의를 혁신하는 과제와 자본주의를 길들이는 과제를 동시에 추구한 주도면밀한 경영 전략이었던 것으로 평가된다.

1980년대에 피아트의 경영 전략은 주효하여 1985년에 주요 사업 부문이 모두 흑자로 돌아섰으나, 이는 일시적이었다. 다시금 1990년대에 들어 유럽 경기가 후퇴하고 글로벌 경쟁이 격화됨에 따라 피아트는 경영위기를 맞이하게 되었다. 1980년대만 해도 피아트 자동차의 내수 시장 점유율은 60%를 꾸준히 유지했으나, 1990년대에 들면서 40%대로 추락했다. 이에 피아트 경영진은 이른바 '탈이딸리아'로 불릴 수 있는 세계화 전략을 추진하여 국내 생산 비중을 줄이고 동유럽과 라틴아메리카 등의 현지 생산과 신흥 시장 판매를 늘리기 시작했다. 이에 따라 국내 공장들이 폐쇄되었다. 1992년 피아트 브랜드 자동차를 생산하던 끼바소(Chivasso) 공장과 란차 브랜드 자동차를 생산하던 데시오(Desio) 공장이 폐쇄되었고, 이듬해에는 인노첸띠(Innocenti) 자동차를 생산하던 람브라떼(Lambrate) 공장이 문을 닫았다. 이와 동시에 피아트는 국내에서 새로운 공장의 문을 열기도 했는데, 남부의 멜피(Melfi) 공장이 그 사례다. 1994년에 공식 개장한 멜피 공장은 연간 45만대의 자동차 생산 능력을 갖춘, 당시 "세계에서 가장 현대적인 시설"이었다. 그 이전까지 전혀 산업시설이 없었던 바질리까따주 뽀뗀짜(Potenza) 근교의 농촌에 이만한 대규모 첨단 공장이 들어선 것은 그 자체 경이로운 사건이었다. 이처럼 공장 건설에 막대한 자금을 투자한 것은 아마도 남부투자에 대한 정부 지원을 겨냥한 것이었겠지만, 동시에 실업률이 높은 남부에서 저렴하고 노동조합 가입률이 저조한 유순한 노동력의 저수조를 이용하려는 의도에 따른 것이기도 했다.[32]

과연 멜피 공장은 이전 시대 린고또와 미라피오리가 그러했듯이 그 자체 거대한 혁신의 상징이었다. 멜피는 이른바 '통합 공장'(fabbrica integrata)을 지향했다. 통합 공장의 발상은 전통적인 테일러주의에서 분리 운영되던 기능별 조직들을 과정 중심으로 통합하여 현장 수준에서 자율적으로 문제를 해결한다는 것에 기초했다. 그리하여 경영 위계를 축소하고 작업반을 분권화하며 직접 라인 작업과 생산기술 등의 간접 작업을 통합했다. 이처럼 통합 공장은 경영진과 노동자의 신뢰와 협력, 집합적 학습 능력의 제고를 강조했으나, 고용 유연성이 추구되고 경영진의 작업반장 임명권이 유지되며 오히려 사회통제 양상을 강화하기도 했다. 또한 피아트 경영진은 상대적 저임금과 순응적 노동력을 이용하기 위해 1990년대에 적극적으로 외주화와 부품업체의 재구조화를 추진했다. 그리하여 멜피 공장에서는 완성차 조립 공장과 부품 공장의 지리적 거리가 극복되고 부품업체들이 설계와 개발 단계부터 참여했다.[33] 이런 방식으로 피아트는 **경영혁신**과 노동력에 대한 **사회통제**를 결합시켜나갔다.

제9장

가족 자본주의(II): 소인들

제3의 이딸리아

이딸리아 경제를 국가 자본주의라거나 가족 자본주의로 지칭하는 것은 결코 칭찬이 아니다. 오히려 그럴 듯한 개념들 뒤에 숨어서 이딸리아 자본주의를 비난하는 것에 가깝다. 국가 자본주의와 가족 자본주의는 이딸리아가 정상적인(!) 자본주의가 아니라는 걸 암시하는 완곡한 표현인 것이다. 일반적인 상식과 통념에서 볼 때, 자본주의적 경제발전에서 국가의 위세는 곧 기업가 정신의 약세를 의미하고, 가족의 이례적 존재감은 곧 시민사회와 민주주의의 위축을 함의한다. 이딸리아의 경제발전은 기업가 정신과 민주주의의 상실이라는 대가를 치른 뒤에야 가능했다는 것이 중론이다. 말하자면 경제는 진보하되 사회는 후퇴한다는 것이 이딸리아의 경제발전에 잘 들어맞는 공식인 듯하다. 이런 맥락

250

에서 이딸리아의 급진적 영화감독이자 시인인 빠솔리니(Pier Paolo Pa-solini)는 자기 나라를 가리켜 "겨우 텔레비전을 장만한 오두막"에 비유하기도 했다. 이 비유에서 텔레비전이 경제발전의 성과를 상징하는 반면, 오두막이 경제발전에도 불구하고 그에 걸맞지 않게 남루하고 누추한 상태를 벗어나지 못한 사회를 암시한다는 것을 알아채기란 그리 어렵지 않다.

그러나 이와는 달리 이딸리아의 경제발전이 기업가 정신과 민주주의의 진전과 더불어 이루어졌다고 주장하는 또다른 강력한 논거가 있다. '제3의 이딸리아'(terza Italia, third Italy)에 대한 논변이 그것이다. 이런 논변에 따르면, 이딸리아의 경제발전은 최소한 세개의 서로 다른 지리적·영토적 발전양식들의 공존이라는 견지에서 파악되어야 한다. 예컨대 이딸리아 사회학자 바냐스꼬(Arnaldo Bagnasco)는 『세개의 이딸리아』라는 널리 인용되는 저작에서 이딸리아 자본주의가 "영토적 기반에서 세개의 서로 다른 사회구성(체)들의 접합과 상호연관"을 통해 발전했다고 주장했다. 여기서 첫번째 이딸리아란 또리노-밀라노-제노바를 잇는 북서부 "산업 트라이앵글" 지역을 말한다. 이 지역에서는 포드주의적인 대량생산·대중소비 양식에 입각하여 전형적인 근대적 산업기업들이 발전했다. 두번째 이딸리아는 농업 위주의 후진적 남부를 뜻한다. 이곳은 기생적이고 정체된, 빠솔리니의 비유를 패러디하면, 텔레비전도 장만하지 못한 오두막이다. 전통적인 시각은 이 북부(공업)와 남부(농업)라는 이원성의 틀에서 이딸리아 경제를 파악했다. 그러나 바냐스꼬는 이 두개의 이딸리아 사이에 세번째 이딸리아가 위치한다고 보면서 이딸리아 자본주의를 이원성이 아닌 **삼원성**의 틀에서 한결 복잡한

방식으로 제3의 발전양식을 이론화하고자 했다.[1]

제3의 이딸리아는 어떤 이딸리아인가? 일단 지리적으로 보면, 중부 및 북동부 지역, 즉 또스까나와 에밀리아로마냐, 움브리아, 마르께, 베네또, 프리울리 등의 지역을 가리킨다. 따라서 제3의 이딸리아는 이 지역의 독특한 발전양식을 뜻한다. 그러면 어떤 발전양식인가? 그것은 한마디로 중소규모 가족기업〔예컨대 의류업의 경우 대기업이라고 부를 수 있는 경우는 베네똥(Benetton)과 씨민트(Simint) 정도이고 이 분야에 종사하는 68%의 노동자가 10명 이하의 종업원을 가진 기업에서 일한다. 또한 산업용 로봇 부문에서 생산량의 약 1/3이 종업원 50명 이하의 기업들에서 제작되었다〕[2], 다품종 소량생산 및 유연 특화생산, 공업활동과 농업활동의 연계, 자율적 지방 문화가 어우러지면서 형성된 독특한 경제발전 양식이다. 이 양식은 '산업 트라이앵글'을 특징짓는 포드주의 축적 체제와 구별되는 **포스트포드주의** 축적 체제를 대표한다. 이 새로운 축적 체제는 주로 섬유, 제화, 가구, 세라믹, 농업기계, 정밀기계 등의 산업 부문에서 고부가가치를 생산함으로써 이딸리아 경제발전에서 황금알을 낳은 거위였다고 평가된다. 제3의 이딸리아에서 첨단 테크놀로지를 적용하면서도 이를 대량생산이 아닌 수공업적 장인생산과 결부시키는 능력은 전통과 근대성의 기막힌 융화를 상징한다. 철저한 수공업적 방식으로 생산되는, 무시무시한 마력을 가진 엄청난 고가의 스포츠카가 생산되는 장면을 떠올리면 그런 전통과 근대성의 조합을 쉬이 이해할 수 있으리라.

제3의 이딸리아에서 주목할 점은 고부가가치를 생산하는 중소규모 가족기업들이 각기 고립된 것이 아니라 군집을 이룬다는 것이다. 이 군집이 바로 '산업단지'(industrial district)[3]다. 그리고 산업단지는 당연하게도 강력한 자율성과 독립성을 누리는 지역적·지방적 자치 정부의 존재를 전제로 하고 있다. 지방자치 정부들은 직업훈련, 기술과 마케팅 비용, 연구개발 등을 공유하는 촘촘한 사회적 네트워크를 발전시켰다. 특히 인상적인 것은 가족 내 여성도 경제활동에 전념할 수 있도록 육아와 세탁 등 양질의 사회적 서비스를 제공했다는 점이다. 지방자치 단체의 이러한 적극적인 지원이 없었다면 지방의 사회자본을 토대로 한 중소규모 가족기업들의 발전은 결코 상상할 수 없었을 것이다. 요컨대 이 새로운 산업 중심지들의 진정한 힘은 의심의 여지없이 가족과 친족, 이웃 관계 등을 아우르는 사회적 네트워크를 동원하여 '경쟁'과 '협력'을 적절히 배합하는 능력에 있었던 것으로 보인다. 이런 능력을 토대로 중소규모 가족기업들은 지역사회를 파괴하는 것이 아니라 지역사회와 동행하는 방식으로 자본주의적 발전을 사회적 조화와 결합시켜나갈 수 있었을 것이다.

제3의 이딸리아 모델은 이딸리아 밖의 학자들로부터 폭넓은 관심과 지지의 대상이 되었다. 가령 쎄이블(Charles F. Sabel)과 자이틀린(Jonathan Zeitlin)은 제3의 이딸리아로 상징되는 유연생산 방식이 "대량생산에 대한 역사적 대안" 중의 하나라고 간주했다.[4] 그런가 하면 피오르(Michael J. Piore)와 쎄이블도 그와 비슷한 맥락에서 "대규모 조립 라인 공장"의 한계를 적시하면서 "유연 특화 체제"의 타당성과 유효성을 강조했다. 흥미롭게도 이들은 새로운 생산양식의 정치적 함의까지 탐색했다. 즉 새로운 대안적 생산 체제는 이른바 "요먼 민주주의"(yeoman democracy)라는 새로운 대안적 정치형태를 낳을 가능성이 있다고 예

측했다. 여기서 '요먼'이란 영국의 독립적 중소 자영농을 가리킨다. 그
러므로 요먼 민주주의란 독립 생산자들의 폭넓은 자치 민주주의를 뜻
한다. 피오르와 쎄이블은 요먼 민주주의를 공동체를 전제로 하는 "일종
의 집산적 개인주의"이자 "숙련 생산의 협동적 경쟁의 정치적 등가물"
로 정의했다. 그리고 이렇듯 개인과 공동체, 경쟁과 협동을 결합하는 독
특한 민주주의에서 국가는 시장 거래가 특정 집단에만 유리하게 진행
되지 않도록 보증하는 조정자의 역할을 한다. 피오르와 쎄이블에 따르
면, 이런 발상은 새로운 것이 아니라 이미 19세기 후반 "노동 기사단"
(Knights of Labor)[5]이나 일련의 민중주의적 반란들에서 나타났던 것이
다.[6]

이딸리아가 장인생산과 틈새시장에 기초한 중소규모 가족기업들의
역동성을 통해 경제발전을 성취했다는 것은 분명한 역사적 사실이다.
그러나 제3의 이딸리아는 '3'이라는 숫자가 암시하듯이 이딸리아의 전
부가 아니라 일부다. 그런데도 제3의 이딸리아를 주장하는 논자들은 제
3의 이딸리아야말로 이딸리아 경제의 진정한 힘을 표상한다고 강조함
으로써 부지불식간에 다른 이딸리아들을 폄훼하는 경향이 있다. 천편
일률적인 발전을 이어온 제1의 이딸리아나 후진성을 면치 못한 제2의
이딸리아 모두 제3의 이딸리아라는 시각에서 보면 비효율적이고 불안
정한 지리적·영토적 발전양식을 드러낼 뿐이다. 특히 북부의 '산업 트
라이앵글' 지역은 외관상의 산업적 성취에도 불구하고 실은 정부의 특
혜와 보조금으로 연명한 기생적 부문으로 간주되곤 한다. 이 북부의 대
기업들을 그렇게 단순히 과소평가해도 괜찮은가?

랜디스는 이런 시각에 정면으로 반기를 들었다. 그는 "작은 것"이 반

드시 "아름다운 것"은 아니라고 단정했다. 대량생산 체제를 갖춘 대기업은 여전히 "거대한 다수 소비자들의 필요와 수단에 가장 적합한 '유일한' 생산양식"이라는 것이다. 요컨대 랜디스에게 유연 특화란 현실적인 역사적 대안이 아니었다. 한마디로 신화라는 것이다. 즉 정치가들이 신화를 먹고사는 건 어느정도 이해가 되지만 학자들은 현실을 직시할 의무가 있다는 것이 랜디스의 확신이었다.[7] 그런가 하면 충분히 예상할 수 있듯이, 챈들러 학파의 학자들도 학계의 트렌드가 지나치게 소규모 기업이나 네트워킹, 동맹 체제 등의 문제들에 쏠리는 경향을 경계하면서 여전히 대규모 산업기업들이야말로 제2차 산업혁명 이후 주요 산업국들의 경제발전과 국제경제의 역동적 성장에서 중심적인 역할을 수행했다는 사실을 환기시키고자 노력한다.[8]

다른 한편, 후쿠야마(Francis Fukuyama)는 제3의 이딸리아가 갖는 이점을 인정하면서도 이 소규모 기업들의 수명이 짧고 영세하다는 점, 무엇보다 효율적 경영 관행을 수용하지 못한다는 한계를 거론했다. 그는 제3의 이딸리아를 '이딸리아의 실리콘밸리'로 비유했는데, 미국의 실리콘밸리에 유치된 소규모 벤처기업들이 나중에 인텔과 휴렛팩커드 등의 경영 대기업으로 성장한 반면, 제3의 이딸리아에서는 베네똥이나 베르사체(Versace) 정도를 제외하면 해당 부문에서 막강한 영향력을 행사하는 경영 대기업의 출현을 찾아볼 수 없다는 점에 주목했다. 그런 점에서 제3의 이딸리아의 중소기업들은 일정 부문에서 특화하는 데는 이로울지 몰라도 새로운 시장과 기술을 이용하여 효율적으로 변모하는 데는 무능력할 수 있다고 보았다. 요컨대 이들 중소규모 가족기업들은 그 자체 이점인 동시에 제약이라는 것이다.[9]

이런 비판들을 염두에 두면, 제3의 이딸리아에 대한 논변을 신중하게 받아들일 필요가 있다. 제3의 이딸리아가 보여준 역동성을 과소평가하지 않으면서 전통적 대기업들이 보여준 활력을 십분 인정할 필요가 있다는 말이다. 예컨대 피아트와 삐렐리, 팔끄, 에디손, ENI 등을 연구하지 않고서 이딸리아 자본주의의 역동적 발전의 역사를 이해할 수 있는가? 아마 그럴 수는 없을 것이다. 대기업들은 경제 분야에서뿐만 아니라 정치, 사회, 문화 등 모든 분야에서 막강한 영향력을 행사했다. 이딸리아를 오로지 소기업과 장인의 나라로 보는 것만큼 편향된 시각도 없으리라. 요컨대 제3의 이딸리아는 제1의 이딸리아를 대체하는 것이 아니다. 전형적으로 도시적이고 집중적이며 대규모적인 산업은 전형적으로 농촌적이고 분산적이며 소규모적인 산업과 **모순적으로 접합**되어 있었다. 이 모순적 접합이야말로 이른바 '이탤리언 스타일'인 것이다. 그러므로 제3의 이딸리아의 존재가 아니라 제1의 이딸리아와 제3의 이딸리아의 모순적 접합 자체가 이딸리아의 경제발전의 진정한 특수성일 것이다.

사회자본과 경제발전

제3의 이딸리아가 보여준 특별한 경제적 활력과 역동성은 학자들의 주목을 끌었다. 특히 정치학자 퍼트넘(Robert D. Putnam)이 흥미로운 연구를 수행했다. 그는 이딸리아를 경험적 사례로 하여 "강하고 반응성 있고 효율적인 대의기구를 창출하는 조건"을 연구하면서 성취도가 큰 좋은 정부가 활력 있는 시민공동체의 존재와 깊은 관련이 있음을 밝혀냈다. 그에 따르면, 특정의 생동감 넘치는 시민공동체들은 시민성을 나타내는 지표들이 높다. 예컨대 스포츠클럽과 문화단체, 조류관찰모임과 사냥단체 등 결사체에의 참여율과 신문 구독률, 국민투표 등 정치활동에의 참여도가 모두 높다. 이 지표들은 중부의 에밀리아로마냐나 또스까나가 월등히 높고 깔라브리아나 뿔리아 등 남부 지역들은 현저히 낮다. 그리고 이런 성향은 전자 지역에서 사회적 신뢰(사회자본)와 공공정신이 강한 반면, 후자 지역에서는 약한 추세와도 일치한다. 예컨대 깔라브리아에서 제일 먼저 눈에 띄는 것은 "경계의 눈빛"인 데 반해 에밀리아로마냐에서는 사회적 연대성의 네트워크에 기반을 둔 선진 기술 사회를 확인할 수 있다.[10]

그런데 흥미로운 것은 시민성이 높은 지역들은 에누리 없이 경제적으로도 발전했고, 시민성이 낮은 지역들은 예측할 수 있듯이 경제적으로도 낙후했다는 것이다. 시민성과 경제발전이라는 두 변수 가운데 어느 것이 원인이고 결과인지 특정하기는 쉽지 않지만, 대체로 시민성이 높은 지역에서 경제발전이 활발하게 이루어진 것으로 보인다. 이런 맥락에서 퍼트넘은 제3의 이딸리아의 사례를 거론했다. 이 지역에서 산업단지들의 성공은 대체로 상호성의 규범 및 시민 참여의 네트워크에 달려 있었다는 것이다. 혁신은 "까페와 술집에서 그리고 거리에서 계속 비공식적 교류"가 이루어지는 데 좌우된다는 것이다. 신용과 성실성, 시민적 의무감이 경제활동을 지지하고 촉진하는 것이다. 이런 시민적 덕성들은 제도에 의해 뒷받침되고 역사적으로 형성되었다. 반면, 시민적 덕성이 제도적으로나 역사적으로 발달되지 못한 지역에서는 경제가 번성할 수 없다. 예컨대 18세기 나뽈리의 경제학자 제노베시(Antonio Genovesi)는 위조화폐들이 범람했던 나뽈리의 사회적 신뢰도가 "야만의 상태"에 가깝다고 개탄했다. 거기서는 "왼손으로 돈을 동시에 받아야만 오른손으로 물건을 주는 야만의 상태에 처해 있었다." 이처럼 신뢰도가 바닥인 사회에서 경제가 발달할 리는 없을 것이다.[11]

후쿠야마는 퍼트넘의 주장을 다소 완화시킨 상태로 받아들였다. 후쿠야마는 사회자본과 경제발전의 긴밀한 연관을 인정했다. 제3의 이딸리아가 보인 경제적 활력과 역동성이 그점을 입증해준다는 것이다. 그는 사회자본의 축적도가 높은 중부가 사회적 불신이 만연한 남부에 비해 경제적으로 훨씬 더 혁신적이라고 보았다. 그런데 사회자본의 축적도는 신뢰의 범위가 가족을 넘어서는 걸 뜻하는데, 사회자본의 축적도가 가장 높은 중부에서 남부와 마찬가지로 소규모 가족기업이 우세한 사실은 설명하기 어렵다고 후쿠야마는 의문을 제기했다. 여기에는 두 가지 설명이 있을 수 있다. 하나는 제3의 이딸리아에서 중요한 것은 개별 가족기업이 아니라 가족기업들을 연결해주는 네트워크라는 설명이다. 제3의 이딸리아에서 가족기업들은 전문적이고 기능적인 토대에 기초하여 혈연을 뛰어넘는 협력을 조직한다는 것이다. 다른 하나는 가족기업의 우세와 사회적 신뢰도 사이에 필연적인 연관이 없다고 보는 설명이다. 중부에서는 대규모 복합가족이 우세한 데 비해 남부에서는 핵가족이 우세하다. 그런 점에서 중부는 남부보다 어쩌면 가족주의가 더 강하다고 할 수 있다. 이 지역에서 가족기업들이 우세한 까닭이다. 그러나 다른 한편으로 중부에서는 퍼트넘이 잘 보여주었듯이 공화주의적 시민성이 강하다는 점에서 신뢰의 범위가 가족을 벗어날 수 있게 해주면서 사회적 네트워크를 통해 가족기업들이 발달했다. 반면, 남부에서는 신뢰가 핵가족에 갇혀 있으면서 동시에 시민성도 약하므로 활력 있는 경제가 나타날 수 없었다.[12]

다른 한편, 정치학자 콘은 퍼트넘의 견해를 좀더 적극적으로 비판했다. 비판의 요지는 퍼트넘이 스포츠클럽이나 조류관찰모임 등의 사교모임은 강조하면서 정작 노동조합이나 협동조합 등 정치적 성격의 결사체는 시야에서 놓쳤다는 것이다. 즉 사회성을 강조하면서 정치성을 희생시킴으로써 결과적으로 갈등 배제적 관점에 경도되었다는 말이다. 콘은 제3의 이딸리아의 핵심 지역으로서 사회자본의 축적도가 높은 에밀리아로마냐-또스까나-움브리아 등 이른바 "붉은 벨트" 지역이 공산당의 지방정부가 강한 곳임에 주목했다. 이 지역들에서는 좌익 정당의 지배 아래에서 붉은 하위문화와 조직이 발전했다. 반면, 제3의 이딸리아를 이루는 또다른 지역인 베네또에서는 가톨릭교회와 기민당의 우위 속에서 백색 하위문화가 발전했다. 콘은 위계적이고 권위주의적인 경향이 강한 베네또보다는 시민 참여를 독려하고 민중 지향성이 강한 '붉은 벨트'에서 시민적 덕성과 네트워크가 상대적으로 더 많이 발전했다고 하여 후한 점수를 주었지만, 그럼에도 백색 지역이건 적색 지역이건 공히 정당과 그에 부속된 정치적 공간과 제도가 시민사회와 민주주의의 발전을 위한 기회를 보장한다고 주장했다. 요컨대 콘은 **사회적 신뢰**보다 권력에 대한 저항 능력을 포함하는 **정치적 참여**가 생동감 넘치는 시민공동체의 발전과 자치 민주주의의 발전에 더 많이 기여한 요소로 보았다.[13]

공산당의 이데올로기적 경직성을 고려하면 공산주의가 민주주의의 발전에 기여했다는 콘의 설명은 받아들이기 힘들다.[14] 그러나 콘은 공산주의 이전의 사회주의 역사에 주목했다. 이미 19세기에서 20세기로의 전환기에 이딸리아에서 활짝 개화된 지방자치주의의 전통이 민주주의적 시민사회의 발전을 촉진했다는 것이다. 특히 '이딸리아의 베른슈타인'(Eduard Bernstein)이라고 불러도 좋을 정도로 교조적 맑스주의에서 탈피하여 사회주의를 현실적으로 가능한 개혁의 도구로 삼으려고 노력한 수정주의자 뚜라띠(Filippo Turati)로 대표되는 개량적 사회주의 혹은 사회민주주의의 경향이 지방자치주의와 시민적 민주주의의 발전에 결정적으로 기여했다는 것이 콘의 견해였다. 그러나 모난 돌이 정을 맞는 법이다. 북부와 중부에서 발전한 기층 민중의 민주적인 사회정치적 공간과 제도는 파시즘의 망치에 의해 두들겨 맞게 되었다. 밀라노 주변과 에밀리아로마냐 지역이 파시즘의 온상이 된 것은 일견 역설이지만, 실은 역설이 아니었다. 왜냐하면 이 지역들은 민주주의가 강했기에 파시즘의 타격 대상이 되었고, 그럼으로써 결국 파시즘의 아성이 된 것이기 때문이다. 그러나 파시즘의 패망 이후 반파시즘의 합의와 잠재된 시민적 전통의 부활을 통해 다시금 에밀리아로마냐 등 중부 지역은 활력 있는 사회적 유대망과 시민적 제도를 발전시킬 수 있었다.[15]

만일 지방자치주의와 풀뿌리민주주의에 근거하며 기성 권력에 도전한 좌파 정치문화가 북부 및 중부 이딸리아에서 발전했고, 이것이 제3의 이딸리아가 보여준 경제적 역량과 연관이 있다면, 이는 이딸리아 자본주의의 예외적인 소화력과 흡수력을 보여주는 흥미로운 증거로 보인다. 쉽게 말해, 이딸리아 자본주의는 사회주의와 공산주의라는 정치적·이데올로기적 제도와 이념까지 경제발전에 동원할 줄 알았던 것이다.

그렇다면 이딸리아 자본주의는 한편으로 파시즘이 전수한 비대한 국가 기구의 유산을 활용하고 다른 한편으로 사회주의와 공산주의의 저항과 지방자치주의의 전통을 전유하면서 전후 '경제기적'의 성취를 이룬 셈이다. 이처럼 전통은 진보를 억누른 바윗돌이면서 동시에 진보를 향한 디딤돌이었던 것이다. 삐노끼오를 사랑하는 명랑한 이딸리아인들이 파시즘과 공산주의라는 육중한 정치 이데올로기를 만들어낸 것도 놀랍지만, 그런 경직된 이데올로기를 태연히 경제발전에 끌어들일 수 있었던 것은 더욱 놀라워 보인다. 비록 그런 '이탤리언 스타일'의 경제발전이 숱한 폐해를 낳은 것은 분명하고 그 미래도 다분히 불투명하지만, 그럼에도 이딸리아 자본주의의 역사적 성취는 앞으로도 미스터리에 싸인 채 경이로운 연구 대상으로 남을 것이다.

미시적 기업가 역량의 탄생

퍼트넘과 후쿠야마, 콘은 공히 사회자본과 경제발전, 경제발전과 가족기업의 연관을 나름의 방식대로 설명했다. 그러나 특히 제3의 이딸리아의 척추를 이루는 중소규모 가족기업들에 대한 그들의 설명은 너무 일반적이고 가설적이어서 아쉬움을 남기는데, 경험적 연구에 의해 보완될 필요가 있다. 역사가인 불(Anna Bull)과 코너(Paul Corner)가 그런 귀중한 경험적 연구를 수행했다. 그들은 형식적으로 제3의 이딸리아에 속하지는 않지만 내용적으로는 제3의 이딸리아와 대체로 흡사한 면모를 보이는 북부 롬바르디아 농촌지역에서 발전한 가족기업들의 역동

미시적 기업가 역량의 산실, 작업장이 딸린 농가

성을 미시적 시각에서 관찰했다. 그들은 이 경험적인 미시사 연구를 통해 이딸리아 농촌지역의 가난한 가족들이 수 세대를 거치며 생존을 위해 가족기업을 창업하고 이를 수성하기 위해 눈물겹게 고투한 창세기를 파노라마처럼 우리 앞에 펼쳐 보여주었다.

불과 코너가 펼쳐내는 역사의 주인공은 바로 롬바르디아 알또 밀라네제의 농민-노동자 가족들이다. 이 가족들은 농업과 제조업을 넘나드는 이른바 **"겸업활동"(pluriactivity)**을 통해 농촌에서 생존을 모색했다. 원래 농민이었던 이들은 토지에서 계속 생존하기 위해 역설적이게도 비농업 활동에 관심을 돌렸다. 바로 이들을 통해 롬바르디아 직물업이 발전할 수 있었는데, 전통적인 도시 노동계급이 아닌 농민-노동자에 의

262

해 산업이 발전한 셈이다. 이 사실은 산업화가 프롤레타리아화와 도시화를 수반한다는 전통적 가설에 도전한다. 알또 밀라네제에서는 프롤레타리아화와 도시화가 농민 문제에 대한 유력한 대안이 될 수 없었다. 계속 농촌에 거주하며 생존을 모색할 수 있는 다른 유망한 대안이 있었기 때문이다. 농민 가족 내 역할 분담을 통한 농업과 제조업의 겸업활동이 바로 그 대안이었다. 알또 밀라네제의 농민 가족들이 프롤레타리아화와 도시화에 저항한 것은 단지 토지 소유에 집착하는 보수적 농민문화에 포박되어 있었기 때문은 아니었다. 그런 농민문화는 다른 농촌에서도 있었으나 그럼에도 광범위한 농촌 탈출 현상이 발생했으니 말이다. 정말로 중요한 요인은 농촌 제조업의 존재로 농민 가족들이 토지에서 생존을 이어갈 가능성이 생겼다는 점이다.[16]

농민-노동자 가족들은 생존을 모색했을 뿐만 아니라 자본축적을 시도했다. 물론 자본축적의 가능성은 크지 않았다. 그럼에도 그들은 수입 극대화와 지출 극소화를 통해 악착같이 돈을 모으고자 했다. 그리고 어차피 수입을 늘릴 기회는 많지 않았으므로 당장 할 수 있는 일은 수입을 늘리는 것보다 지출을 줄이는 것이었다. 이는 산업왕조를 이룬 과두적 가족기업들이 수입 극대화와 동시에 과시적 소비를 추구하는 성향을 보이는 것과 대비된다. 농민-노동자 가족들은 마치 그 옛날 플랑드르 화가 브뤼헐(Pieter Brueghel)의 그림에 나오는 농민들처럼 영리하고 민첩했다. 그들은 민감하게 돈벌이 기회를 잡아 시간을 쪼개어 정신없이 농사와 공장 노동에 종사하고 신기술을 부지런히 익히며 조금이라도 더 벌고 한푼이라도 아끼려고 애썼다. 특히 불과 코너에 따르면, 농민-노동자 가족의 가장은 '자기 착취'(self-exploitation)와 동시에 나머지 가족 구성원들에 대한 과잉 착취를 통해 생존과 축적을 모색하면서 점차 농민에서 소기업가로 변신해나갔다. 사실, 아무런 자본도 없는 가난한 가족에게 과잉 노동 말고 다른 밑천이 있었겠는가! 대규모 가족기업의 비결이 가족 재산에 근거한 '자가 금융'이었다면, 소규모 가족기업의 계책은 가족 노동에 기초한 '자기 착취'였던 셈이다. 아래의 인터뷰는 영세한 가족기업의 과잉 노동이 어느정도였는지를 생생하게 보여준다. 그처럼 일하고도 성공하지 못할 리는 없으리라(그러나 실제로 성공한 기업은 소수였다)!

그들 가운데 전문적으로 훈련받고 가장 유능하며 가장 모험정신이 투철하고 가장 선견지명이 있는 일부 노동자들이 자기 사업을 시작했습니다. 그들의 수는 곧 불어났는데, 그들은 농부이자 수공업자였습니다. 이들은 새벽 4시부터, 아니면 운이 좋은 경우 5시부터 일을 시작했는데, 먼저 밭에서 일한 다음, 수공업자로 변신하여 대개 가구 제작자로서 하루종일 일했습니다. (…) 그리고 저녁에 다시 밭일을 하거나 가축을 돌보거나 건초를 모으는 등 (…) 9~10시까지 일했습니다. 그렇다면 이들은 하루 15~16시간을 일한 겁니다. 그들은 수공업자로서나 소기업가로서의 활동이 확실하게 안정권에 접어들 때까지 그렇게 일했습니다. 그런 다음에야 차츰 차츰 농사를 그만두었죠. 가구 제작이 어느정도 발전한 뒤에는 금속산업도 발전했습니다. 제 경우에는 가구산업에 금속 부품을 대는 사업을 했습니다.[17]

초인적인 근면성실함으로 농민 가족들의 자본축적이 조금씩 이루어

264

져 1차대전 직후부터 1920년대 후반에 들면 소규모 기업이 급증했다. 직물을 비롯해 식품, 가구, 금속, 기계 등 여러 부문에서 소규모 기업들이 창업했다. 가령 꼬모 지역의 경우 기업 수는 1927년의 1만 1,177개에서 1939년의 1만 6,203개로 증가했다. 불과 코너는 이 소기업들에서 나타난 기업활동을 가리켜 "미시적 기업가 역량"(micro-entrepreneurship)이라고 불렀다. 이렇게 농민 가족들이 얼마 안 되는 돈을 창업에 투자한 것은 불황으로 제조업 일자리가 줄고 파시즘에 의해 임금이 억제되어 생활이 어려워진 데에 따른 방어적 대응의 일환이었다. 영세한 가족기업의 가장 큰 장점은 상상을 초월하는 과잉 노동과 허리띠를 있는 대로 졸라매는 긴축 재정에 있었다. 그러나 1930년대에 롬바르디아 농촌의 미시적 기업활동은 대부분 실패했다. 수요가 없었던 것이다. 그러나 뒤집어 말하면 수요를 빼고 나머지는 모두 갖춰져 있었다.[18]

불과 코너에 따르면, 1930년대의 창업이 농민이 기업가로 변신한 첫번째 물결이었다면, 1950년대와 1960년대는 그 두번째 물결을 대표한 시기였다. 2차대전 이후에 등장한 가족기업가들은 제2세대였다. 제2세대의 '미시적 기업가 역량'은 전후 경제팽창에 의한 수요 급증에 힘입어 지방적 수준에서 양적으로 증식하고 질적으로 발전했다. 특히 1960년 이후 꼬모 지역을 중심으로 한 소규모 견직기업들은 유럽의 독보적인 고급 견직물을 생산하는 주역으로 부상했다. 1960년대 말과 1970년대 초 "꼬모의 스딸린그라드"라는 말이 나올 정도로 치열했던 노사갈등을 겪으며 꼬모의 견직업은 위기를 맞기도 했다. 그러나 꼬모의 견직 부문 기업들은 다시금 디자인과 마케팅에서 활로를 찾아 국제시장에서 명성을 되찾았다. 이로부터 제3세대 '미시적 기업가 역량'이 출현했다. 이렇듯 꼬모 견직업은 19세기 중반 이래로 겸업활동을 조직한 롬바르디아 농촌의 영세한 미시적 농민-노동자 가족기업에서 국제 경쟁력을 갖춘 하이테크 가족기업으로 발전한 인상적인 사례인 것이다.

가족기업에서 기업 가족으로

불과 코너가 역사적 전망 아래에서 이딸리아 가족기업에 대한 경험적 연구를 수행했다면, 최근 야나기사코(Sylvia Junko Yanagisako)는 인류학적 방법을 통해 효과적인 경험적 연구를 조직했다. 그는 특히 꼬모 지역에 초점을 맞춰 견직기업들을 샘플링하여, 이에 대한 현지조사를 통해 가족기업과 지방 사회 및 문화의 관계를 훌륭하게 해명했다. 그의 작업은 인류학이 앞에서 살펴본 (퍼트넘과 후쿠야마, 콘이 보여준) 정치학과 (불과 코너가 예시한) 역사학의 믿음직한 동반자임을 잘 보여준다. 그리고 결론을 미리 발설하자면, 그는 이 귀중한 인류학적 연구를 통해 가족기업이 동시에 기업 가족임을 설득력 있게 보여주었다. 즉 야나기사코는 꼬모의 견직기업가들을 인터뷰하면서 기업이 이윤을 위해 가족을 동원한 만큼이나 가족은 생존을 위해 기업을 활용했다는 극히 중요한 통찰을 얻어낸 것이다.

꼬모 지역은 19세기 후반부터 견직산업이 발달한 곳이다. 특히 1950년대 후반과 1960년대에 '경제기적'의 흐름을 타고 수직적 통합을 통한 생산의 집중화가 가속화되었다. 그러나 1960년대 말 노동 갈등이 격화되고 노동비용이 치솟기 시작하며 1970년대 초반부터 경기 침체가

농민-노동자(꼬모)

완연하게 나타나자 집중화 경향에 제동이 걸려 오히려 분산적 산업 구조가 정착했다. 그리하여 1970년대와 1980년대에 이 지역의 견직업 부문에서는 기업들의 68%가 종업원 10명 미만, 18%가 11~50명, 14%가 51명 이상의 회사였다. 1985년의 시점에 꼬모 견직업은 약 1만 3,000명의 종업원을 거느렸고, 총 400개 기업들 중에서 단 한곳만이 꼬모 바깥의 투자자들이 시작한 주식회사로 나머지는 모두 전통을 잇는 가족기업이었다. 그러나 이런 '지방성'과 '폐쇄성'이 곧 자본과 기술, 노동의 국제적 흐름에서 차단되어 있었음을 뜻하는 건 아니었다. 독일과 스위스의 자본과 기술이 꼬모 지역으로 대거 유입되었고, 꼬모 견직기업들은 원사 공급을 중국으로부터의 수입에 의존했다. 그러므로 이 가족기업들은 특유의 지방성과 폐쇄성에도 불구하고 국제적 수준의 하이테크기업이었다.[19]

야나기사코는 인류학자답게 이들 꼬모 가족기업들의 발전을 단지 경제적·물질적 동기만으로는 설명할 수 없으며 문화와 자본주의의 상호 구성적 과정에 응분의 관심을 기울여야 한다고 보았다. 자본가의 경제 행위는 그 자체 "역사적으로 특정한 문화적 과정"의 산물이라는 것이다. 특히 그는 '욕망'(desire)이나 '감정'(sentiment)에 주목했다. 세대에서 세대로 이어지는 가족 자본주의에서 자본축적의 욕구는 가족통합의 욕구와 공동체적 감정, 나아가 개인주의, 독립과 경쟁의 욕구에 의해 자극되고 촉진되었다는 것이다. 예컨대 가족기업을 이끄는 부르주아 남성의 자본축적 욕구는 본질적으로 아버지와 가장으로서의 욕구에서 비롯되었다는 것이다. 이런 욕구와 감정은 자본주의 편에서는 낯선 것이지만 동시에 그 자체 생산력이기도 했다. 이런 역설로부터 야나기사코는 가족기업에 대한 연구가 자본주의적 발전에 결정적으로 기여한 "타자적" 과정, 즉 "비자본주의적" 과정을 드러낼 수 있다고 보았다.[20]

이런 주장을 참조하면, 가족기업은 기업 가족이기도 하다는 것을 알 수 있다. 즉 기업이 이윤을 추구하기 위해 가족을 동원하는 만큼 가족이 스스로의 재생산을 위해 기업을 동원하는 것으로도 볼 수 있는 것이다. 꼬모 기업가들은 아버지로서 가족을 돌보면서 동시에 사업을 돌보았다. 양자는 긴밀하게 상호 관련되어 있는 것을 넘어 아예 동전의 양면이었다. 여기서 우리는 이른바 '가업'의 탄생을 목격한다. 꼬모 가족기업들의 연대기는 '가업'의 역사, 즉 자식들에게 독립적인 삶을 위한 수단을 물려주려는 아버지의 욕망이 가족의 재생산과 기업의 연속성을 추동한 힘으로 작용한 과정, 나아가 상속과 투자, 경영을 둘러싼 가족 내 분쟁과 젠더 구별 등이 기업들 사이의 복잡한 협력과 경쟁을 낳는 과정을 생생하게 보여준다.[21] 요컨대 가족기업들 혹은 기업 가족들의 연대기는 가족이라는 전근대적 제도와 가족의 재생산과 재산의 상속을 둘러싼 비자본주의적 감정이 어떻게 자본주의에 영향을 미쳤는지를 보여준다. 이렇듯 자본주의와 자본주의가 아닌 것들은 공존하면서 협력하고 갈등하는 것이다. 꼬모의 중견 날염업체를 운영하던 한 기업가의 다음과 같은 회고는 가족 사업을 일으킨 동기와 가족의 협력과 경쟁이라는 가족기업 특유의 민감한 속성을 함축적으로 들려준다.

나는 내가 경영하던 회사에서 더이상 앞으로 나아갈 수 없음을 깨달았어요. 나는 처음에 물질적 보상보다는 **도덕적** 만족 때문에 내 자신의 회사를 열었습니다. 예전에 내가 일했던 회사의 오너는 고모부였죠. 얼마 안 가 나는 이 회사의 이사가 되었습니다. 1960년부터 난 이사였어요. 비록 고모부와 나는 **좋은 관계**를 유지하기는 했지만, 서로 견해가 달랐기 때문에 나만의 회사를 시작하려고 회사를 떠났습니다. 이제는 그의 아들이 회사를 경영합니다. 이 회사는 꼬모 전역을 통틀어 가장 훌륭한 날염 회사들 중 하나인 스땀뻬리아 스꼬띠(Stamperia Scotti)입니다. 내가 나만의 회사를 시작하겠노라고 결심하기 직전에 내 사촌, 그러니까 고모부의 아들이 회사의 경영권을 물려받기 시작했고, 우리 둘 모두 대단히 강한 개성을 갖고 있었으므로 곧바로 우리는 회사 경영에서 **경쟁관계**에 있음을

깨달았습니다.[22]

야나기사코의 인류학적 연구는 자본주의를 이해하는 데 중요한 팁을 제공한다. 맑스주의에서 그러하듯이, 자본주의는 자본과 노동 사이의 계급관계로 정의될 수 있다. 한편에는 생산수단을 소유하고 통제하며 노동력을 구매하는 자본가가 존재하고, 다른 한편에는 자신의 노동력을 판매하는 노동자가 존재한다. 자본가는 언제 어디서나 이윤 극대화를 위해 합리적 경제행위에 나서고, 노동자는 언제 어디서나 생산관계에서 소외되고 소외에 맞선 투쟁에서 주체화된다고 가정된다. 즉 자본주의는 보편적으로 동질적인 부르주아 계급과 보편적으로 동질적인 프롤레타리아 계급으로 양분되는 것이다. 그러나 톰슨의 기념비적 역사 연구인 『영국 노동계급의 형성』 이래 수많은 역사학적·인류학적 연구들은 자본주의의 한 축인 노동이 단순히 생산관계에서의 객관적 위치에 따라 결정된 범주가 아니라 노동자 스스로가 참여하는 특정한 사회적 맥락과 문화적 과정의 산물임을 명확히 보여주었다. 이와 마찬가지로 자본주의의 또다른 축인 자본 역시 생산관계의 기능에서 파생된 추상이 아니라 그 자체 '역사적으로 특정한 문화적 과정'의 산물임을 야나기사코는 보여주고 있는 것이다. "요컨대 자본가는 노동자와 마찬가지로 태어나는 것이 아니라 만들어진다."[23] 이런 점에서 역사가들이 노동계급의 형성을 연구했듯이 **자본계급의 형성**을 연구할 필요가 있어 보인다.

그러나 자본계급의 형성에 대해 말하는 것은 최소한 두가지 점에서 난센스처럼 보인다. 첫째, 무엇보다 자본가라는 존재는 노동자처럼 단

270

일한 계급적 연대와 통일을 지향하는 계급이 아니다. 물론 특정한 국면이나 시기에 따라 자본가들 사이의 협력과 연대가 부각될 수 있지만, 자본가는 본질적으로 자본주의적 생산에 고유한 무정부성에 의해 치열한 내적 경쟁을 벌이는 사회계층이다. 그러므로 계급 형성의 아이디어를 곧장 자본에 적용하는 것은 어색한 일이다. 둘째, 오늘날 자본주의를 자본-노동의 계급관계로 보는 시각은 현격히 퇴조했다. 그런 시각으로 자본주의를 분석할 수 있는 시대는 이미 지났다는 것이다. 한때 자본과 조직노동의 타협에 기초하여 사회 구조 자체가 "파악하기 쉽고 예측할 수 있으며 계량화될 수 있는" 포드주의적인 자본주의에서는 계급의 범주가 유효했을지라도, 오늘날 "좀더 유동적이고 예측 불가능한 형태로 출현하고 있는 글로벌 신자유주의"의 맥락에서는 계급이 별로 유용한 분석 도구가 아니라는 시각이 우세하다. 바로 이런 시각에서 자본주의에 대한 분석의 초점을 계급 형성이 아니라 **자본축적**의 논리에 맞출 필요가 있다는 제안이 나온다.[24]

이런 제안을 받아들이면, 자본주의도 자본-노동의 계급관계보다는 자본축적의 논리라는 측면에서 정의할 필요가 있다. 물론 계급 개념이 무가치해서 폐기되어야 한다고 말하는 것은 아니다. 그것은 그것대로 자본주의의 역사를 분석하는 훌륭한 개념적 도구다. 그러나 오늘날의 변화된 자본주의의 현실에서는 계급 개념의 설명력이 예전에 비해 현저히 약화된 것이 사실이다. 그러므로 전통적인 계급 중심적 분석틀보다는 자본축적 방식의 변화에 주목하는 새로운 자본주의 분석틀이 필요하다고 보는 것이다. 이 책의 서장에서도 자본주의를 "자본의 축적 과정을 특징으로 하고 이윤을 그 목표로 삼으며 자본재가 사적으로 소유되는 사회경제 체제"로 정의하려고 했던 것도 바로 그런 까닭에서다. 나아가 서장에서는 단지 자본을 소유한 자본가나 자본계급이 아니라 자본을 이용해 가치를 창출하고 자본을 증식하는 능동적 주체, 즉 자본 축적을 가능케 하는 가공할 혁신의 주인공인 기업가의 존재에 주목하 고자 했다. 이는 자본주의를 알려면 무엇보다 그 주어인 기업가를 이해 해야 한다는 문제의식의 발로였다. 어쨌거나 자본주의 연구의 효과적 인 출발점은 기업가에 대한 연구인 것이다.

그런데 일찍이 슘페터가 예리하게 통찰했듯이, 혁신적 기업가는 경 제적·물질적 동기에 의해서만 움직이는 존재가 아니다. 기업가가 가 령 왕조 개창자의 권력의지, 스포츠맨의 승부욕, 예술가의 창조성과 같 은 다양한 욕망들에 의해 동기 부여된다는 사실은, 자본주의 본연의 인 간적 측면에 대한 이해의 폭을 넓혀준다. 자본주의를 움직이는 주인공 이 실은 역설적이게도 가장 자본주의적이지 않은 존재인 것이다! 그리 고 여기서 한발 더 나아가 야나기사코의 연구는 기업가의 인간적 욕망 과 감정 자체가 특정한 사회적 맥락의 산물임을 보여줌으로써 자본주의 에 대한 이해의 폭을 더욱 넓혀준다. 이상으로부터 예컨대 이딸리아 자 본주의의 논리를 온전히 파악하려면 최소한 19세기 후반 이래 구체적 인 사회문화적 존재로서 롬바르디아 꼬모의 부르주아 가족들의 다양한 욕망, 그 사랑과 증오의 감정, 그리고 이 감정들이 생산에 동원됨으로써 가족이 기업으로 진화한 복잡한 역사적 과정을 이해해야 하는 것이다. 그렇다면 자본주의는 인간적·사회적 요소들로부터 유리된 추상적 개 념이 아니라 살아 움직이는 경험적 사실로 다루어져야 한다. 일찍이 철 학자 쇼펜하우어(Arthur Schopenhauer)는 인간에게서 소유물만 떼어놓고 생각하는 것은 "분모가 없는 분자처럼" 아무런 의미가 없다고 갈파했는데, 가족기업에서 가족과 인간적 요소들은 그냥 놔두고 기업만 따로 떼어놓고 생각하는 것에 대해서도 똑같은 말을 할 수 있을 것이다.[25]

신자유주의 시대를 살아가기

"왕이 서거했다!" 2003년 1월 24일 피아트의 총수 잔니 아녤리가 사망하자 이딸리아 언론들은 일제히 이렇게 보도했다. 잔니 아녤리는 왕이 없는 공화국에서 유일한 세습 왕으로 대접받았다. 잔니 아녤리는 피아트이고 피아트는 이딸리아라는 지극히 단순한 공식을 이딸리아인들은 모두 잘 알고 있었다. 잔니 아녤리의 장례식 첫날에만 무려 10만명의 조문객이 다녀갔다고 한다. 조문객들 중 상당수가 푸른 작업복을 입은 채 새벽부터 추위에 떨면서 자기 차례를 기다렸다. 이 진풍경은 그 자체 하나의 스펙터클이었다. 무엇보다 이딸리아가 유별나게 부자에 대한 여론이 호의적이지 않은 나라임을 아는 사람에게 잔니 아녤리의 장례식에서 홀연히 나타난, 국민들이 사랑하는 자본가의 이미지는 기묘하게 느껴질 수 있다.

왜 그렇게도 많은 사람들이 잔니 아녤리를 추도했는가? 부분적으로

이딸리아의 '아버지-왕' 잔니 아넬리
© Wikimedia / Gorupdebesanez

는 그의 카리스마적 개성과 인기가 설명해준다. 그러나 이것이 전부는 아니다. 그의 죽음에는 좀더 심오한 뜻이 담겨 있었다. 즉 잔니 아넬리의 죽음은 한 자본가의 죽음을 뛰어넘는, 그 자체 한 시대의 죽음이었다. 한 연금 생활자는 잔니 아넬리에 대해 다음과 같이 인터뷰했다. "그는 우리의 아버지였습니다. 그는 모든 가족을 먹여 살렸죠. 그는 사람들에게 평생 일자리를 주었습니다. 연금도요." 다른 추모객은 이렇게 말했다. "그는 위대한 사람입니다. 그의 위대함은 오늘날에 더 분명해졌습니다. 대기업들이 아무런 도덕심도 없는 이 시대에 말입니다. 아넬리는 언제나 노동의 가치를 믿었습니다." 이 인터뷰들에서 잔니 아넬리는 단순히 이윤을 추구한 자본가 이상의 어떤 도덕성을 체현한 사람으로 나타난다. 한 역사가는 잔니 아넬리에게는 늘 "선량한" "절제 있는" "민주적인" "아버지다운" "시적인" 등등의 수식어구들이 따라다녔다면서 이 특출한 자본가의 죽음이 "이딸리아인들을 고아로" 만들었다고 말할 정도였다. 이상의 관찰을 바탕으로 인류학자 뮐레바흐(Andrea Muehle-bach)는 잔니 아녤리의 죽음이 이딸리아인들에게 한 시대의 종언을 뜻했다고 확신한다. 그리고 이 점은 (피아트가 아니라) 아우디를 타고 장례식장에 다소 늦게 도착한 이딸리아의 신흥 자본가이자 최고 권력자인 베를루스꼬니(Silvio Berlusconi)에게 조문객들이 야유를 퍼부은 데서도 입증된다고 보았다.[1]

그렇다면 지난 시대는 어떠했고, 새로운 시대는 어떠한가? 잔니 아녤리로 대표되는 지난 시대는 경제가 성장하며 실질 임금도 증가하고 교육과 의료 등 사회적 서비스도 팽창한 시대였다. 좀더 분석적으로 말하면, 지난 시대는 "자본주의가 모든 시민을 법 앞의 동등자들로서 포용한다는 공화주의적 약속을 방해하지 않고 상대적으로 높은 수준의 집단적 정의를 가능하게 한" 시대였다. 반면, 베를루스꼬니로 상징되는 새로운 시대는 "미국식의 자비 없는 탈규제와 민영화, 이딸리아 노동시장의 유연화, 새로운 유형의 빈민의 탄생, 복지의 소멸"이 이루어진 시대였다. 그러므로 잔니 아녤리에 대한 추모는 곧 지난 황금시대에 대한 추억이나 혹은 잃어버린 도덕 질서에 대한 향수를 뜻한 것이었다. 이와 동시에 그런 추억과 향수는 새로운 시대에 대한 유보와 반감을 내포하는 것이기도 했다. 새로운 시대는 부르디외(Pierre Bourdieu)에게는 "유토피아적 가능성"의 질식을 뜻했고, 바우만(Zygmunt Bauman)에게는 "윤리의 십자군"이 필요할 정도로 비도덕적인 세상의 도래를 뜻했다. 지식인들의 이러한 다양한 정의와는 무관하게 대중적으로 이 세상은 신자유주의(neoliberal)로 알려져 있다.[2]

이딸리아의 황금 시대. 자동차와 스위트홈

　지금 이딸리아가 맞이한 신자유주의 시대는 통상 시장의 경쟁 속에
서 합리적 계산과 도구주의가 지배하는 시대로 간주된다. 이에 따라 노
동시장 유연화를 겨냥한 급진적 노동법 개혁과 우체국 주식의 대량 매
각 등 공공 부문에 대한 민영화 사업이 전격적으로 진행되고 있다. 심

지어 정치가 경제의 발목을 잡는다고 하여 상원의원의 약 2/3를 줄이고 입법권도 없애는 회심의 정치 개혁안까지 나왔다. 이렇듯 사회로부터 경제가 독립한 시대에 알맞은 인간상은 '경제적 인간'(homo economicus)이다. 그는 냉정한 계산을 통해 시장에서 자신의 이해관계를 극대화하는 합리적 존재다. 그런 점에서 시장은 시장이 아닌 모든 것을 비합리적인 것으로 몰아낸다. 그런 비합리적인 것들 중 대표적인 것이 도덕이다. 역사에서도 도덕은 항상 시장의 대척점에 있었다. 이런 맥락에서 예컨대 역사가 톰슨은 영혼 없고 탈도덕화된 시장경제에 맞서 도덕경제를 내세우며 저항한 영국 평민들의 역사를 서사적으로 보여주기도 했다.[3]

이와 유사하게 묄레바흐도 "시장적 신자유주의자"(market neoliberal)에 "도덕적 신자유주의자"(moral neoliberal)를 맞세운다. 그런데 '도덕적 신자유주의자'라는 개념은 형용모순처럼 보인다. 왜냐하면 신자유주의는 본질적으로 시장에 친화적이지, 도덕에 대해서는 배제적이기 때문이다. 그러나 묄레바흐에 따르면, 신자유주의적 과정은 신자유주의에 반대되는 경향까지 산출하는 모순적 과정이다. 그의 표현을 빌리면, 신자유주의 시대에 국가는 사랑과 배려와 같은 "감정들을 생산적으로 이용함으로써 국가의 철수 효과를 완화할 뿐만 아니라 신자유주의 개혁의 품 안에서 반자본주의적 내러티브를 만들고 있다." 과연 신자유주의의 도래와 더불어 국가가 사회를 보호하는 임무로부터 철수하면서 그 빈자리를 시민들의 자발적 도덕성이 채우고 있는 형국이다. 그리고 자본주의가 순수성을 고집할수록 그에 비례하여 반자본주의적 도덕성도 덩달아 강화될 것이다. 요컨대 신자유주의적 과정 속에서 새로운 도덕성과 새로운 집합적 삶에 기초한 '관계적 인간'(homo relationalis)이 출

278

현하고 있다는 것이다.[4]

이런 밀레바흐의 견해는 이딸리아 밀라노, 특히 '벨 에포크' 시대 이래로 이딸리아 산업화를 주도한 기업들의 공단이 발전한 쎄스또 싼 조반니의 경우를 조사한 결과다. 오늘날 쎄스또 싼 조반니에는 1980년대 이래의 탈산업화로 슬럼이 형성되었다. 여기서 무보수의 자원봉사 활동이 활발하게 이루어지면서 "자발적 노동 체제"가 출현하고 있다. 밀레바흐는 쎄스또 싼 조반니에서 자원봉사자들이 "품앗이"(lavoro relazionale)나 "돌봄"(care) 등으로 표현될 수 있는 다양한 사회활동을 통해 시장경쟁에서 탈락한 동료 시민들을 돕고 의미 있는 사회관계와 공동체를 복원하려고 노력하는 과정에 주목한다. 무보수의 자발적 노동은 생계를 위한 직업노동에 비해 훨씬 더 가치 있는 것으로 인정받고 강력한 도덕적 정당성을 누린다. 이딸리아는 자발적 노동이 가장 광범위하게 이용되는 나라이자 자발적 노동 단체에 최초로 사법적 지위를 부여하여 세금 감면과 보조금 지급 등의 혜택을 준 나라다. 과연 오늘날 이딸리아는 시장 중심의 신자유주의적 과정이 거침없이 전개되는 가운데 신자유주의와 반대되면서도 그것의 통합적 일부라고 할 수 있는 또 다른 과정, 즉 무보수의 고도로 도덕화된 자발적 주체의 탄생을 관찰할 수 있는 흥미로운 실험실이다. 물론 자원봉사 활동은 가톨릭교회의 자선이라는 전통적 맥락에서 이해될 수도 있고, 또 국가와 주류 여론도 그런 맥락에서 소개하곤 하지만, 이와 동시에 광범위한 좌파 조직들도 참여하고 있다는 점에서 매우 새로운 현상이다. 밀레바흐는 이 현상의 새로움을 "윤리적 시민권"(ethical citizenship)의 개념으로 파악한다.[5]

밀레바흐도 지적하듯이, 자원봉사자의 노동은 상품이 아니라 일찍이 모스(Marcel Mauss)가 말한 인류학적 개념으로서의 증여와 유사하다. 모스는 20세기 프랑스 복지국가에도 증여의 개념을 적용했는데, 복지국가의 후퇴 이후에는 자발적 봉사활동의 형태로 증여가 새로이 부상하고 있다고 뮐레바흐는 말한다. 확실히, 증여가 이해관계에 초연한 사랑과 공감에 기초한 열정이라면, 교환은 거래와 이해관계에 기초한 냉정이다. 그러나 시장에서 냉정하게 계산하는 거래자는 가족에서는 따뜻한 남편이기도 하다. 전통적인 자유주의는 이렇듯 공적 영역(시장)과 사적 영역(가족)의 분리에서 비롯된 자유주의적 주체의 분열을 가정한다. 신자유주의에서도 사정은 이와 같다. 하지만 다른 점은 신자유주의에서는 공적 영역과 사적 영역이 분리될 뿐만 아니라 공적 영역 자체도 분열된다는 것이다. 즉 공적 영역은 시장과 도덕으로 분리되며 다시 통합된다는 것이다. 그리하여 신자유주의와 함께 "시장의 자율성"이 강조되면 될수록 "박애가 시장이 부정하는 책임성을 떠맡아야 한다는 요구"가 비등하는 것이다. 뮐레바흐가 간결하게 표현하듯이, "요컨대 자본주의는 인도주의적 감성의 발흥을 목도했다."[6]

이로부터 박애나 인도주의적 감성과 같은 도덕의 총량은 불변하거나 그 비율이 일정하다는 모종의 '법칙'을 대담하게 도출해낼 수 있을 것도 같다. 가령 중세 유럽의 봉건사회에서 영주는 도덕적 우위와 규제력을 바탕으로 경제적 이익을 향유할 수 있었다. 그러나 근대 자본주의 사회에서 도덕은 경제활동이라는 공적 영역에서 분리되어 사적 영역으로 침잠했다. 이는 곧 위에서 말한 대로 전통적 자유주의에서 가정한, 공적 영역(시장)과 사적 영역(가족)의 분리를 말한다. 그러나 다시 오늘날의 신자유주의적 자본주의에서 공적 영역(시장)의 자율성이 극대화될수록 시장은 다시 그만큼 다른 방식으로의 공적 도덕성을 요청한다. 그리하여 예컨대 기업은 직원들의 인성을 강조하며 사회적 기업임을 자처하고, 국가는 가족애와 애국심을 새삼 역설하며, 시민사회에서는 기계적 노동과 경쟁에 지친 시민들 사이에서 자발적 노동과 협동에 대한 관심이 높아지는 방식으로, 도덕은 경제의 필수적 보충제로서 귀환한다. 물론 기업과 국가, 시민사회에서 요구되는 도덕들은 각기 다르고 서로 충돌하기까지 하며 어떤 것은 형식적인 것에 그치기도 한다. 그럼에도 중요한 것은 어쨌든 형식적으로라도 도덕이 요청된다는 사실 자체다. 이렇게 보면, 어떤 형태로든 도덕은 늘 일정한 총량이나 비율을 유지하며 존재하는 듯하다. 그러니 이를 가리켜 약간의 과장법과 짓궂은 감각을 동원하여 이른바 '도덕 총량 불변의 법칙'이라거나 '도덕 일정 성분비의 법칙'이라고 부를 수 있을지도 모를 일이다.[7]

이상의 결론은 필경 자본주의는 자본주의가 아닌 것을 수반하고 필요로 한다는 문제의식과도 통한다. 일찍이 허슈먼(Albert O. Hirschman)이 탐구한 이해관계(interest)와 열정(passion)의 관계도 이와 유사하다. 그는 16~18세기 유럽 지성사를 탐색하면서 당시 이론가들이 열정의 파괴성과 이성의 비효율성을 고민했다는 사실에 주목했다. 그들은 파괴적 열정을 잠재우는 데 이성만으로는 역부족이며 오히려 맞불 작전으로 열정에 열정을 맞세워 열정을 잠재우는 방식이 효율적임을 깨달았다. 이때 특별한 열정으로 부각된 것이 물욕이었고, 이것이 이해관계로 특화되었다. 이제 인간은 자신의 이해관계를 고려함으로써 누가 강요하지 않더라도 자신의 정념과 욕망을 스스로 통제할 수 있게 되었다.[8] 허쉬먼의 최대 공적은 근대 자본주의의 핵심에 자리한 이해관계의 개념을 역사적으로 추적하고 이를 해체한 데 있다. 물론 그의 견해는 다양하게 해석될 수 있다. 그럼에도 그가 이해관계의 기원에 열정이 있음을 밝혀냄으로써 이해관계가 열정의 부정이라는 단순한 부등식에 의혹을 제기한 것은 확실해 보인다. 어쩌면 이해관계는 열정의 부정이지만 동시에 열정의 일부이기도 한 것이다. 이미 소개했거니와, 이딸리아 꼬모의 가족기업들을 연구한 야나기사코는 허쉬먼이 감행한 이해관계에 대한 개념적 해체작업에 공감을 표하며 이해관계와 열정을 격리하는 데 반대한다. 양자는 얼마든지 동행할 수 있다는 것이다. 그에 따르면, 예컨대 가족은 열정에 지배되고 자본주의는 이해관계에 지배된다고 생각되지만, 가족 자본주의는 이해관계와 열정의 복합체로서 발전한다. 그러므로 열정이 합리적 경제행위를 진작하는 힘일 수 없다는 불신은 근거가 없다.[9]

이처럼 자본주의와 자본주의가 아닌 것의 관계 혹은 이해관계와 열정의 긴밀한 관계에 대한 진실은, 일찍이 애덤 스미스(Adam Smith)에 의해서도 포착되었다. 그의 경우에 서로 모순되어 보이는 두 저작인 『도덕감정론』과 『국부론』의 관계를 둘러싼 논쟁이 있다. 열정을 강조하는 스미스와 이해관계를 중시하는 스미스가 서로 다른 사람으로 보이는 것이다. 심지어 앞의 책은 애덤이 쓰고 뒤의 책은 스미스가 썼다는 우스갯소리도 있을 지경이다. 이에 대한 다양한 해석이 가능할 것이다. 야나기사코는 허쉬먼의 주장을 원용하며 『국부론』에서 스미스가 권력에 대한 갈망과 부러움의 대상이 되고 싶은 욕망이 모두 경제적 향상에 의해 충족될 수 있다고 말함으로써 사실상 열정과 이해관계를 동일시했다고 본다.[10] 그런가 하면 뮐레바흐는 스미스가 보이지 않는 손의 존재만큼이나 보이지 않는 도덕의 존재를 가정하고 있었다고 본다. 즉 그는 스미스의 저작들에서 "계약적 개인이 '자유로운' 시장 교환에 전념하듯이, 도덕적 개인도 법과 같은 매개적 힘에 의해 방해받지 않은 채 '자유롭게' 선택된 공감 행위에 참여하는" 이중적 과정을 읽어낸다. 한편, 스미스와 여러모로 상극이라고 할 맑스도 이해관계와 열정의 연관을 잘 알고 있었다. 그의 말을 직접 들어보자. "당신이 덜 먹고 덜 마시고 덜 읽을수록, 당신이 극장과 무도장과 선술집에 덜 갈수록, 당신이 덜 생각하고 덜 사랑하고 덜 이론화하고 덜 노래하고 덜 펜싱을 즐길수록, 당신은 더 많이 저축하게 된다. 더 많은 것이 (…) 당신의 자본이 된다." 요컨대 자본주의는 이해관계의 추구뿐만 아니라 절약과 노동의 윤리를 요청하는 것이다. 뮐레바흐는 스미스와 맑스가 간파한 진실이 오늘날의 신자유주의를 비판적으로 이해하는 데도 유용한 통찰이 된다고 본다. "그리하여 오늘날 비도덕적 신자유주의로서 등장하고 있는 것에 고유하게 부속된 **도덕성**이 이미 존재해왔다. 이는 바로 외관상 **시장 논리**를 부정하는 것으로 보이지만 실은 시장 논리의 통합적이고 필수적인 일부다."[11] 이상의 논증은 결국 '경제적 인간'은 '관계적 인간'이기도 하다는 명제로 귀착한다.

뮐레바흐는 시장경제와 자본주의가 전권을 휘두르는 것처럼 보이는 오늘날의 신자유주의 개혁 속에서 새로운 형태의 노동과 도덕성이 부상하고 "도덕적 신자유주의자"라는 새로운 주체가 형성되는 과정에 주목했다. 이 주체는 상품화와 원자화에 맞서 무보수의 노동을 통해 집단적 선과 사회적 연대를 추구하는 가운데 진정한 삶의 의미와 행복을 음미한다. 또한 그는 삶의 불안정성을 통제하기 위해 자발적으로 협동조합과 상조회를 조직하고 품앗이와 돌봄이 제도를 운영하며 대중적 기부와 자선사업을 후원한다. 그런가 하면 도덕적 신자유주의자는 정치인에게 높은 도덕성을 요구하고 자본가에게 의미 있는 사회적 기여를 주문한다. 냉소주의자들은 도덕적 신자유주의에서 국가가 자신의 책임과 비용을 시민사회에 떠넘기는 부당한 과정을 발견할지도 모른다. 그러나 진실은 좀더 심오하다. 국가는 시장 중심의 신자유주의 개혁을 추진하면서 이에 대한 균형추로서 가족과 민족, 종교를 강조하는 도덕적 권위주의를 작동시킨다. 그리고 시민들은 포스트복지국가 시대에 자아를 넘어 타자를 배려하는 자발적 노동의 가치를 재발견하면서 자본주의에 의해 파괴된 공동체의 복원을 추구한다. 비록 권위주의와 자발주의는 상반되지만, "윤리적 시민권"은 양자가 합류하는 소실점이다. 이처럼 신자유주의적 자본주의에서 시장 근본주의가 강화될수록 역설적이게도 (동시에 당연하게도) 시장을 반대하면서도 보충하는 **비자본주의적 도덕성**이 창출될 공간이 점점 더 확대된다. 아닌 게 아니라 자본주의는 원래 도덕을 포함하지만 자본주의가 순수함을 고집하며 도덕을 밀어냄에 따라 도덕은 반자본주의까지는 아니더라도 비자본주의적으로 될 것이다.

그런데 뮐레바흐의 논리를 찬찬히 따라가다보면 이 논리를 어디서 본 듯한 기시감을 느끼게 된다. 기시감의 정체는 앞에서 부분적으로 소개한 정치학자 콘의 논리다. 공교롭게도 뮐레바흐와 콘은 비록 대략 한 세기의 간격은 있지만 공히 쎄스또 싼 조반니의 사례를 다루었다. 콘은 20세기 여명기 쎄스또 싼 조반니에서 개화한 협동조합과 민중회관, 상조회와 문화서클 등 "저항 공간들의 광범위한 네트워크"를 묘사했다.

그에 따르면, 이 공간들은 자발적 대중의 풀뿌리민주주의 공간으로서, 한마디로 표현하자면 "급진 공간"(radical space)이라고 할 수 있다. 쎄스또 싼 조반니를 비롯해 이딸리아 전역에서 파노라마처럼 펼쳐진 이미시적 공간들은 대항 권력의 맹아적 터전이었다. 오늘날에도 활발하게 작동하는 이딸리아의 지방자치주의와 민주주의도 바로 그런 저항의 전통에 크게 힘입은 것이라는 게 콘의 결론이다.[12] 비록 콘이 저항과 탈주의 맥락을 상대적으로 더 강조한다는 어감의 차이는 있지만, 그가 말하는 '급진 공간'은 어쩌면 뮐레바흐가 제시하는 새로운 "도덕 공간"(moral space)의 다른 이름이거나 적어도 그 일부로 보인다. 앞으로 좌와 우를 막론하고 모든 정치 세력들에는 이 새로이 열린 공간을 어떻게 전유하느냐가 중요한 숙제로 남을 것 같다.

과연 뮐레바흐가 관찰한 이딸리아는 그런 새로운 공간의 탄생을 역동적으로 보여주는 사례다. 오늘날 베를루스꼬니의 이딸리아는 "이딸리아 주식회사"(Azienda Italia)라고 불릴 정도로 국가가 현저하게 소멸해가는 모습을 보인다. 그래서 이딸리아는 "통상적 의미에서 중앙정부 없이 기능하고 그 대신 사회자본에 의존하는 최초의 포스트모던 국가"로 지칭되기도 한다.[13] 물론 포스트모던한 상황이 아직 현실적이지 않은 나라가 많을 터이다. 그러나 이딸리아의 현재는 타국의 미래일 수 있다. 그리고 어떤 면에서 이딸리아의 현재는 타국의 현재이기도 하다. 예컨대 이딸리아의 '아버지' 잔니 아녤리의 죽음에 '고아'가 되었다고 느끼며 회한에 가득 차 과거를 되돌아보는 이딸리아 시민들의 모습은 타국에서도 동시대적으로 관찰되는 모습이기도 하다. 이 시민들은 지나간 황금시대를 기억하며 지금은 사라진 기업가의 도덕성과 노동의 가치를 추도한다. 그러면서 스스로도 '아버지'가 되기 위해 분투했던 자신들의 지난 삶 또한 추도한다. 이들의 기억이 얼마나 정확한지는 중요하지 않다. 중요한 것은 그런 윤리적 감수성이 미래의 도덕적 신자유주의를 위한 토양일 수 있다는 점이다.

이처럼 밀레바흐의 논의를 상세히 소개한 까닭은, 그의 논의가 현대 자본주의에 대한 진지한 비평일 뿐만 아니라 그 미래에 대한 모종의 강력한 예지일 수 있다고 느껴지기 때문이다. 게다가 밀레바흐와 콘의 논의를 연속적으로 겹쳐 읽으면 현대 자본주의의 과거와 현재, 나아가 미래에 대한 어떤 상을 그려볼 수도 있을 것 같다. 그들이 말하는 도덕 공간과 급진 공간은 현대 자본주의에서 출현하는 전형적인 비자본주의적 공간들이다. 그런 비자본주의적 공간들은 자본주의의 고도한 발전 자체에 의해 자생적으로 나타난다는 점에서 자본주의에 내장되어 있으면서 동시에 자본주의와 거리를 두거나 그것에 저항한다는 점에서 반자본주의의 잠재성을 지니고 있다. 그러나 밀레바흐와 콘이 강력하게 암시하듯이, 이 비자본주의적 공간들은 자치적이고 민주주의적인 공간들로서 자본주의적 발전이 낳는 냉혹한 결과들을 완충시키면서 동시에 일종의 사회자본의 역할을 담당하며 자본주의적 발전을 촉진시킬 수 있다. 그런 점에서 도덕 공간이나 급진 공간과 같은 비자본주의적 공간들은 그 자체 자본주의의 일부라고 할 수 있다.

만일 이런 논리를 좀더 끌고 나간다면, 자본주의적인 것과 비자본주의적인 것의 관계에 대한 직관적 통찰을 바탕으로 현실 자본주의에 대한 어떤 입장에 다다를 수도 있을 것이다. 아마도 그런 입장은 한편으로 신자유주의로 표현되는 극(極)자본주의와 다른 한편으로 반자본주의를 추구하는 탈(脫)자본주의와 대치하는 이중 전선에서 자기주장의 타당성을 검증하게 될 것이다. 이 입장에 따르면, 극자본주의와 탈자본주의는 그것 나름대로 각기 자본주의에 대한 어떤 입장, 그러나 심각하게 편향된 입장을 대표한다. 신자유주의적 극자본주의는 자본주의가 다양한 비자본주의적 가치 및 제도와의 어울림 속에서 발전했고 그럼으로써 자본주의적 발전이 야기할지 모를 다양한 갈등을 완충하며 사회적 비용을 절감했다는 엄연한 사실을 무시하고 있다. 그런 완충제 없이 자본주의는 조그만 위기에도 휘청거릴 수 있다. 반면, 반자본주의적 탈자본주의 전략은 자본주의가 놀라운 적응 능력과 유연한 변신 능력을 과시하며 역동적인 생명력을 보였다는 부정할 수 없는 사실을 과소평가한다. 게다가 자본주의의 반명제였던 사회주의조차 '자본주의적' 세계 체제의 일부였다는 사후적 통찰은 더욱 더 자본주의의 외부를 상상하기 힘들게 한다. 그런 점에서 순수함에 집착하는 극자본주의가 맹목적이라면, 자본주의의 역동성을 고려하지 않는 탈자본주의는 공허하다고 할 수 있다. 그러면서 극자본주의와 탈자본주의는 자본주의의 역사를 외면하거나 경시한다는 공통된 편향이 있다. 어쩌면 이런 비역사성이야말로 양자의 가장 큰 편향일 것이다. 본문 전체에 걸쳐 기술된 이딸리아 자본주의의 역사가 왜 비역사성이 최대의 편향인지를 증명해줄 것이다.

이런 입장은 나아가 현실 자본주의에 대한 좀더 현재적이고도 실천적인 태도와도 연결될 수 있다. 먼저 반-탈자본주의적 입장은 자본주의의 필연적 붕괴를 예측하기 전에 자본주의의 혁신적 잠재성을 최대한 발양시킬 방법을 고민할 것이다. 그리고 자본주의의 혁신적 잠재성의 발현을 방해하는 일체의 구조물을 철거하고자 노력할 터이다. 예를 들어보자. 시장은 모든 거래자가 평등하게 참여하는 자유롭고 투명한 공간으로서 자본주의적 발전의 중요한 환경이다. 그런데도 시장에서의 과도한 불평등과 불공정이 시장의 자유로운 경쟁을 왜곡하고 교란하여 오히려 자본주의적 혁신활동과 기업가 정신을 익사시킬 수 있다. 그 외에도 오늘날 개인의 자유와 창의성을 질식시키곤 하는 권위주의적인 정부와 경직된 관료제, 시대착오적인 이데올로기도 자본주의의 발전을 가로막는 대표적인 장애물이다. 이런 시각에서만 보면, 오늘날 자본주의는 과잉된 것이 아니라 오히려 결핍되어 있다고 말할 수 있다. 자본주의의 언어로 자본주의의 내부에서 자본주의의 현실을 개혁할 필요가 있을 것이다. 적어도 서장에서 정의했듯이, 자본주의가 혁신을 야기하는 가공할 만한 사회경제적 기제라면 말이다.

한편, 반-극자본주의적 입장은 자본주의의 발전이 야기하는 고유한 결함 및 한계 들과 씨름하려고 한다. 그런 문제들을 적절히 다루지 못한다면, 자본주의는 번영은커녕 생존 자체를 걱정해야 할 것이기 때문이다. 특히 오늘날 신자유주의적 극자본주의가 부의 불평등과 삶의 불안정을 극대화함으로써 야기하는 불만과 분노는 혁신을 위한 진취성과 포용력을 갉아먹는다. 그런 불만과 분노가 비단 자본주의적 체제에 대한 '반체제적' 태도로 표출되기 때문에 위험한 것만은 아니다. 오히려더 큰 위험은 그런 러디즘(기계파괴운동)보다 더 근본적인 것, 즉 매너리즘에서 올 수 있다. 예컨대 노동자는 주어진 일에서 아무런 기쁨과 성취감도 느끼지 못한 채 직무를 기계적으로 수행하는가 하면, 경영자는 단기적 성과가 자신들의 임면을 결정하는 상황에서 손쉬운 가시적 성과를 내는 데 집착한다. 이런 태도들은 혁신을 야기하는 가공할 만한 사회경제적 기제로서의 자본주의를 내부에서 마비시키는 유해한 독성 물질이다. 이런 시각에서 보면, 오늘날 자본주의의 과잉이 자본주의를 파괴하고 있다고 믿을 이유가 충분하다. 자본주의에 대한 비판의 언어로 자본주의의 딜레마와 대면하는 것이 필요한 까닭이다.

그렇다면 극자본주의와 탈자본주의라는 이중 전선에서 싸우는 입장은, 자연히 이중 전략을 취할 수밖에 없다고 생각된다. 하나는 자본주의적 발전을 저해하는 요소들, 즉 진정으로 자본주의적이지 못한 장애물들을 제거함으로써 자본주의의 혁신적 본질을 완성해나가는 것이다. 다른 하나는 자본주의의 발전이 야기할 수 있는 편벽된 경향들, 즉 지나치게 자본주의적이어서 나타나는 반자본주의적 러디즘이나 매너리즘에 함몰되지 않도록 자본주의의 모순을 관리하고 극복해나가는 것이다. 요컨대 **자본주의의 결핍**과 **자본주의의 과잉**을 동시에 치유해나가면서 자본주의를 완성하면서 극복하는 이중 전략을 동시에 추구해나가는 작업이 필요하다는 말이다.

그런 이중 전략은, 이 책의 상투어를 빌리면, '자본주의 따라잡기'를 포함하는 '자본주의 길들이기'로 요약될 수도 있다. 자본주의를 길들이는 방식은 다양하다. 한 극단에서 억압적이고 권위적인 유형도 있고, 다른 극단에서 자발적이고 민주적인 유형도 가능하다. 본문 전체에 걸쳐 살펴보았듯이, 자유주의와 파시즘과 민주주의를 두루 거친 이딸리아식 '자본주의 따라잡기'와 '자본주의 길들이기'의 역사가 그런 복잡한 유형학을 잘 보여준다. 만일 자본주의의 본질이 혁신을 야기하는 기제라면, 혁신적 잠재성을 발현하는 방식으로 자본주의에 대한 자발적이고 민주적인 통제가 유망할 것이다. 아마도 이런 방식이라면 부의 창조가 삶의 완성으로, 생산력의 증대가 행복의 증진으로 이어질 가망성이 클 것이다. 어쨌든 문제는 자본주의를 완성하면서 극복하는 과정에서 자본주의의 혁신적 잠재성을 한껏 발현시키는 일이다. 그러나 그 부단한 완성과 극복의 과정 끝에 어떤 종류의 자본주의나, 혹은 자본주의가 아닌 그 무엇이 기다리고 있을지는 누구도 속단할 수 없다. 자본주의를 따라잡고 길들이는 과정은 여전히 끝나지 않은 까닭이다. "나의 가장 위대한 작품은 아직 나오지 않았다!"[14]

19세기 산업 이딸리아를 대표한 기업가 알레산드로 로시의 어린 시절 이야기다. 언젠가 그는 1831년과 1834년에 발생한 프랑스 리옹 견직 공들의 파업 소식을 전하는 『공장의 메아리』(*L'Echo de la Fabrique*) 등 몇몇 잡지들을 구득하여 읽고 있었다. 이를 본 아버지 프란체스꼬가 대노하여 당장 책들을 태워버리라고 명했다. 아들은 아버지의 영이 못마땅했으나 시키는 대로 했다. 이 일화는 무엇을 말해주는가? 아버지는 구세대로서 파업 자체에 대해 일말의 고려도 하지 않은 반면, 신세대 아들은 그것을 냉정하게 분석하려고 했다. 이 미래의 기업가는 자본주의가 필연적으로 사회주의라는 역병을 몰고 온다고 생각했고, 따라서 이에 미리 대처해야 한다고 결론지었다. 그의 '산업봉건제'는 바로 그런 대비책들 중 하나였다.

로시는 산업을 원했지만 자본주의는 원치 않았다. 자본주의는 사회주의와 파업을 몰고 오니 말이다. 그래서 구상한 것이 산업봉건제였다. 이로부터 로시는 산업봉건제라는 대본을 중심으로 주도면밀하게 무대를 설치하고 연극을 준비했다. 스끼오를 목가적인 '정원 도시'로 만들려는 로시의 연출은 중세 봉건사회와 근대산업을 직접 결합시키려는 스펙터클한 기획이었다. 연극의 목적은 분명했다. 근대산업의 발전과 더불어 눈앞의 현실이 된 자본주의적 자본-노동 관계를 의도적으로 외면하는 것이었다. 눈앞의 현실이 자본주의가 아닌 것처럼, 자본주의는 딴 세상 이야기인 것처럼 자본주의를 의도적으로 배제하는 연극은, 당연하게도 관객들을 완전히 몰입시키는 데는 성공하지 못했다. 스끼오 노동자들의 대규모 파업은 무대 뒤에 감춰져 있던 자본주의의 현실을 고스란히 드러낸, 잠깐 동안이었지만 진실의 순간이었다.

그러나 연극은 계속되었다. 이어진 연극 속에서 이딸리아 자본주의는 짐짓 자본주의가 아닌 척 능청을 떨며 실은 산업 자본주의를 고도로 발전시켜나갔다. '벨 에포크'의 이딸리아 산업화는 적어도 지중해 연안 국가들 중에서는 전무후무한 규모와 속도의 경제발전을 대표했다. 산업 자본주의의 현실은 점점 더 존재감을 과시하기 시작했다. 졸리띠가 도입한 자본과 조직노동 사이의 '민주주의적' 타협 체제는 이딸리아 역사에서는 처음으로 산업 자본주의의 현실을 외면하지 않고 직시한 결과였다. 그러나 졸리띠주의의 솔직함은 거부감을 야기했다. 자본주의의 현실에 염증을 느끼던 일군의 지식인과 정치인 들이 이번에는 정치를 무대로 더 큰 연극을 준비하고 있었다. 바야흐로 파시즘의 정치적 연극이 막을 올리려고 하고 있었다.

파시스트들은 인간은 기계가 아니라고 외치며 미국의 금권주의와 기계문명을 성토했다. 그들에게는 소련도 유물론으로 타락한 또 하나의 기계문명일 뿐이었다. 그리하여 파시스트들은 미국으로 대표되는 자유주의적 자본주의와 소련으로 대표되는 공산주의 사이에서 '제3의 길'을 추구한다는 환상을 키워갔다. 그러나 파시스트들은 자본주의와 공산주의를 동시에 배격했지만 민족을 위대하게 만들어줄 강력한 산업을 원했다. 따라서 산업을 소유하고 통제하는 기업가들을 한편으로는 부르주아로 비난하면서도, 다른 한편으로는 그들에게 은밀한 구애의 손길을 내밀기도 하며 분열된 모습을 드러냈다. 무솔리니도 한편으로는 기업가 괄리노가 반파시스트 예술가들까지 후원하는 퇴폐적 부르주아 취향을 보이자 철퇴를 내리면서도, 다른 한편으로 아녤리의 장사꾼 기질에는 분통만 터뜨릴 뿐 팔짱만 끼고 있는 모습을 보인 것 자체가 분열적이다. 파시즘 연구자들이 파시즘의 성격을 둘러싸고, 특히 파시즘과 자본주의의 관계를 놓고 자기들끼리 분열하는 것도 그럴 만한 이유가 있는 셈이다. 사후적으로 돌이켜 보면, 파시즘의 '제3의 길'이건 코포라티즘이건 국가 자본주의건 혹은 국가 사회주의건 모두 한편의 장대한 연극이었다는 생각을 지울 수 없다. 물론 연극은 서툴고 억지스러워서 커튼콜은커녕 중도에 막을 내릴 수밖에 없었지만 말이다. 과연 파시즘의 몰락 직전 또리노를 필두로 터져나온 노동자들의 총파업은 파시즘의 패망을 촉진한 또 하나의 중요한 진실의 순간이었다. 그 후에도 노동자들의 봉기는 진한 잔상으로 남아 프랑스혁명기 상퀼로트에 대한 공포처럼 1962년에도, 1969년에도 계속해서 이딸리아 자본주의를 따라다녔다.

한편, 기업가들도 파시즘과 반파시즘 사이에서 열심히 연극을 준비했다. 예컨대 아녤리는 파시즘의 '로마 진군' 10주년을 기념하여

무대 1. 피아트와 파시즘(또리노, 1932)

1932년 10월 24일에 피아트 공장을 방문한 무솔리니를 성대하게 영접했다. 무솔리니와 아넬리가 설 연단 뒤에는 'FIAT'라는 글자와 파시즘의 상징인 '파스체스'—도끼가 꽂힌 나뭇가지 다발—가 거대하게 장식되어 있었고 확성기로는 파시즘의 전투 가요가 울려 퍼졌다. 이것이 연극이 아니면 무엇인가? 이 연극을 2만 5,000여명의 피아트 노동자들이 관람하고 있었다. 그러나 관객들이 10여년 후 무대를 뒤엎으며 파업에 나서고 파시즘이 패망할 때 아넬리와 발레따는 이번에는 정반대로 반파시즘의 연극을 준비했다. 특히 발레따는 민족해방위원회 삐에몬떼 지부의 숙청위원회 재판정에서 피아트가 반파시스트 파르티잔 조직들에 자금을 댔고 전시 상황에서 노동자들과 시민들을 위한 구호활동을 펼쳤음을 열정적으로 증명했다. 이로써 '피아트의 반파시즘'이라는 신화가 나타났다. 이 모든 것이 연극에 불과하고 실제 현실은 훨씬 더 고약하다는 어느 밀라노 기업가의 증언에도 불구하고 말이다. 어쨌든 새로운 연극은 대성공을 거두었고, 이는 '경제기적'으로 보상받았다.

포스트파시즘 시대 이딸리아의 경제발전이 보여주는 진실의 일면은, 그것이 이전 시대가 물려준 낡은 무대 위에서 '경제기적'이라는 놀라운 마술이 공연되었다는 사실이다. 그러나 마술 뒤에 감춰진 트릭은 으레 그렇듯이 알고 보면 그리 놀라운 것은 아니다. 전후 이딸리아 자본주의는 한편으로 파시즘이 남겨놓은 IRI라는 거대한 국가기구를 지렛대로 삼아 육중하게 발전했고, 다른 한편으로는 가족과 교회, 농민공동체 등 전통 시대의 제도들을 동원하여 날렵하게 증식해나갔다. 이 가족이나 국가와 같은 비자본주의적 제도들은 자본주의적 발전에 기능적이면서도 동시에 자본주의적 발전을 규제하는 역할을 수행했다. 이딸리아의

무대 2. 피아트와 '경제기적'(또리노, 1965)

경제발전을 전통과 근대성의 결합으로, 이딸리아 근대화를 "사회적 근
대화 없는 경제발전의 전략"이나 "규제된 근대화"로 개념화하는 관행
은 바로 그와 같은 '자본주의 따라잡기'를 포함하는 '자본주의 길들이
기'의 프레임과 정확하게 합치된다. 즉 '자본주의 길들이기'란 자본주
의의 폭발적 힘을 풀어놓으면서도, 그것이 인간과 사회까지 폭파시키
지 않는 방향으로 이끌고 가려는 문제의식을 반영한 것이다. 생각해보
라. 알파 로메오와 같은 고성능 스포츠카가 가속장치만 있고 제동장치

가 없다면 어떻게 되겠는가? 이딸리아 자본주의는 폭발적으로 질주하는 알파 로메오 스포츠카에 필수적인 강력한 제동장치를 반드시 장착해야 했던 것이다.

과연 이딸리아 자본주의라는 스포츠카를 운전한 기업가들은 자신들의 행동이 미칠 사회적 파장을 잘 알고 있었다. 그들은 자본주의가 자기 자신이 정박할 사회의 터전마저 쓸어버리지 않을까 우려했다. 이처럼 '사회적인 것'에 대한 기업가들의 고려가 '선험적으로' 경제발전에 작동하고 있었다. 여기서 '사회적인 것'을 '인간적인 것'으로, '선험적으로'를 '본능적으로'라는 말로 바꾸어도 상관없다. 어쨌든 기업가들은 경제발전을 독려하면서도 사회통합을 추구하는 방식으로 전통과 근대성의 조화를 이루고자 했다. 그리고 무엇보다 기업가들 자신이 기업가이기 이전에 인간이자 사회의 산물이었다. 그들은 인간으로서 염원하고 사회의 일원으로서 사고했다. 그들의 인간적 욕망과 사회적 비전이 특정한 방식으로 자본주의의 발전을 규정했다. 이런 방식으로 자본주의의 발전에 자본주의가 아닌 것들이 동원되고 활용되었다.

그렇다면 이딸리아의 경우에 자본주의에서 자본주의가 아닌 것을 모두 빼고 나면 남는 건 무엇일까? 만일 남는 게 아무것도 없다고 누군가 외친다면, 그는 이딸리아 자본주의를 진정한 의미에서 해체한 것이다! 그러나 해체의 역설이 있다. 이딸리아 자본주의는 사실 그 모든 비자본주의적 요소를 자신의 운명 속에 포용한 것이다! 로시는 비첸짜의 농민 공동체 전부를, 마떼이는 아예 이딸리아 국가 자체를 동원하여 거대한 자본주의적 기업을 육성했다. 꼬모의 기업가들도 가족을 밑천으로 삼아, 시민사회의 네트워크와 이데올로기 등을 연줄로 삼아 작지만 강한 자본주의적 기업군을 형성했다. 해체됐다던 자본주의가 어느새 부활한 것이다.

그러나 로시는 말할 것도 없고 마떼이와 꼬모의 기업가들도 어느덧 무대를 떠났다. 무대도 배우도 연출자도 모두 바뀌었다. 새로운 연극의 무대는 글로벌하다. 글로벌 자본주의의 경쟁 속에서 한때 이딸리아 자본주의의 친숙한 소품이었던 가족과 국가와 교회와 이데올로기가 속속 무대에서 철거되고 있다. 소품들이 철거된 무대는 넓고 빈 글로벌한 공간이다. 이는 실상 무대라고 할 수도 없다. 사람들은 이 무대 아닌 무대를 신자유주의 공간이라고 부르기도 한다. 사실, 이런 무대는 예전의 연출자와 배우 들이 가장 싫어하고 두려워한 것이었다. 그런데 국가가 철수한 빈자리를 새로운 도덕성이 메우고 있다. 더이상 국가에 기대를 걸지 않는 사람들의 무보수 노동에 기초한 자발적 사회활동은 신자유주의 시대에 공연되는 연극의 일부일 수도 있고, 아니면 그 연극에 맞서는 '반연극'일 수도 있다. 어쨌든 사람들은 자신의 삶을 영위하고 타인의 삶을 돕기 위해 세상의 무대에서 자신의 역할을 다할 것이다.

어떻게 보면 오늘날 자본주의는 더이상 연극을 하지 않는 것 같다. '자본주의 길들이기'라는 문제의식도 낡은 것이 된 듯하다. 그러나 밀레바흐가 지적하듯이, 자본주의를 점점 더 순수한 모습으로 변모시키는 듯한 신자유주의 개혁도 자본주의가 아닌 것들을 필요로 한다. 가령 가족과 국가, 종교에 대한 사랑과 충성, 헌신을 강조하는 도덕적 보수주의는 신자유주의의 또다른 일면이다. 논리를 확장하면, 애덤 스미스와 맑스가 통찰했듯이 언제나 자본주의는 도덕을, 이해관계는 열정을 수반하고 필요로 한다. 그러므로 무대가 텅 비어버리거나 연극이 완전히 중단되는 사태는 오지 않을 것 같다. 오히려 오늘날은 어느 때보다도 더 혼신을 다해 관객과 함께 호흡하는 열연이 필요한 시대다. 자본주의는 과거에도 그러했듯이 인간과 사회를 보호하며 자신의 효율성과 정당성에 대해 호소력을 발휘할 수 있어야 한다. 그러려면 역설적으로 들릴지 모르지만 자본주의는 자본주의가 아닌 것들을 존중해야 한다. 이는 곧 이 책의 프롤로그에서 미리 밝혔던 결론, 즉 자본주의는 자신의 타자들을 관용해야 한다는 요구를 상기시킨다. 이런 관용의 요구로부터 예컨대 시장가격은 공정가격을, 경제학은 경제 신학을 존중해야 한다. 공정 가격과 경제 신학은 중세적이고 반자본주의적인 것으로 치부되지만 실은 근대 자본주의를 위해 필요한 장치이기도 하다는 점을 깨달아야 하는 것이다.

문득 자본주의에 대한 뛰어난 개설서를 지은 저자들이 전해주는 재미있는 일화 한토막이 떠오른다. 10세기에 성 제랄드(St. Gerald)는 로마에서 아주 싼 가격으로 성직복을 구매했다고 한다. 한 상인이 이 소식을 듣고 그 가격에 샀으면 정말로 "땡잡은" 것이라고 성인에게 일러주었다. 그러자 성인은 좋아하기는커녕 옷을 판 이에게 서둘러 웃돈까지 얹어 되돌려주었다고 한다. 탐욕의 죄로 벌을 받을까 두려웠기 때문이다.[1] 이는 중세의 반자본주의적 공정가격과 경제 신학을 조롱하는 우화지만, 우리는 이를 정반대로 해석할 수도 있다. 즉 성 제랄드의 이야기는 자본주의를 인간과 사회가 받아들일 만하고 정당한 것으로 여기는데 필요한 **공정함**과 **도덕성**을 말해주고 있다는 것이다. 이 일화도 어쩌면 연극인데, 사실 세상이 무대고 삶이 연극이 아닌가? 자본주의도 예외는 아니다. 세상은 무대다(Theatrum mundi).

프롤로그 자본주의 해체하기?

1 빌 브라이슨 『빌 브라이슨 발칙한 유럽 산책』, 권상미 옮김(21세기북스 2008), 216면.

서장 자본주의 따라잡기, 자본주의 길들이기

1 Sandro Trento, *Il Capitalismo italiano* (Bologna: Mulino 2012), 13면.
2 같은 책 14면.
3 같은 책 15~17면.
4 요셉 슘페터 『경제발전의 이론: 기업가 이윤, 자본, 신용, 이자, 경기순환에 관한 연구』, 박영호 옮김(박영률출판사 2005), 95~96면.
5 자본주의의 주인공에 초점을 맞추는 슘페터-뜨렌또의 정의가 편파적이라고 보는 사람도 있을 것이다. 무엇보다 편파성은 자본주의의 절반인 노동이 정의에 반영되지 않은 데 있다. 맑스주의자는 물론이요 비맑스주의자도 자본주의를 임노동을 매개로 한 자본-노동 사이의 계급관계로 흔히 정의한다. 이럴 경우 자본주의는 생산수단을 소유하고 노동력을 구매하는 자본가와 생산수단을 결여하고 노동력을 판매하는 노동자, 그리

고 노동력 처분의 자유라는 세가지 구성 요소로 이루어진다. 그러나 역사는 자본주의가 자본-임노동 관계 이외의 다양한 형태의 사회적 관계들과 결합할 수 있음을 보여준다. 그런데도 자본주의를 특정한 계급관계로 정의하는 것은 잘못은 아니더라도 정의의 확장성을 현저히 떨어뜨린다. 즉 그런 정의는 역사적으로 19세기 중반~20세기 중반에는 잘 들어맞겠지만 다른 시기에는 그렇지 않다는 말이다. 예컨대 1970년대~1980년대 이후 자본과 조직노동의 타협 체제인 포드주의적 자본주의가 탈계급화되면서 유연한 글로벌 자본주의로 대체된 다음에도 여전히 계급이 자본주의에 대한 핵심적 분석 도구인지에 대해서는 의문을 품을 수 있다. 반면, 슘페터-뜨렌또의 정의는 자본주의 본연의 특성을 자본의 증식과 축적에서 찾고 이를 가능하게 하는 기업가 역량(entrepreneurship)에 주목함으로써 자본주의의 변신성과 혁신성, 적응력과 생존력을 최대한 정의에 반영하고 있다. 사실, 현실 자본주의와 경쟁하던 현실 사회주의가 몰락한 이후 자본주의의 역사에서 마땅히 주목하고 설명해야 할 부분도 바로 그와 같은 자본주의의 놀라울 정도로 유연한 성질이 아닐까 한다. 물론 정의의 문제에 과도하게 집착할 필요는 없다. 또한 슘페터-뜨렌또의 정의도 자본주의의 어떤 측면은 부각하지만 다른 측면은 간과한다는 점에서 불완전하다. 정의는 정의일 뿐이다. 그래도 슘페터-뜨렌또 정의의 상대적 타당성은 이딸리아 자본주의의 사례에서 어느정도 입증될 수 있는데, 이에 대해서는 본문 마지막 부분에서 간단히 재론할 것이다.

6 칼 폴라니 『거대한 변환: 우리시대의 정치적·경제적 기원』, 박현수 옮김(민음사 1991).

7 같은 책 100면.

8 같은 책 101~03면.

9 에릭 홉스봄 『극단의 시대: 20세기 역사』, 이용우 옮김(까치 1997), 475면.

10 Edward P. Thompson, *The Poverty of Theory & Other Essays* (New York and London: Monthly Review Press 1978), 154, 163면(에드워드 파머 톰슨 『이론의 빈곤』, 변상출 옮김(책세상 2013), 305, 322면). 강조는 원문의 것.

11 요컨대 자본을 자본주의와, 그리고 **자본주의**를 자본**주의**와 구별해야 하고, 역사적 현상이자 사회적 복합체로서의 자본**주의**를 연구할 필요가 있다는 말이다. 이에 대해서는 장문석 『민족주의 길들이기: 로마 몰락에서 유럽 통합까지 다시 쓰는 민족주의의 역사』(지식의풍경 2007), 79면을 참조하라.

12 해리 브레이버맨 『노동과 독점자본: 20세기에서의 노동의 쇠퇴』, 이한주·강남훈 옮김(까치 1998), 246~47면.

13 슘페터, 앞의 책 132~33면.

14 물론 이런 발상이 새로운 것은 아니다. 이미 베버는 프로테스탄티즘의 윤리와 자본주의 정신의 관계를 논하면서 "직업노동에의 헌신을 낳은 구체적인 '합리적' 사고와 삶의 형식"에 내재되어 있는 "비합리적 요소의 근원"을 밝히는 것이 자신의 근본적인 연구 동기라고 천명한 바 있다. 막스 베버『프로테스탄티즘의 윤리와 자본주의 정신』제2판, 박성수 옮김(문예출판사 1996), 58면.

15 Silvio Lanaro, "Genealogia di un modello," *Storia d'Italia. Le Regioni dall'Unità ad oggi: Il Veneto*, ed. Silvio Lanaro (Torino: Einaudi 1984), 75면; Emilio Franzina, *La Transizione dolce: Storie del Veneto tra '800 e '900* (Verona: Cierre 1990).

16 Robert Dalzell, Jr., *Enterprising Elite: The Boston Associates and the World They Made* (Cambridge, Mass.: Harvard University Press 1987), 12~13면.

17 같은 책 24, 61면.

18 리소르지멘또는 '다시 일어나다'라는 뜻의 동사 'risorgere'에서 파생한 명사다. 원래이 표현은 1847년 12월 까부르(Camillo Benso di Cavour)가 창간한 동명의 신문 이름에서 유래했다. 역사가 리얼(Lucy Riall)에 따르면, 리소르지멘또처럼 낭만적인 뉘앙스를 갖는 표현이 다른 민족들에게는 없다는 점에서 이딸리아 리소르지멘또의 서사적 성격을 확인할 수 있다고 한다. 요컨대 고유명사로서 리소르지멘또는 로마제국의 붕괴 이래로 오랫동안 내부 분열과 외국 지배에 시달린 이딸리아의 독립, 통일, 자유를 쟁취하려는 문화적 민족주의이자 정치적 행동주의를 일컫는다. 또한 그것은 프랑스 혁명이나 독일통일에 비견되는 이딸리아 근대사의 결정적인 사건이자 과정을 가리킨다. Lucy Riall, *Risorgimento: The History of Italy from Napoleon to Nation State* (New York: Palgrave Macmillan 2009), 159면.

19 '자본주의 따라잡기'의 프레임은 이딸리아의 자기비하 담론들에서 공히 발견된다. 가령 이딸리아 역사가 로마넬리(Raffaele Romanelli)에 따르면, 이딸리아의 지배계층을 '허약한 부르주아지'로 공격하는 반대파 담론에서 강조되어야 할 점은, 그런 담론이 이딸리아의 지배계층이 '부르주아적'이라고 비판하면서도 동시에 충분히 '부르주아적'이지 못했다고 비판한다는 것이다. 이는 일찍이 맑스(Karl Marx)가 인간은 자본주의의 과잉만이 아니라 자본주의의 결핍으로부터도 고통받는다고 지적한 것과 일맥상통한다. 요컨대 자본주의의 비판자들도 기본적으로 자본주의에 대한 부러움, 자본주의의 필연성에 대한 확신을 공유하고 있었던 셈이다. 바로 이것이 '자본주의 따라잡기'의 프레임이다. Raffaele Romanelli, "Political Debate, Social History and the Italian 'borghesia'," *The Journal of Modern History* 63: 4 (1991), 718면.

20 조반니 베르가 『말라볼리아가의 사람들』, 김운찬 옮김(문학동네 2013), 148면.

제1부 자유주의 시대

제1장 산업화로 가는 이딸리아의 길

1 Emilio Sereni, *Il Capitalismo nelle campagne 1860-1900* (Torino: Einaudi 1968).

2 Rosario Romeo, *Risorgimento e capitalismo* (Bari: Laterza 1959), 46면. 또한 그람시-로 메오 논쟁에 대해서는 Gianni Toniolo, *An Economic History of Liberal Italy 1850-1918* (London and New York: Routledge 1990), 134~38면을 참조하라.

3 Kent R. Greenfield, review of Rosario Romeo, *Risorgimento e capitalismo*, *The American Historical Review* 65: 3 (1960), 608면.

4 Toniolo, 앞의 책 135~37면.

5 Alexander Gershenkron, *Economic Backwardness in Historical Perspective* (New York, Washington and London: Frederick A. Praeger Publishers 1962), 73, 77면.

6 같은 책 80~89면.

7 Franco Bonelli, "Il Capitalismo italiano: Linee generali di interpretazione," *Storia d'Italia annali 1: Dal feudalesimo al capitalismo*, eds. Ruggiero Romano and Corrado Vivanti (Torino: Einaudi 1978), 1222~23면.

8 Luciano Cafagna, "Introduzione," *Dualismo e sviluppo nella storia italiana* (Venezia: Marsilio 1989), XLII~XLIII면.

9 Raffaele Romanelli, "Political Debate, Social History and the Italian 'Borghesia'," *The Journal of Modern History* 63: 4 (1991), 718면.

10 Silvio Lanaro, "Genealogia di un modello," *Storia d'Italia. Le Regioni dall'Unità ad oggi 2: Il Veneto*, ed. Silvio Lanaro (Torino: Einaudi 1984), 75면.

11 Duccio Bigazzi, *La Storia d'impresa in Italia: Saggio bibliografico, 1980-1987* (Milano: Franco Angeli 1990), 42면.

12 Melchiorre Gioia, *Sulle manifatture nazionali e tariffe daziarie. Discorso popolare* (Milano 1819), 46면, Volker Hunecke, *Classe operaia e rivoluzione industriale a Milano 1859-1892* (Bologna: Mulino 1982), 40면에서 재인용.

13 Gian Domenico Romagnosi, "Considerazioni sulla libertà commerciale in oggi adottata

dall'Inghilterra," *Annali universali di statistica* 20 (1829), 131면, Hunecke, 앞의 책 37면에서 재인용.

14 Giovanni Merlini, *Il Passato, il presente e l'avvenire della industria manifatturiera in Lombardia* (Milano: Libreria di Francesco Sanvito 1857), 36~37면.

15 Hunecke, 앞의 책 41면.

16 Luciano Cafagna, "La Lombardia e l'Europa Vivente' di Carlo Cattaneo," *Dualismo e sviluppo nella storia d'Italia* (Venezia: Marsilio 1989), 20~21면.

17 Umberto Puccio, "Carlo Cattaneo storico ed ideologo della borghesia e dello sviluppo capitalistico," *Studi Storici* 4 (1970), 703면.

18 Hunecke, 앞의 책 78면.

19 Giuseppe Sacchi, "Commento dell'editore ad un articolo di L. A. Parravicini," *Annali universali di statistica*, vol. 76 (1843), 40면, Hunecke, 앞의 책 48면에서 재인용. 강조는 원문의 것. 싸끼의 진술에서 경제 문제를 사회적 국면 속에서 고려해야 한다는 대목은 의미심장하다. 이런 태도야말로 폴라니가 말했듯이 경제 중심의 사고에 맞서 사회적 관점을 회복하는 것이니 말이다. 폴라니는 경제를 사회에 되묻으려는 사회적 보호운동의 한 사례로서 이상적 공장촌을 만들려고 했던 영국의 유명한 초기 사회주의자 오언(Robert Owen)의 이념, 즉 오언주의를 들고 있다. 오언주의야말로 사회를 경제 영역과 정치 영역으로 분리하는 것을 용납하지 않았던 '사회적 관점'의 좋은 사례라는 것이다. 이 대목에서 로마뇨시와 싸끼의 사회철학과 오언주의의 '사회적 관점' 사이의 형식적 유사성이 확인된다고 말할 수도 있다. 칼 폴라니 『거대한 변환: 우리시대의 정치적·경제적 기원』, 박현수 옮김(민음사 1991), 212면.

20 Roberto Romano, "Romagnosi, Messedaglia, la 'scuola lombardo-veneta': La Costruzione di un sapere sociale," *La Scienza moderata: Fedele Lampertico e l'Italia liberale*, ed. Renato Camurri (Milano: Franco Angeli 1992), 183면.

21 같은 글 189면.

22 '롬바르디아-베네또 학파'에 대한 강력한 비판자는 1874년 피렌쩨에서 '애덤 스미스 협회'(la Società Adamo Smith)의 결성을 주도한 고전 경제학과 자유무역론의 기수 페라라(Francesco Ferrara)였다. 그는 '롬바르디아-베네또 학파'의 국가 개입주의 사상이 '사회주의'에 경도된 것이라고 비난했다. 그러나 역사가 로마넬리에 따르면, '롬바르디아-베네또 학파'가 '강단 사회주의자들'의 논리적 극단에 도달한 적은 없었다는 점에서 페라라의 비난은 부당하다. Raffaele Romanelli, *Italia liberale* (Bologna: Mulino

1990), 176~82면.

23 Carlo Fumian, *La Città del lavoro: Un'Utopia agroindustriale nel Veneto contemporaneo* (Venezia: Marsilio 1990), 72면.

24 Romano, 앞의 글 179면.

25 페라라는 일찍이 까부르식의 지나친 '경험주의'가 고전 경제학의 보편성에 위배된다고 비판한 바 있었고, 이는 '롬바르디아-베네또 학파'에도 그대로 적용될 수 있는 비판이었다. 또한 이 학파의 지나친 '지역주의'도 반대자들에게는 좋은 공격거리였다. 그러나 로마넬리에 따르면, '롬바르디아-베네또 학파'의 사상은 단순한 지역주의를 넘어서 "사회입법과 정치경제학의 몇가지 테마들에 대해 새로운 연구 경향이 산업적 북부의 한층 더 발전된 환경을 만나 들려주는 모종의 조화로운 협화음"이었다. Romanelli, 앞의 책 180~81면.

26 Leopoldo Magliaretta, "Pellegrino, carpone, purchè si vada: Sviluppo economico e opzione politica nel pensiero di Fedele Lampertico," *La Scienza moderata: Fedele Lampertico e l'Italia liberale*, ed. Renato Camurri (Milano: Franco Angeli 1992), 277면.

27 람뻬르띠꼬는 "가려거든 두 손 두 발로 기어가는 (…) 고행자적" 민중을 돕기 위해 노력하는 것만이 "공공질서를 위한 최선의 보증"이라고 확신했다. 민중을 대하는 람뻬르띠꼬의 태도에는 어딘지 '간장을 끓게 하는' 면이 있으며, 그의 민중관은 베네찌아 출신 사제요, 철학자이자 경제학자인 오르떼스(Giovanni Maria Ortes)의 "필요-고통"의 개념에서 영향을 받은 것으로 보인다. Magliaretta, 같은 글 261~62면.

28 Magliaretta, 같은 글 266면.

29 Guido Baglioni, *L'Ideologia della borghesia industriale* (Torino: Einaudi 1974), 308면.

30 Guido Baglioni, "Alessandro Rossi è un personaggio moderno?" *Schio e Alessandro Rossi: Imprenditorialità, politica, cultura e paesaggi sociali del secondo Ottocento*, ed. Giovanni Luigi Fontana (Roma: Edizioni di Storia e Letteratura 1985).

31 Hunecke, 앞의 책 42면.

제2장 산업봉건제

1 Stuart D. Brandes, *American Welfare Capitalism, 1880-1940* (Chicago: University of Chicago Press 1970), ix면.

2 Irving Bernstein, *The Lean Years: A History of the American Worker, 1920-1933* (Baltimore: Penguin Books 1960). 또한 Nikki Mandell, *The Corporation as Family: The Gendering of Corporate Welfare, 1890-1930* (Chapel Hill and London: The University of North Carolina Press 2002), 4~5면을 참조하라.

3 David Brody, *Workers in Industrial America* (New York: Oxford University Press 1980). 또한 Mandell, 앞의 책 4~5면을 참조하라.

4 Eugene D. Genovese, *Roll, Jordan, Roll: The World the Slaves Made* (New York: Vintage Books 1972), 3~7면.

5 Edward P. Thompson, *Customs in Common* (London: Penguin Books 1991), 22면.

6 Andrea Tone, *The Business of Benevolence: Industrial Paternalism in Progressive America* (Ithaca: Cornell University Press 1997). 또한 Mandell, 앞의 책 5~6면을 참조하라.

7 Mandell, 앞의 책 7~8면.

8 A. Nicolas, *Del protestantesimo e di tutte le eresie nel loro rapporto col socialismo, preceduto dall'esame di uno scritto del signor Guizot* (Milano 1853), Emilio Franzina, "Alle origini dell'Italia industriale: Ideologia e impresa in A. Rossi," *Classe* 4 (1971), 각주 104에서 재인용.

9 Alessandro Rossi, ad un collega, Schio, 21 giugno 1871, Emilio Franzina, "Operai, braccianti, socialisti nel Veneto bianco," *Storia d'Italia. Le Regioni dall'Unità a oggi: Il Veneto*, ed. Silvio Lanaro (Torino: Einaudi 1984), 720면에서 재인용.

10 봉건제와 중세의 비유는 당시에 일반적이었다. 가령 마르쪼또(Marzotto) 가문의 거대한 직물 공장이 있었던 발다뇨(Valdagno)는 종종 "봉건 영지"나 "산업적 중세"로 묘사되었다. Luigi Guiotto, *La Fabbrica totale: Paternalismo industriale e città sociali in Italia* (Milano: Feltrinelli 1979), 140면. 한편, 푸미안은 까메리니의 "농공업적 유토피아"의 구상을 프랑스의 "봉건적 자본주의" 외에 미국의 "자비로운 봉건제"(benevolent feudalism)나 영국의 "신사 자본주의"(gentlemanly capitalism) 등의 개념들로 설명하기도 한다. Carlo Fumian, *La Città del lavoro: Un'Utopia agroindustriale nel Veneto contemporaneo* (Venezia: Marsilio 1990), 6~7면.

11 Fumian, 같은 책 7면.

12 같은 책 71면.

13 이딸리아어로 'villaggio sociale'는 직역하면 '사회 촌락'이지만 여기서는 '공장촌'으로 옮겼다. 이와 유사한 말로 'città sociale', 즉 '공장 도시'가 있다. 공장촌 혹은 공장 도

시란 기업이 의식적으로 설계하고 건설한 자기완결적·자급자족적 공간으로서, 공장을 중심으로 노동자 주거지와 각종 사회시설이 갖추어진 일종의 촌락이나 도시를 말한다. 영어에서 이에 해당하는 말로는 'industrial village'와 'company town' 등이 있다. Stuart D. Brandes, *American Welfare Capitalism, 1880-1940* (Chicago: The University of Chicago Press 1970), ix면.

14 Roberto Romano, *I Crespi: Origini, fortuna e tramonto di una dinastia lombarda* (Milano: Franco Angeli 1985), 87면.

15 Fabio Levi, *L'Idea del buon padre* (Torino: Rosenberg & Sellier 1984), 64면.

16 M. I. 핀리 『서양고대경제』, 지동식 옮김(민음사 1993), 15면.

17 Romano, 앞의 책 83면.

18 Levi, 앞의 책 72면.

19 농민-노동자들의 행동양식과 문화에 대해서는 Franco Ramella, *Terra e telai: Sistemi di parentela e manifattura nel Biellese dell'Ottocento* (Torino: Einaudi 1984)을 참조하라.

20 Piero Brunello, "Interventi," *Schio e Alessandro Rossi: Imprenditorialità, politica, cultura e paesaggi sociali del secondo Ottocento*, ed. Giovanni Luigi Fontana (Roma: Edizioni di Storia e Letteratura 1985), 43면.

21 '새로운 스끼오' 건설 계획은 실행 단계에서 곡면 도로가 밋밋한 직선 도로로, 단독 주택이 집단 주택으로 대체되었다. 또한 파업 이후 로시는 노동자들의 정신교육의 중요성을 인식하여 18세 미만 문맹 노동자들을 대상으로 읽고 쓰고 셈하는 법과 더불어 기독교 윤리를 가르치기 위해 한시간 일찍 일을 마치게 했다. Franco Barbieri, "La 'Nuova Schio' di Alessandro Rossi," *Villaggi operai in Italia: La Val padana e Crespi d'adda* (Torino: Einaudi 1981), 241면; Emilio Franzina, "Alle origini dell'Italia industriale: ideologia e impresa in A. Rossi," *Classe* 4 (1971), 208~10면.

22 Luigi Guiotto, *La Fabbrica totale: Paternalismo industriale e città sociali in Italia* (Milano: Feltrinelli 1979). 특히 '총체적 공장'에 대해서는 이 책의 서두에 실린 라멜라(Franco Ramella)의 소개문을 참조하라. 여기서 라멜라는 산업 온정주의의 작품인 공장촌이 "공장 밖에서 허비되는 시간을 경향적으로 영(零)으로 만들면서 노동자들의 모든 노동 시간 및 여가시간을 억류할 필요와 연관된, 가장 긴 노동시간을 부과할 수 있다는 가설"에 바탕을 두고 있었음을 날카롭게 지적했다(11면).

23 레이먼드 윌리엄스 『시골과 도시』, 이현석 옮김(나남 2013), 51면.

24 같은 책 61면.

25 같은 책 76면.

26 같은 책 77면. 강조는 인용자의 것.

27 Alessandro Rossi, *Socialismo e fraternato* (Firenze: Uffizio della Rassegna Nazionale 1888).

28 Massimiliano Marangon, "Il Recupero mito-logico del modo di produzione germanico e le basi etnoculturali della modernizzazione rossiana," *Schio e Alessandro Rossi: Imprenditorialità, politica, cultura e paesaggi sociali del secondo Ottocento*, ed. Giovanni Luigi Fontana (Roma: Edizioni di Storia e Letteratura 1985), 여러 곳에서 참조.

29 Franca Bertamini, "La Città del capitale e il controllo sulle donne," *Schio e Alessandro Rossi: Imprenditorialità, politica, cultura e paesaggi sociali del secondo Ottocento*, ed. Giovanni Luigi Fontana (Roma: Edizioni di Storia e Letteratura 1985), 449~50면.

제3장 산업왕조

1 슘페터 『경제발전의 이론』, 박영호 옮김(박영률출판사 2005), 234면.

2 Duccio Bigazzi, *La Storia d'impresa in Italia: Saggio bibliografico, 1980-1987* (Milano: Franco Angeli 1990), 48~50면.

3 Franco Amatori, "Italy: The Tormented Rise of Organizational Capabilities between Government and Families," *Big Business and the Wealth of Nations*, eds. Alfred Chandler, Jr., Franco Amatori and Takashi Hikino (Cambridge, Eng.: Cambridge University Press 1997), 275면.

4 Alfred D. Chandler, Jr., *Scale and Scope: Dynamics of Industrial Capitalism* (Cambridge, Mass.: Harvard/Belknap 1990).

5 Andrea Colli, *The History of Family Business 1850-2000* (Cambridge, Eng.: Cambridge University Press 2003), 15면.

6 Geoffrey Jones and Mary B. Rose, "Family Capitalism," *Family Capitalism*, eds. Geoffrey Jones and Mary B. Rose (New York: Routledge 2012), 1면.

7 Harold James, *Family Capitalism: Wendels, Haniels, Falcks, and the Continental European Model* (Cambridge, Mass.: The Belknap Press of Harvard University Press 2006), 4면.

8 Colli, 앞의 책 16~17면. 또한 이하 가족기업의 개념에 대해서는 장문석 「가족기업의 개념과 역사: 이탈리아의 경우를 중심으로」, 『대구사학』 118(2015), 284~95면을 참조

308

하라.

9 이상의 가족기업의 정의 방식에 대한 논의로는 Colli, 앞의 책 18~20면을 참조하라.

10 같은 책 1~5면.

11 Bigazzi, 앞의 책 42면.

12 Roberto Romano, *I Crespi: Origini, fortuna e tramonto di una dinastia lombarda* (Milano: Franco Angeli 1985), 55, 154~58면.

13 토마스 만 『부덴브로크 가의 사람들 2』, 홍성광 옮김(민음사 2001), 351~53, 465면. 아울러 이딸리아 가족 자본주의의 역사적 맥락에서 살펴본 '부덴브로크 신드롬'에 대한 논평을 위해서는 장문석 「이탈리아의 가족 자본주의와 '부덴브로크 신드롬': 롬바르디아의 경우를 중심으로」, 『서양사연구』 52 (2015)를 참조하라.

14 Jones and Rose, 앞의 글 6~7면.

15 Luciano Segreto, *I Feltrinelli: Storia di una dinastia imprenditoriale 1854-1942* (Milano: Feltrinelli 2011), 15면.

16 Colli, 앞의 책 35면.

17 Ettore Conti, *Dal taccuino di un borghese* (Bologna: Mulino 1986), 432면.

18 Stephen A. Marglin, "What do Bosses do?: The Origins and Functions of Hierarchy in Capitalist Production," *Review of Radical Political Economics* 6: 2 (Summer 1974), 33~60면. 한편, 마글린의 견해에 대한 강력한 비판으로는 David S. Landes, "What do Bosses Really do?" *The Journal of Economic History* 46: 3 (1986), 585~623면을 보라. 마글린에게 기업가의 역할은 기술적 효율성이라기보다는 나뽈레옹과 같은 성정으로 노동자를 통제하는 것인 반면, 랜디스는 기업가 활동의 핵심이 "더 값싼 제품을 만들 수 있도록 생산 요소들을 배치하는 능력"(594면)에 있다고 보았다.

19 Antonio Gramsci, "La Fine di un potere," *L'Ordine Nuovo*, 27 marzo 1920, Valerio Castronovo, *Giovanni Agnelli* (Torino: UTET 2003), 204면에서 재인용.

막간극

1 '이딸리에따'란 문자 그대로 '작고 아름다운 이딸리아'라는 뜻이다. '이딸리에따'는 세기말 '벨 에포크'의 번영, 그러니까 뿌치니의 오페라와 영화산업과 자동차로 상징되는 안락함을 표현한다. 그러나 '이딸리에따'의 비판자들은 종종 그것을 "비겁하고 정기가

부족한" 어떤 것으로 묘사했다. Giuliano Procacci, *History of the Italian People* (London: Weidenfeld and Nicolson 1970), 320~23면.

2 Valerio Castronovo, *L'Industria italiana dall'Ottocento a oggi* (Milano: Oscar Mondadori 1980), 76~77면.

3 Valerio Castronovo, *Fiat, 1899-1999: Un Secolo di storia italiana* (Milano: Rizzoli 1999), 166면.

4 Nicola Crepax, *Storia dell'industria in Italia: Uomini, imprese e prodotti* (Bologna: Mulino 2002), 19~25면.

5 Castronovo, 앞의 책 141~42면.

6 Giovanni Spadolini, *Gli Uomini che fecero l'Italia* (Milano: Longanesi 1971), 39면.

7 Crepax, 앞의 책 30~33면.

8 Paul Corner, "The Road to Fascism: An Italian Sonderweg?" *Contemporary European History* 11: 2 (2002), 278면.

9 같은 글 279면에서 재인용.

10 같은 글 288~89면.

11 같은 글 285~86면.

12 같은 글 291면.

13 마거릿 콘 『래디컬 스페이스: 협동조합, 민중회관, 노동회의소』, 장문석 옮김(삼천리 2013), 208~09면.

14 Corner, 앞의 글 276면.

15 Valerio Castronovo, "La Grande industria: Giochi interni e linea di fondo," *Il Ponte* (ottobre 1970), 1205~10면.

16 La Stampa, *La Città dell'Avvocato: Giovanni Agnelli e Torino. Storia di un amore* (Torino: Editrice La Stampa 2008), 21면. 강조는 인용자의 것.

17 이상의 피아트 협동조합화 제안을 둘러싼 에피소드에 대해서는 주로 다음을 참고했다. Giuseppe Berta, "Cooperazione impossibile: La Fiat, Torino e il 'biennio rosso'," *Fiat, 1899-1930: Storia e documenti* (Milano: Fabbri 1991).

18 *Avanti!*, 1 ottobre 1920, Valerio Castronovo, *Giovanni Agnelli* (Torino: UTET 2003), 195면에서 재인용.

19 *La Stampa*, 31 ottobre 1920. 아넬리 모친의 장례식 정경에 대해서는 장문석 『피아트와 파시즘: 기업은 국가를 어떻게 활용했는가』(지식의풍경 2009), 39~40면을 보라.

제2부 파시즘 시대

제4장 파시즘과 자본주의

1 George L. Mosse, "Introduction: Towards a General Theory of Fascism," *International Fascism: New Thoughts and New Approaches*, ed. George L. Mosse (London: SAGE Publications 1979), 1면.

2 Roger Griffin, ed., *International Fascism: Theories, Causes and the New* Consensus (London: Oxford University Press 1998), 59면.

3 Ernesto Rossi, *Padroni del vapore e fascismo* (Bari: Laterza 1966), 9면.

4 Palmiro Togliatti, *Lectures on Fascism* (New York: International Publishers 1976), 5면. 똘리아띠는 파시즘의 대중 여가 조직인 도뽈라보로(Dopolavoro)를 설명하면서 이렇게 말했다. "나는 이 주제가 우리의 전술을 결정하는 데 근본적이기 때문에 이 주제를 거론했다. 파시스트 독재는 도뽈라보로를 조직했고, 이를 통해 대중에게 일정량의 혜택을 제공하고 어느정도 이딸리아 노동 대중의 필요를 충족시키면서 대중이 그것에 참여하지 않을 수 없게 만들었다"(75면).

5 A. Rossi(Angelo Tasca), *The Rise of Italian Fascism, 1918-1922* (London: Methuen 1938), 340면.

6 Giovanni Zibordi, "Critica socialista del fascismo," *Il Fascismo: Le Interpretazioni dei contemporanei e degli storici*, 2nd edition, ed. Renzo De Felice (Bari: Laterza 1998), 39면.

7 Renzo De Felice, "Primi elementi sul finanziamento del fascismo dalle origini al 1924," *Rivista Storica del Socialismo* 22 (1964), 224면; Adrian Lyttelton, *Seizure of Power: Fascism in Italy, 1919-1929* (Princeton: Princeton University Press 1973), 210~11면.

8 Piero Melograni, *Gli Industriali e Mussolini: Rapporti tra Confindustria e fascismo dal 1919 al 1929* (Milano: Longanesi 1972), 108면.

9 Renzo De Felice, ed., *Il Fascismo: Le Interpretazioni dei contemporanei e degli storici*, 2nd edition, ed. Renzo De Felice (Bari: Laterza 1998), 22, 30면.

10 Renzo De Felice, *Mussolini il Duce I: Gli Anni del consenso 1929-1936* (Torino: Einaudi 1974).

11 *Panorama*, 31 Luglio, 1975, Borden W. Painter, Jr., "Renzo De Felice and the

Historiography of Italian Fascism," *The American Historical Review* 95: 2 (April 1990), 396면에서 재인용.

12 Nicola Tranfaglia, "Consenso e no per Renzo De Felice," *Il Ponte* 6 (giugno 1996), 1면.

13 Nicola Tranfaglia, *La Prima guerra mondiale e il fascismo* (Torino: UTET 1995), 466면.

14 같은 책 465~66면.

15 Luisa Passerini, *Fascism in Popular Memory: The Cultural Experience of the Turin Working Class*, tr. Robert Lumley and Jude Bloomfield (Cambridge, Eng.: Cambridge University Press 1987).

16 Maurizio Gribaudi, *Mondo operaio e mito operaio: Spazi e percorsi sociali a Torino nel primo Novecento* (Torino: Einaudi 1987).

17 Victoria de Grazia, *The Culture of Consent: Mass Organization of Leisure in Fascist Italy* (Cambridge, Eng.: Cambridge University Press 1981).

18 Borden W. Painter, Jr., "Renzo De Felice and the Historiography of Italian Fascism," *The American Historical Review* 95: 2 (April 1990), 400면. 강조는 인용자의 것.

19 Henry A. Turner, Jr., "Fascism and Modernization," *World Politics* 24: 4 (1972).

20 A. James Gregor, "Fascism and Modernization: Some Addenda," *World Politics* 26: 3 (1974).

21 파시즘이 정치적·이데올로기적 역할을 했다는 것은 파시즘의 서로 모순적인 약속들 속에서 극명하게 드러난다. 메이어에 따르면, 파시즘은 크게 보아 세가지를 약속했다. 첫째, 엘리트들에게는 경제적 기득권을 보호해주겠다고 약속했는데 이는 이행하기가 가장 쉬웠다. 둘째, 제대 장병과 청년 들에게는 "가치의 혁명"을 약속했고, 이를 일시적인 폭력에 의존하여 실행했다. 셋째, 대량생산 체제에 위협받던 농민과 중소기업가 들에게는 대기업 중심의 자본주의로부터 보호해주겠다고 약속했다. 불행히도, 이 약속은 가장 허구적이었다. Charles S. Maier, "Some Recent Studies of Fascism," *The Journal of Modern History* 48: 3 (1976), 520~21면; Charles S. Maier, *In Search of Stability: Explorations in Historical Political Economy* (Cambridge, Eng.: Cambridge University Press 1987), 88~115면.

22 Rolf Petri, *Storia economica d'Italia* (Bologna: Mulino 2002), 13~14면.

23 Paul Corner, "Fascist Agrarian Policy and the Italian Economy in the Inter-War Years," *Gramsci and Italy's Passive Revolution*, ed. John A. Davis (London: Croom Helm 1979), 269면.

24 Walter L. Adamson, "Modernism and Fascism: The Politics of Culture in Italy, 1903~1922," *The American Historical Review* 95: 2 (1990), 359~67, 374, 381~88면.

25 Ruth Ben-Ghiat, *Fascist Modernities: Italy, 1922-1945* (Berkeley: University of California Press 2001), 1~15면.

26 Jeffrey Herf, *Reactionary Modernism: Technology, Culture, and Politics in Weimar and the Third Reich* (Cambridge, Eng.: Cambridge University Press 1984), 1~2면.

27 같은 책 141~51, 165~66면.

28 후견제란 사적 개인들 사이에 형성된 보호와 복종의 유대관계를 뜻한다. 즉 그것은 국가의 보호 기능이 취약한 상황에서 다양한 연고와 연줄을 통해 경제적 이득이 확보되거나 정치적 영향력이 행사되는 인간관계를 통칭한다. 이딸리아의 경우 후견제의 극단적인 사례가 '마피아'(mafia)다. 역사가 까파냐에 따르면, 북부 이딸리아에서는 사제와 교회가 사회통제의 기능을 담당한 반면(특히 베네또 모델의 경우), 남부 이딸리아에서는 마피아가 사회통제의 수단이었다. 경제발전만이 아니라 사회통제도 이원적이었던 셈이다. 그런데 흥미로운 건 북부 사제는 산업화에 기여한 반면, 남부 마피아는 그렇지 못했다는 점이다. Luciano Cafagna, "Prefazione," *Carlo Fumian, La Città del lavoro: Un'Utopia agroindustriale nel Veneto contemporaneo* (Venezia: Marsilio 1990), 12면.

29 이합집산이란 안정된 정당정치 구조가 부재한 상황에서 뇌물이나 엽관을 통해 정치적 반대파를 흡수하거나 중립화하는 이딸리아 특유의 거래정치 관행을 뜻한다.

30 전복주의란 의회주의나 점진주의적 방식으로 정치적 목적을 달성하기보다는 헌정적 절차를 무시하고 일거에 사회질서를 파괴하거나 전변시키려는 급진적 경향을 뜻한다.

31 Carlo Tullio-Altan, *Nostra Italia: Arretratezza socioculturale, clientelismo, trasformismo e ribellismo dall'unità ad oggi* (Milano: Feltrinelli 1986).

32 Tim Mason, "Italy and Modernization: A Montage," *History Workshop Journal* 25 (1988), 139, 142~43면.

33 이른바 '새로운 합의 학파'의 파시즘 정의에 대한 논의에 대해서는 Roger Griffin ed., *International Fascism: Theories, Causes and the New Consensus* (London: Oxford University Press 1998), 1~20, 50~56면을 참조하라.

34 Emilio Gentile, "Fascism in Power: The Totalitarian Experiment," *Short Oxford History of Italy Liberal and Fascist Italy*, ed. Adrian Lyttelton (Oxford: Oxford University Press 2002).

35 Kevin Passmore, "Theories of Fascism: A Critique from the Perspective of Women's and Gender History," *Rethinking the Nature of Fascism: Comparative Perspectives*, ed. António

Costa Pinto (New York: Palgrave Macmillan 2011), 137면.

제5장 자본주의 길들이기(I): 파시즘

1 Benito Mussolini, "Torino," *Popolo d'Italia*, 27 aprile 1920, Benito Mussolini, *Scritti politici di Benito Mussolini*, ed. Enzo Santarelli (Milano: Feltrinelli 1979), 192~93면.

2 괄리노의 몰락에 대해서는 장문석 「파시스트 이탈리아의 엘리트 갈등과 국가 구성: 토리노의 파시스트들과 기업가들, 1922~1929」, 『대구사학』 113 (2013), 19~21면을 보라.

3 장문석 『피아트와 파시즘』(지식의풍경 2009), 118면.

4 Archivio di Stato di Torino, Gabinetto di Prefettura, "Fiat affari generali," busta 250, fascicolo 2. 또한 장문석, 앞의 책 207면을 보라. 강조는 인용자의 것.

5 Duccio Bigazzi, "Management Strategies in the Italian Car Industry 1906-1945: Fiat and Alfa Romeo," *The Automobile Industry and Its Workers: Between Fordism and Flexibility*, eds. Steven Tolliday and Jonathan Zeitlin (Cambridge, Eng.: Polity Press 1986), 83, 93면.

6 Alberto Bellucci, *L'Automobile italiana, 1918-1943* (Roma and Bari: Laterza 1984), 78면.

7 Bigazzi, 앞의 글 83, 93면.

8 같은 글 93면.

9 Duccio Bigazzi, *Il Portello: Operai, tecnici e imprenditori all'Alfa-Romeo 1906-1926* (Milano: Franco Angeli 1988), 13면.

10 Pier Luigi Bassignana, *Fascisti nel paese dei soviet* (Torino: Bollati Boringhieri 2000), 15면.

11 같은 책 16면.

12 안토니오 그람시 『그람시의 옥중수고 I: 정치편』, 이상훈 옮김(거름 1986), 303~46면.

13 Bassignana, 앞의 책 22면.

14 같은 책 27면.

15 Galeazzo Ciano, *Diario, 1939-1940* (Milano: Rizzoli 1946), 298면. 또한 장문석, 앞의 책 230면을 보라.

16 코포라티즘(corporativismo/corporatism)은 번역하기 까다로운 용어다. 종종 '조합주의'나 '담합주의'로 번역되곤 한다. 혹은 아직 사용된 적은 없어도 '단체주의' 역시 가능한 번역어로 생각된다. 코포라티즘은 중세 유럽에서 길드나 대학, 도시와 같은 일종의 법인체(단체)를 뜻하는 코포레이션(corpoazione/corporation)을 사회 조직의 기본

단위로 삼는 이념이나 체제를 말한다. 그런 점에서 코포라티즘은 파시즘의 전유물은 아니다. 그럼에도 파시즘은 코포라티즘에 강력한 이데올로기적·정치적 차원을 첨가하여 국가가 '민족적 이해관계'의 이름으로 사용자와 노동자의 이해관계를 조정하는 권능을 행사하도록 만들었다. 나아가 파시즘은 코포레이션 대평의회가 궁극적으로 의회 체제를 대체할 것으로 선전하고, 또 그렇게 실행했다.

17 Nicola Tranfaglia, *La Prima guerra mondiale e il fascismo* (Milano: TEA 1995), 488면. 강조는 인용자의 것.

18 Charles S. Maier, *Recasting Bourgeois Europe: Stabilization in France, Germany, and Italy in the Decade after World War I*, 2nd ed. (Princeton: Princeton University Press 1988).

19 Rolf Petri, *Storia economica d'Italia* (Bologna: Mulino 2002), 106면.

20 같은 책 104~05면.

21 같은 책 105면.

22 같은 책 105~06면.

23 Alberto Aquarone, *L'Organizzazione dello Stato totalitario* (Torino: Einaudi 1965), 303면.

24 코포라티즘 아래에서도 거대 기업가들의 이해관계가 굳건히 관철되었다는 프랑끄의 견해에 대해서는 Louis Franck, *Corporativismo ed economia dell'Italia fascista*, ed. Nicola Tranfaglia (Torino: Bollati Boringhieri 1990)을 참조하라.

25 Ugo Spirito, *Il Corporativismo* (Firenze: Sansoni 1970), 35면.

26 Roland Sarti, "Review," *The American Historical Review* 102: 5 (1997), 1523면.

27 H. Stuart Hughes, *The United States and Italy*, 2nd ed. (New York: The Norton Library 1968), 83면.

28 Tranfaglia, 앞의 책 486면.

29 Aquarone, 앞의 책 193면.

30 Sarti, 앞의 글 1523면.

31 이런 점에서 파시즘은 일찍이 서스펜스 영화의 대가 히치콕(Alfred Hitchcock)의 기법인 '맥거핀'(MacGuffin)과 유사해 보인다. 예를 들어보자. 누군가 빈 방의 탁자 밑에 시한폭탄을 장치했다. 관객들은 이를 알고 있다. 그러나 이를 모르는 영화 속 인물들은 방에 들어와 카드게임을 한다. 관객들은 시한폭탄이 언제 터질지 몰라 가슴을 졸인다. 그런데도 영화 속 인물들은 태연하다. 언제 터질 것인가? 그런데 갑자기 영화 속 인물들 중 한명이 차나 한잔 하자고 제안하면서 모두들 방에서 나가버린다. 아무 일도 벌어지지 않은 것이다. 바로 이것이 '맥거핀'이다. 즉 그것은 '아무것도 아닌 것'이다. 그러

나 엄밀하게 보자면, '아무것도 아닌 것'은 아니다. 그것은 그 무엇이다. 왜냐하면 '맥거핀'은 필경 무에서 유, 즉 서스펜스를 창출했기 때문이다. 파시즘을 '맥거핀'으로 본다는 의미도 바로 여기에 있다. 파시즘은 수사였지만 동시에 어떤 현실을 창출했다는 의미인 것이다.

32 Valerio Castronovo, *Giovanni Agnelli* (Torino: UTET 1971), 416면.

33 Ernesto Cianci, *Nascita dello Stato imprenditore in Italia* (Milano: Mursia 1977), 261~63, 276면.

34 Carlo Celli, "Introduction," *Economic Fascism: Mussolini's Crony Capitalism*, ed. Carlo Celli (Edinburgh: Axios Press 2013), 12면에서 재인용. 강조는 인용자의 것.

35 Benito Mussolini, "Plan for the New Italian Economy," *Economic Fascism: Mussolini's Crony Capitalism*, ed. Carlo Celli (Edinburgh: Axios Press 2013), 279면.

36 'crony capitalism'은 통상 '정실 자본주의'로 번역된다. 그러나 여기서는 국가 규제를 통한 관료 및 정치인과 기업가의 연관을 강조하는 '관치 자본주의'가 더 적절하다고 여겨 이렇게 옮기기로 한다. 파시즘의 '관치 자본주의'에 대해서는 Celli, 앞의 글 1~20면을 보라.

37 같은 글 12~13면.

38 Mussolini, 앞의 글 278면.

39 Benito Mussolini, "To the Workers of Milan," *Economic Fascism: Mussolini's Crony Capitalism*, ed. Carlo Celli (Edinburgh: Axios Press 2013), 251~52면. 강조는 인용자의 것.

40 Luisa Passerini and Marcella Filippa, "Memorie di Mirafiori," *Mirafiori, 1936-1962*, ed. Carlo Olmo (Torino: Umberto Allemandi 1997), 330면. 강조는 인용자의 것.

제6장 자본주의 길들이기(II): 기업가

1 Valerio Castronovo, *Giovanni Agnelli* (Torino: UTET 1971), 377면. 강조는 인용자의 것.

2 Ernesto Rossi, *I Padroni del vapore* (Bari: Laterza 1955), 129면.

3 같은 책 111면.

4 Alan Friedman, *Agnelli and the Network of Italian Power* (London: A. Mandarin Paperbacks 1988), 35면.

5 이딸리아어 원어로는 'il gran coglione'이다. 여기서는 적절한 번역어가 없어 그냥 '얼간이'로 옮겼지만, 실은 더 입에 담기 힘든 비속어다. 참고로 coglione는 남성의 고환을 뜻한다.

6 Alberto Bellucci, *L'Automobile italiana, 1918-1943* (Roma: Laterza 1984), 13면.

7 이 일화들은 장문석 『피아트와 파시즘』(지식의풍경 2009)에 상세히 소개되어 있다.

8 Victoria De Grazia, *The Culture of Consent* (Cambridge, Eng.: Cambridge University Press 1981), 73~74면; Elisabetta Benenati, *La Scelta del paternalismo: Un'azienda dell'abbigliamento tra fascismo e anni '50* (Torino: Rosenberg & Sellier 1994), 188면.

9 Ernesto Galli della Loggia, "Fiat e l'Italia," *Grande impresa e sviluppo italiano: Studi per i cento anni della Fiat*, eds. Cesare Annibaldi and Giuseppe Berta (Bologna: Mulino 1999), 30면에서 재인용.

10 매튜 비숍, 마이클 그린 『박애자본주의』, 안진환 옮김(사월의책 2010).

11 Luciano Avagliano, *Il Cuore del capitalismo americano: Filantropia, università, cattolicesimo e lo sviluppo industriale degli Stati Uniti* (Milano: Franco Angeli 1998).

12 이하에서 설명한 19세기 후반 이후 미국의 기업가적 박애에 대해서는 다음의 책을 참조했다. Olivier Zunz, *Philanthropy in America: A History* (Princeton: Princeton University Press 2012).

13 가슬리니의 사례를 통해 이딸리아의 박애 자본주의에 대해 선구적으로 연구한 업적으로는 Paride Rugafiori, *Rockefeller d'Italia: Gerolamo Gaslini imprenditore e filantropo* (Roma: Donzelli Editore 2009)를 꼽을 수 있다.

막간극

1 Dopolavoro Fiat, "Provvidenze," *Il Bianco e il Rosso*, 19 aprile 1943.

2 Archivio Storico Torino, Gabinetto di Prefettura, busta 250. 강조는 인용자의 것.

3 Ministero per la Costituente, *Rapporto della Commissione Economica, presentato all'Assemblea Costituente II: Industria* (Roma: Istituto Poligrafico dello Stato 1946), 302면.

4 프란체스코 귀차르디니 『리코르디』, 김대웅 옮김(노브 2009), 96면.

5 Ernesto Galli della Loggia, "La Fiat e L'Italia," *Grande impresa e sviluppo italiano: Studi per i cento anni della Fiat*, eds. Cesare Annibaldi and Giuseppe Berta (Bologna: Mulino 1999),

28면.

6 S. J. Woolf, "Did a Fascist Economic System exist?" *The Nature of Fascism*, ed. S. J. Woolf (New York: Random House 1968), 128면.

7 La Stampa, *La Città dell'Avvocato: Giovanni Agnelli e Torino. Storia di un amore* (Torino: Editrice La Stampa 2008), 20면. 강조는 인용자의 것.

8 Luciano Baroa, "Le Belle idee da sole non bastano," *L'Unità*, 25 novembre 1954.

9 Stefano Musso, "La Fiat di Valletta," *Storia di Torino 9: Gli Anni della Repubblica*, ed. Nicola Tranfaglia (Torino: Einaudi 1999), 277면.

제3부 민주주의 시대

제7장 국가 자본주의

1 Tiziana Di Maio, *Alcide De Gasperi e Konrad Adenauer: Tra superamento del passato e processo di integrazione europea 1945-1954* (Torino: G. Giappichelli Editore 2004), 1면.

2 Sergio Pistone, "Italian Political Parties and Pressure Groups in the Discussion on European Union," *Documents on the History of European Integration 3: The Struggle for European Union by Political Parties and Pressure Groups in Western European Countries 1945-1950*, eds. Walter Lipgens and Wilfried Loth (Berlin and New York: Walter de Gruyter 1988), 139면.

3 Luciano Segreto, "Entrepreneurs and the Fascist Regime in Italy: From the Honeymoon to the Divorce," *Enterprise in the Period of Fascism in Europe*, eds. Harold James and Jakob Tanner (Aldershot: Ashgate 2002), 86면.

4 Rosario Romeo, *Breve storia della grande industria in Italia* (Milano 1988), 135면.

5 떼르니는 이딸리아의 근대 중공업을 상징하는 기업이었다. 떼르니는 당시 최신 공법이었던 '마르틴-지멘스 공정'을 도입하고 이딸리아 국방성의 수주를 통해 이딸리아 최대의 강철기업으로 성장했다. 그러나 떼르니는 통합 강철 생산 주기를 완성하는 데 실패했고, 국가 수요 이외의 시장을 찾지 못함으로써 경영난을 겪게 되었다. 이에 1910년 로마의 금융가 본디(Max Bondi)에 의해 인수되어 마침내 통합 생산 주기가 완성되었고 1918년에 떼르니는 다른 회사들과 함께 새로운 강철기업 일바로 재편되었

318

다. 비록 3년 후 본디는 무리한 다각화 정책으로 파산하고 말았지만, 일바는 그 후에도 정부 통제 아래에서 이딸리아를 대표하는 강철기업으로 발전했다.

6 Franco Amatori, "Beyond State and Market: Italy's Futile Search for a Third Way," *The Rise and Fall of State-Owned Enterprise in the Western World*, ed. Pier Angelo Toninelli (Cambridge, Eng.: Cambridge University Press 2000), 130면.

7 Harold James, *Family Capitalism: Wendels, Haniels, Falcks, and the Continental European Model* (Cambridge, Mass.: The Belknap Press of Harvard University Press 2006), 30~31면.

8 Franco Bonelli, "Il Capitalismo italiano: Linee generali di interpretazione," *Storia d'Italia annali 1: Dal feudalesimo al capitalismo*, eds. Ruggiero Romano and Corrado Vivanti (Torino: Einaudi 1978), 1204면.

9 Vera Zamagni, *The Economic History of Italy, 1860-1990* (Oxford: Clarendon Press 1993), 219면.

10 Franco Amatori, "Italy: The Tormented Rise of Organizational Capabilities between Government and Families," *Big Business and the Wealth of Nations*, eds. Alfred Chandler, Jr., Franco Amatori and Takashi Hikino (Cambridge, Eng.: Cambridge University Press 1997), 258면.

11 Franco Amatori, "Reflections on Global Business and Modern Italian Enterprise by a Stubborn 'Chandlerian'," *Business History Review* 71: 2 (1997).

12 Franco Amatori, "Beyond State and Market: Italy's Futile Search for a Third Way," *The Rise and Fall of State-Owned Enterprise in the Western World*, ed. Pier Angelo Toninelli (Cambridge, Eng.: Cambridge University Press 2000), 152~54면.

13 Federico Caffè, "Aspetti strutturali ed evolutivi del sistema imprenditoriale italiano," *Un'Economia in ritardo* (Torino: Boringhieri 1976), 85~86면, Duccio Bigazzi, *La Storia d'impresa in Italia: Saggio bibliografico, 1980-1987* (Milano: Franco Angeli 1990), 38면에서 재인용함.

14 Silvio Lanaro, *L'Italia nuova: Identità e sviluppo, 1861-1988* (Torino: Einaudi, 1988), 34, 100면.

15 여기서 '7자매'는 미국의 5대 석유기업인 뉴저지 스탠더드 석유회사(엑슨), 소코니-배큐엄 석유회사(모빌), 캘리포니아 스탠더드 석유회사(셰브런), 텍사스 석유회사, 걸프 석유회사, 그리고 2대 영국 기업인 앵글로페르시아 석유회사와 셸 사를 말한다.

16 윌리엄 엥달『석유 지정학이 파헤친 20세기 세계사의 진실: 영국과 미국의 세계 지배

체제와 그 메커니즘』, 서미석 옮김(길 2007), 145~54면.

17 예컨대 Piero Bairati, *Vittorio Valletta* (Torino: UTET 1983), 304면을 보라.

18 마떼이와 이딸리아 자본주의의 관계에 대해서는 Franco Amatori, "Italy: The Tormented Rise of Organizational Capabilities between Government and Families," *Big Business and the Wealth of Nations*, eds. Alfred Chandler, Jr., Franco Amatori and Takashi Hikino (Cambridge, Eng.: Cambridge University Press 1997), 260~62면을 참조하라.

19 Nico Perrone, *Enrico Mattei* (Bologna: Mulino 2001), 7면.

제8장 가족 자본주의(I): 거인들

1 Luciano Segreto, "Entrepreneurs and the Fascist Regime in Italy: From the Honeymoon to the Divorce," *Enterprise in the Period of Fascism in Europe*, eds. Harold James and Jakob Tanner (Aldershot: Ashgate 2002), 88면.

2 Geoffrey Jones and Mary B. Rose, "Family Capitalism," *Family Capitalism*, eds. Geoffrey Jones and Mary B. Rose (New York: Routledge 2012), 4~5면.

3 이하 가족기업의 상대적 이점에 대해서는 장문석 「가족기업의 개념과 역사」, 『대구사학』 118권(2015), 291~92면을 참조하라.

4 Andrea Colli, *The History of Family Business 1850-2000* (Cambridge, Eng.: Cambridge University Press 2003), 30~32면.

5 David S. Landes, *Dynasties: Fortunes and Misfortunes of the World Great Family Business* (New York: Penguin Books 2006), xv~xvii면. 랜디스의 전반적인 논지에 대해서는 같은 책의 290~306면을 보라.

6 Geoffrey Jones, *Merchants to Multinationals: British Trading Companies in the Nineteenth and Twentieth Centuries* (Oxford: Oxford University Press 2000). 또한 Colli, 앞의 책 44면을 보라.

7 Colli, 앞의 책 33~34면; Harold James, *Family Capitalism: Wendels, Haniels, Falcks, and the Continental European Model* (Cambridge, Mass.: The Belknap Press of Harvard University Press 2006), 380면.

8 '무도덕의 가족주의'는 미국 정치학자 밴필드(Edward C. Banfield)가 만들어낸 개념이다. 여기서 '무도덕'이란 부도덕하다는 말이 아니라 아예 도덕이 없다는 말이다. 밴필

드는 이딸리아 남부의 한 마을인 몬떼그라노(Montegrano) — 이는 가명이고 실제는 끼아로몬떼(Chiaromonte)임 — 를 관찰하면서 가족을 위해서라면 기꺼이 동료 시민들을 희생시키는 후진적인 사회 상황을 이 개념으로써 표현했다. 이딸리아에서 유명한 마피아도 바로 이런 인류학적 토양에서 자라났다. 이 토양은 곧 주민들의 관계가 불신과 시샘으로 가득 찬 상황, 말하자면 사회자본이 결여된 상태라고 말할 수 있다. 남부 이딸리아 사회에 대한 밴필드의 흥미로운 분석을 위해서는 Edward C. Banfield, *The Moral Basis of a Backward Society* (Glencoe: The Free Press 1958)를 참조하라.

9 James, 앞의 책 6, 21, 377면.

10 장문석, 앞의 글 293면.

11 홍하상 『유럽 명품 기업의 정신』(을유문화사 2013), 287~89면.

12 Landes, 앞의 책 xi면.

13 홍하상, 앞의 책 289~91면.

14 James, 앞의 책 377~78면.

15 Valerio Castronovo, *Giovanni Agnelli* (Torino: UTET 1971), 152면.

16 David S. Landes, "L'Automobile e sviluppo industriale," *Grande impresa e sviluppo italiano: Studi per i cento anni della Fiat*, eds. Cesare Annibaldi and Giuseppe Berta (Bologna: Mulino 1999), 28, 33~34면.

17 아녤리 가문의 금고라고 할 수 있는 IFI의 탄생에 대해서는 Valerio Castronovo, *Fiat, 1899-1999: Un Secolo di storia italiana* (Milano: Rizzoli 1999), 382~85면을 참조하라.

18 James, 앞의 책 341면.

19 『포춘』의 기사에 대해서는 이딸리아 일간지 『언론』을 참조했다. "Un Articolo di 'Fortune' sul prof. Vittorio Valletta," *La Stampa*, 27 dicembre 1960.

20 "Era il primo operaio della Fiat," *La Stampa*, 11 agosto 1967.

21 "Who's Who in Foreign Business," *The Business Globe* 1 (1961).

22 Giuseppe Turani, *L'Avvocato, 1966-1985: Il Capitalismo italiano fra rinuncia e ripresa* (Milano: Sperling & Kupfer Editori 1985), 139면.

23 Landes, 앞의 책 163면.

24 같은 책 52면.

25 삐에몬떼주의는 피아트의 본산 또리노가 위치한 삐에몬떼 지역의 명칭에서 유래했다. 그것은 삐에몬떼인들의 기질이나 품성이라고 간주된 어떤 성향에 근거하여 피아트 노동자들의 근면과 복종을 요구한 일종의 이데올로기였다. 나아가 삐에몬떼주의는

가족기업 피아트의 폐쇄적 구조를 정당화하기도 했다. 즉 피아트의 최고경영진은 삐에몬떼 출신이 아니면 안 된다는 완고한 원칙으로 표출된 것이다. 예컨대 피아트가 경영위기를 겪던 2003년에 오스트리아 출신의 한 경영자가 영입되었을 때 언론에서는 다음과 같은 의문이 제기되었다. 삐에몬떼 방언과 삐에몬떼 토속음식인 바냐 까오다(bagna caoda)를 모르는 사람이 어떻게 피아트를 경영할 수 있는가? 그러나 잔니 아녤리를 보좌한 뛰어난 경영자 로미띠 역시 삐에몬떼 사람이 아니었다. 삐에몬떼주의는 신화였던 것이다! 그럼에도 삐에몬떼주의가 가족기업 피아트의 폐쇄적 구조와 노동자들의 순응주의를 정당화하는 효과적인 이데올로기적 장치로 기능했음은 부정할 수 없다.

26 Eugenio Scalfari, "La Cura Agnelli per l'Italia," *La Repubblica*, 25 novembre 1982.

27 Stefano Musso, "La Fiat di Valletta," *Storia di Torino 9: Gli Anni della Repubblica*, ed. Nicola Tranfaglia (Torino: Einaudi 1999), 279~80면.

28 싸보이아주의는 삐에몬떼 절대왕정을 지배한 싸보이아(Savoia) 왕조의 명칭에서 유래했다. 그것은 삐에몬떼주의와 더불어 피아트의 명확한 정체성을 형성하고 있었다. 아닌 게 아니라 1939년에 인쇄된 피아트 창업자 조반니 아녤리에 대한 회사의 공식 프로필 소개서에는 피아트가 "17~18세기에 조직되고 연마된 군사적 삐에몬떼의 파생물"로 명확하게 규정되고 있다. 또한 창업자는 삐에몬떼의 정체성과 문화를 전형적으로 구현한 인물로, 즉 "삐에몬떼의 전통과 그것의 전형적인 덕성(진지함, 노동에 대한 애착, 근면함, 규율)이라고 할 수 있는 군사적 심성"을 체현한 인물로 묘사되었다. 이런 묘사들로부터 삐에몬떼주의의 본질이 싸보이아주의임을 쉽게 알아챌 수 있다. Archivio Storico Fiat, "Giovanni Agnelli," 1939.

29 구체제와 상뀔로뜨의 은유는 Sergio Bologna, "A proposito di *Lavorare in Fiat* di Marco Revelli," *Movimento Operaio e Socialista* 1-2 (gennaio-agosto 1990), 205면에서 빌려왔다.

30 '뜨거운 가을'은 1969년 가을부터 북부 이딸리아의 산업 중심지들에서 분출된 일련의 파업 사태를 뜻한다. 이 기간 중에 대략 4억 4,000만 시간이 파업으로 손실되었다고 한다. 노동자들은 더 높은 임금과 더 나은 노동조건을 내세우며 대학생들과 함께 연대 투쟁을 벌였다. 요컨대 '뜨거운 가을'은 1차대전 직후 이딸리아를 달군 이른바 '붉은 2년'의 재판이면서 동시에 이딸리아 '68혁명'의 연장선상에서 이해될 수 있는 노동자 운동이었다.

31 심상완 「이태리 피아트자동차의 구조조정과 노사관계」, 『구조조정의 정치: 세계 자동차산업의 합리화와 노동』, 조돈문 외(문화과학사 1999), 301~04면.

32 같은 글 12~16면.
33 같은 글 328~34면.

제9장 가족 자본주의(II): 소인들

1 Arnaldo Bagnasco, *Tre Italie: La Problematica territoriale dello sviluppo italiano* (Bologna: Mulino 1977).

2 프랜시스 후쿠야마 『트러스트: 사회도덕과 번영의 창조』, 구승회 옮김(한국경제신문사 1996), 147면.

3 '산업단지'는 경제학자 마셜(Alfred Marshall)의 개념으로서, 제3의 이딸리아 등 포스트 포드주의를 주장하는 학자들에 의해 재활용되면서 정교화되었다. 이 개념은 경제 구조와 관련해서는 ① 기업들의 공간적 근접성, ② 동일 부문이나 유사 분야에서의 특화 ③ 생산 주기의 국면적 분할 ④ 제품 다변화와 주문 생산화 등의 특징을 갖는다. 한편 산업단지는 사회 구조와 관련해서는 다음과 같은 특징을 보인다. ① 노동 윤리, 높은 위험부담, 저축 성향 등 공동의 가치 체계의 존재 ② 공동체 감정 ③ 가치의 확산과 이전에 유리한 제도적 네트워크의 존재. 산업단지에 대해서는 Roberta Rabellotti, *External Economies and Cooperation in Industrial Districts: A Comparison of Italy and Mexico* (New York: Macmillan Press LTD 1997), 18면을 참조하라.

4 Charles F. Sabel and Jonathan Zeitlin, "Historical Alternatives to Mass Production: Politics, Markets and Technology in Nineteenth Century Industrialization," *Past and Present* 108 (1985), 133~76면.

5 공식 명칭은 '고상하고 성스러운 노동 기사단'(Noble and Holy Order of the Knights of Labor)으로 1869년에 설립되어 1880년대에 미국 최대의 노동조직으로 성장했다. 이들은 사회주의를 거부하고 노동자들의 사회문화적 고양을 추구했다. 8시간 노동제와 아동노동 금지, 협동조합 등 공화주의에 기초한 생산자들의 민주주의적 윤리를 강조했다.

6 Michael J. Piore and Charles F. Sabel, *The Second Industrial Divide: Possibilities for Prosperity* (New York: Basic Books 1984), 303~06면.

7 David S. Landes, "Small is Beautiful. Small is Beautiful", *Piccola e grande impresa: Un problema storico* (Milano: Franco Angeli 1987), 27~28면.

8 Alfred Chandler, Jr., Franco Amtori and Takashi Hikino, "Historical and Comparative Contours of Big Business," *Big Business and the Wealth of Nations*, eds. Alfred Chandler, Jr., Franco Amtori and Takashi Hikino (Cambridge, Eng.: Cambridge University Press 1997, 3면; Alfred Chandler, Jr. and Takashi Hikino, "The Large Industrial Enterprise and the Dynamics of Modern Economic Growth," *Big Business and the Wealth of Nations*, eds. Alfred Chandler, Jr., Franco Amatori and Takashi Hikino (Cambridge, Eng.: Cambridge University Press 1997), 24면.

9 후쿠야마, 앞의 책 156~58면.

10 Robert D. Putnam 『사회적 자본과 민주주의』, 안청시 외 옮김(박영사 2000), 6, 139~50, 172~73면.

11 같은 책 251~55, 286면.

12 후쿠야마, 앞의 책 150~56면.

13 마거릿 콘 『래디컬 스페이스: 협동조합, 민중회관, 노동회의소』, 장문석 옮김(삼천리 2013), 239~44면.

14 퍼트넘도 이딸리아 공산당이 지방정부를 장악한 곳에서 좋은 성과가 나타났다는 사실을 평가하는 데 망설임을 보인다. 퍼트넘의 원래 입장은 다음과 같았다. "공산당 지역의 정부가 좀더 성공적인 것은 그들의 경작기술이 훌륭했기 때문이 아니라 그들이 남들보다 비옥한 땅을 경작했기 때문이다. 그들이 **누구냐**가 아니라 **어디에** 있느냐가 중요했던 것이다." 그러나 시민적 전통이 약한 곳에서도 공산당의 집권 이후 성과가 나타났으므로 공산당의 기여를 무시할 수는 없다. 이에 대해 퍼트넘은 공산당이 중앙 차원에서 집권하기 위해서는 지방 차원에서도 좋은 시정활동을 펼쳐야 한다는, 나름대로 합리적 계산을 했으리라고 추론한다. 물론 다른 추론도 있는데, 이에 따르면 공산당은 중앙 차원에서 한번도 권력을 잡아본 적이 없어서 상대적으로 타락할 기회가 적었다고 한다. 퍼트넘은 이 두번째 추론에는 별로 공감하지 않는다. 그러나 콘은 20세기 초반에 이딸리아 사회당이 중앙 의회정치에서 밀려나자 오히려 지방정치에 모든 관심과 노력을 투여하여 세제개혁을 통한 서민 부담 경감, 과밀학급 해소, 상하수도 시설 확충 등 지방 시정에서 많은 개선을 이루어낼 수 있었다고 판단한다. Putnam, 앞의 책 179~80면. 강조는 원문의 것; 콘, 앞의 책 220~25면.

15 콘, 같은 책 227~29, 237~38면.

16 Anna Bull and Paul Corner, *From Peasant to Entrepreneur: The Survival of the Family Economy in Italy* (Providence and Oxford: Berg 1993), 2~7면. 불과 코너의 연구에 대해

서는 또한 장문석 「이탈리아의 가족 자본주의와 '부덴브로크 신드롬': 롬바르디아의 경우를 중심으로」, 『서양사연구』 52(2015), 94~98면을 참조하라.

17 Bull and Corner, 앞의 책 111면.

18 같은 책 82~90, 103~06면.

19 Sylvia Junko Yanagisako, *Producing Culture and Capital: Family Firms in Italy* (Princeton and Oxford: Princeton University Press 2002), 29~31면. 야나기사코의 연구에 대해서는 또한 장문석, 앞의 글 98~100, 103~05면을 참조하라.

20 Yanagisako, 앞의 책 4~12면.

21 같은 책 32~34면.

22 같은 책 127~28면. 강조는 인용자의 것.

23 같은 책 5, 13면.

24 William H. Sewell, Jr., "Crooked Line," *The American Historical Review* 113: 2 (2008), 401~04면.

25 아르투어 쇼펜하우어 『쇼펜하우어의 행복론과 인생론』, 홍성광 옮김(을유문화사 2013), 51면.

에필로그 신자유주의 시대를 살아가기

1 Andrea Muehlebach, *The Moral Neoliberal: Welfare and Citizenship in Italy* (Chicago: The University of Chicago Press 2012), 3~5면.

2 같은 책 5면.

3 도덕 경제에 대해서는 Edward P. Thompson, *Customs in Common* (London: Penguin Books 1991)을 참조하라.

4 Muehlebach, 앞의 책 6~8면. 인용문에서 강조는 인용자의 것.

5 같은 책 10~20면.

6 같은 책 20~22면.

7 이른바 '도덕 총량 불변의 법칙'이나 '도덕 일정 성분비의 법칙'은 다른 각도에서 경제에 대한 '경제 외적 요소 총량 불변의 법칙'이나 '경제 외적 요소 일정 성분비의 법칙'으로 변주될 수도 있다. 중세 봉건제에서 영주의 경제활동은 경제 외적 강제력을 전제로 했다. 즉 영주의 군사력과 재판권, 도덕적 규제력 등을 통해 장원 농민들로부터 경

제적 잉여를 수취했다는 말이다. 그러나 근대 자본주의에서 그런 경제 외적 강제력은 순수한 경제적 강제력으로 대체되었다. 이제 노동자들은 억지로 강요받지 않더라도 굶어 죽지 않으려면 알아서 경제활동에 나서야 했다. 자본가도 영주처럼 경제 외적 강제력을 앞세울 필요는 없어졌다. 이 자본주의 특유의 경제적 강제력이야말로 자본주의의 가장 중요한 혁신으로 간주될 만하다. 그럼에도 자본주의에서 경제 외적 요소들이 사라진 것은 아니었다. 봉건제에서 개별 영주에게 산재해 있던 경제 외적 강제력은 자본주의에서는 개별 영주의 손에서 탈취되어 '국가'라는 단일한 지점에 집중되었으니 말이다. 그러므로 자본주의에서도 봉건제에서처럼 경제에 대해 경제 외적 요소들은 일정한 총량이나 비율을 유지했던 셈이다. 한편, 오늘날 신자유주의의 시대에 국가의 규제적 역할이 취약해지는 듯이 보이지만, 새로운 정치적·도덕적·이데올로기적 공간들이 열리면서 다양한 형태로 경제 외적 요소들이 국가 바깥에 분산되어 편재하거나 다시 국가 안으로 소환되어 재편되는 모습을 볼 수 있다. 이런 맥락에서 보면, 뮐레바흐가 말하는 이른바 '윤리적 시민권'이라는 것도 국가 바깥에서 비강제력(자발성)의 형태를 띠고 등장한 경제 외적 요소로 이해된다.

8 이해관계의 개념사에 대한 허쉬먼의 견해에 대해서는 앨버트 O. 허쉬먼『열정과 이해관계』, 김승현 옮김(나남 1994)을 참조하라.

9 Yanagisako, 앞의 책 9면.

10 같은 책 9면.

11 같은 책 23~30면. 맑스의 말은 23면에서 재인용. 인용문의 강조는 인용자의 것.

12 특히 마거릿 콘『래디컬 스페이스: 협동조합, 민중회관, 노동회의소』, 장문석 옮김(삼천리 2013), 215~20면을 보라.

13 Muehlebach, 앞의 책 16면.

14 힐러리 맨틀『혁명 극장 1』, 이희재 옮김(교양인 2015), 185면.

맺음말

1 밀버그 하일브로너『자본주의: 어디서 와서 어디로 가는가』, 홍기빈 옮김(미지북스 2010), 88~89면.

Adamson, Walter L. "Modernism and Fascism: The Politics of Culture in Italy, 1903-1922." *The American Historical Review*, vol. 95, no. 2 (1990).

Adler, Franklin. *Italian Industrialists from Liberalism to Fascism: The Political Development of the Industrial Bourgeoisie, 1906-1934*. Cambridge, Eng.: Cambridge University Press 1995.

Agnelli, Giovanni. *Intervista sul capitalismo moderno*. ed. Arrigo Levi. Roma: Laterza 1983.

Agnelli, Susanna. *We Always Wore Sailor Suits*. New York: Bantam 1976.

Amatori, Franco. "Entrepreneurial Typologies in the History of Industrial Italy (1880-1960): A Review Article." *Business History Review*, vol. 54, no. 3 (Autumn 1980).

Amatori, Franco. "Italy: The Tormented Rise of Organizational Capabilities between Government and Families." *Big Business and the Wealth of Nations*. eds. Alfred Chandler, Jr., Franco Amtori and Takashi Hikino. Cambridge, Eng.:

Cambridge University Press 1997.

Amatori, Franco. "Reflection on Global Business and Modern Italian Enterprise by a Stubborn 'Chandlerian'." *Business History Review*, vol. 71, no. 2 (summer 1997).

Amatori, Franco. "Gli Uomini del professore: Strategie, organizzazioni, management alla Fiat fra anni venti e anni sessanta." *Grande impresa e sviluppo italiano: Studi per i cento anni della Fiat.* eds. Cesare Annibaldi and Giuseppe Berta. Bologna: Mulino 1999.

Amatori, Franco. "Beyond State and Market: Italy's Futile Search for a Third Way." *The Rise and Fall of State-Owned Enterprise in the Western World.* ed. Pier Angelo Toninelli. Cambridge, Eng.: Cambridge University Press 2000.

Amatori, Franco. "The Fascist Regime and Big Business: The Fiat and Montecatini Cases." *Enterprise in the Period of Fascism in Europe.* eds. Harold James and Jakob Tanner. Aldershot: Ashgate 2002.

Annibaldi, Cesare and Giuseppe Berta eds. *Grande impresa e sviluppo italiano: Studi per i cento anni della Fiat.* Bologna: Mulino 1999.

Aquarone, Alberto. *L'Organizzazione dello Stato totalitario.* 2nd ed. Torino: Einaudi 1995.

Avagliano, Luciano. *Il Cuore del capitalismo americano: Filantropia, università, cattolicesimo e lo sviluppo industriale degli Stati Uniti.* Milano: Franco Angeli 1998.

Baglioni, Guido. *L'Ideologia della borghesia industriale nell'Italia liberale.* Torino: Einaudi 1974.

Baglioni, Guido. "Alessandro Rossi è un personaggio moderno?" *Schio e Alessandro Rossi: Imprenditorialità, politica, cultura e paesaggi sociali del secondo Ottocento.* ed. Giovanni Luigi Fontana. Roma: Edizioni di Storia e Letteratura 1985.

Bagnasco, Arnaldo. *Tre Italie: La Problematica territoriale dello sviluppo italiano.* Bologna: Mulino 1977.

Bairati, Piero. *Vittorio Valletta.* Torino: UTET 1983.

Bairati, Piero. "La Città-fabbrica di Valletta." *Torino dal fascismo alla repubblica. Storia illustrata di Torino.* ed. Valerio Castronovo. Milano: Elio Sellino 1993.

Banfield, Edward C. *The Moral Basis of a Backward Society.* Glencoe: The Free Press 1958.

Barberis, Walter. *Le Armi del Principe: La Tradizione militare sabauda.* Torino: Einaudi 1988.

Barbieri, Franco. "La 'Nuova Schio' di Alessandro Rossi." *Villaggi operai in Italia: La Val padana e Crespi d'Adda.* Torino: Einaudi 1981.

Bassignana, Pier Luigi. *Fascisti nel paese dei soviet.* Torino: Bollati Boringhieri 2000.

Bellucci, Alberto. *L'Automobile italiana, 1918-1943.* Roma: Laterza 1984.

Benenati, Elisabetta. *La Scelta del paternalismo: Un'Azienda dell'abbigliamento tra fascismo e anni '50.* Torino: Rosenberg & Sellier 1994.

Ben-Ghiat, Ruth. *Fascist Modernities: Italy, 1922-1945.* Berkeley: University of California Press 2001.

Bernstein, Irving. *The Lean Years: A History of the American Worker, 1920-1933.* Baltimore: Penguin Books 1960.

Berta, Giuseppe. "La Cooperazione impossibile: la Fiat, Torino e il 'biennio rosso'." *Fiat, 1899-1930: Storia e documenti.* Milano: Fabbri 1991.

Berta, Giuseppe. *Conflitto industriale e struttura d'impresa alla Fiat.* Bologna: Mulino 1998.

Bertamini, Franca. "La Città del capitale e il controllo sulle donne." *Schio e Alessandro Rossi: Imprenditorialità, politica, cultura e paesaggi sociali del secondo Ottocento.* ed. Giovanni Luigi Fontana. Roma: Edizioni di storia e letteratura 1985.

Bigazzi, Duccio. "Gli Operai della catena di montaggio: La Fiat, 1922-1943." *La Classe operaia durante il fascismo.* Milano: Feltrinelli 1981.

Bigazzi, Duccio. "Management Strategies in the Italian Car Industry, 1906-1945: Fiat and Alfa Romeo." *The Automobile Industry and Its Workers: Between Fordism and Flexibility.* eds. Steven Tolliday and Jonathan Zeitlin. Cambridge,

Eng.: Polity Press 1986.

Bigazzi, Duccio. *Il Portello: Operai, tecnici e imprenditori all'Alfa-Romeo 1906-1926*. Milano: Franco Angeli 1988.

Bigazzi, Duccio. *La Storia d'impresa in Italia: Saggio bibliografico, 1980-1987*. Milano: Franco Angeli 1990.

Bigazzi, Duccio. "Esportazione e investimenti esteri: la Fiat sul mercato mondiale fino al 1940." *Fiat, 1899-1930: Storia e documenti*. Milano: Fabbri 1991.

Bigazzi, Duccio. "Mass Production or 'Organized Craftsmanship'?: The Post-War Italian Automobile Industry." *Americanization and Its Limits: Reworking US Technology and Management in Post-War Europe and Japan*. eds. Jonathan Zeitlin and Gary Herrigel. Oxford: Oxford University Press 2000.

Blim, Michael L. *Made in Italy: Small-Scale Industrialization and Its Consequences*. New York: Praeger 1990.

Bologna, Sergio. "A proposito di *Lavorare in Fiat* di Marco Revelli." *Movimento Operaio e Socialista*, vol. 1-2 (gennaio-agosto 1990).

Bonadé-Bottino, Vittorio. *Memorie di un borghese del Novecento*. Milano: Bompiani 2001.

Bonelli, Franco. "Il Capitalismo italiano: Linee generali di interpretazione." *Storia d'Italia annali 1: Dal feudalesimo al capitalismo*. eds. Ruggiero Romano and Corrado Vivanti. Torino: Einaudi 1978.

Brandes, Stuart D. *American Welfare Capitalism, 1880-1940*. Chicago: University of Chicago Press 1970.

Brody, David. *Workers in Industrial America*. New York: Oxford University Press 1980.

Brunello, Piero. "Interventi." *Schio e Alessandro Rossi: Imprenditorialità, politica, cultura e paesaggi sociali del secondo Ottocento*. ed. Giovanni Luigi Fontana. Roma: Edizioni di Storia e Letteratura 1985.

Bull, Anna and Paul Corner. *From Peasant to Entrepreneur: The Survival of the Fam-*

ily Economy in Italy. Providence and Oxford: Berg 1993.

Cafagna, Luciano. *Dualismo e sviluppo nella storia italiana.* Venezia: Marsilio 1989.

Cafagna, Luciano. "La Formazione del sistema industriale: Ricerche Empiriche e modelli di crescita." *Dall'Agricoltura all'Industria.* ed. Paul Corner. Milano: Unicopli 1992.

Caffè, Federico. "Aspetti strutturali ed evolutivi del sistema imprenditoriale italiano." *Un'Economia in ritardo.* Torino: Bollati Boringhieri 1976.

Caffè, Federico. *In difesa del "welfare state."* Torino: Rosenberg & Sellier 1986.

Cannistraro, Philip V. *La Fabbrica del consenso: Fascismo e mass media.* Roma: Laterza 1975.

Cannistraro, Philip V. ed. *Historical Dictionary of Fascist Italy.* Westport: Greenwood Press 1982.

Carnevali, Francesca. "A Review of Italian Business History from 1991 to 1997." *Business History*, vol. 40, no. 2 (April 1998).

Castronovo, Valerio. "La Grande industria: Giochi interni e linea di fondo." *Il Ponte* (ottobre 1970).

Castronovo, Valerio. Giovanni Agnelli. Torino: UTET 1971.

Castronovo, Valerio. "La Storia economica." *Storia d'Italia.* vol. 4/1. *Dall'Unità a oggi.* Torino: Einaudi 1975.

Castronovo, Valerio. *L'Industria italiana dall'Ottocento a oggi.* Milano: Oscar Mondadori 1980.

Castronovo, Valerio. *Torino.* Roma: Laterza 1987.

Castronovo, Valerio. *Storia d'Italia. Le Regioni dall'Unità ad oggi 1: Il Piemonte.* Torino: Einaudi 1995.

Castronovo, Valerio. *Fiat, 1899-1999: Un Secolo di storia italiana.* Milano: Rizzoli 1999.

Celli, Carlo ed. *Economic Fascism: Mussolini's Crony Capitalism.* Edinburgh: Axios Press 2013.

Chandler, Jr., Alfred D. *Strategy and Structure: Chapters in the History of the Industrial Enterprise.* Cambridge, Mass.: MIT Press 1962.

Chandler, Jr., Alfred D. *The Visible Hand: The Managerial Revolution in American Business.* Cambridge, Mass.: Harvard/Belknap 1977.

Chandler, Jr., Alfred D. ed. *Giant Enterprise.* New York: Arno Press 1980.

Chandler, Jr., Alfred D. *Scale and Scope: The Dynamics of Industrial Capitalism.* Cambridge, Mass.: Harvard/Belknap 1990.

Chandler, Jr., Alfred D. and Takashi Hikino. "The Large Industrial Enterprise and the Dynamics of Modern Economic Growth." *Big Business and the Wealth of Nations.* Cambridge, Eng.: Cambridge University Press 1997.

Chandler, Jr., Alfred D. Franco Amatori and Takashi Hikino. "Historical and Comparative Contours of Big Business." *Big Business and the Wealth of Nations.* Cambridge, Eng.: Cambridge University Press 1997.

Cianci, Ernesto. *Nascita dello Stato imprenditore in Italia.* Milano: Mursia 1977.

Clark, Martin. *Modern Italy 1871-1982.* London: Longman 1984.

Cohen, Jon S. "The 1927 Revaluation of the Lira: A Study in Political Economy." *The Economic History Review,* vol. 25, no. 4 (1972).

Cohen, Jon S. "Was Italian Fascism a Developmental Dictatorship?: Some Evidence to the Contrary." *The Economic History Review,* vol. 41, no. 1 (1988).

Colli, Andrea. *The History of Family Business 1850-2000.* Cambridge, Eng.: Cambridge University Press 2003.

Conti, Ettore. *Dal Taccuino di un borghese.* Bologna: Mulino 1986.

Contini, Giovanni. "Politics, Law and Shop Floor Bargaining in Postwar Italy." *Shop Floor Bargaining and the State.* eds. Steven Tolliday and Jonathan Zeitlin. Cambridge, Eng.: Cambridge University Press 1985.

Contini, Giovanni. "The Rise and Fall of Shop-Floor Bargaining at Fiat, 1945-1980." *The Automobile Industry and Its Workers: Between Fordism and Flexibility.* eds. Steven Tolliday and Jonathan Zeitlin. Cambridge, Eng.: Polity Press

1986.

Coppa, Frank J. ed. *Dictionary of Modern Italian History*. Westport: Greenwood Press 1985.

Corner, Paul. "Fascist Agrarian Policy and the Italian Economy in the Inter-War Years." *Gramsci and Italy's Passive Revolution*. ed. John A. Davis. London: Croom Helm 1979.

Corner, Paul. "Italy." *The Working Class and Politics in Europe and America, 1929–1945*. eds. Stephen Salter and John Stevenson. London: Longman 1990.

Corner, Paul. "Introduzione." *Dall'Agricoltura all'industria*. Milano: Unicopli 1992.

Corner, Paul. "The Road to Fascism: An Italian Sonderweg?" *Contemporary European History*, vol. 11, no. 2 (2002).

Crepax, Nicola. *Storia dell'industria in Italia: Uomini, imprese e prodotti*. Bologna: Mulino 2002.

d'Orsi, Angelo. *La Cultura a Torino tra le due guerre*. Torino: Einaudi 2000.

d'Orsi, Angelo ed. *La Città, la storia, il secolo: Cento anni di storiografia a Torino*. Bologna: Mulino 2001.

Dalzell, Jr., Robert. *Enterprising Elite: The Boston Associates and the World They Made*. Cambridge, Mass.: Harvard University Press 1987.

Davis, John A. "Remapping Italy's Path to the Twentieth Century." *The Journal of Modern History*, vol. 66, no. 2 (June 1994).

Davis, John A. "Entrepreneurs and Economic Growth: The Case of Italy." *Enterprise and Labor: From the Eighteenth Century to the Present*. eds. Peter Mathias and John A. Davis. Cambridge, Eng.: Blackwell 1996.

De Felice, Renzo. *Mussolini il duce I: Gli Anni del consenso, 1929–1936*. Torino: Einaudi 1974.

De Felice, Renzo. *Fascism: An Informal Introduction to Its Theory and Practice*. An Interview with Michael A. Ledeen. New Brunswick: Transaction Books 1977.

De Felice, Renzo. *Il Fascismo: Le Interpretazioni dei contemporanei e degli storici*. 2nd edition. Bari: Laterza 1998.

De Felice, Renzo. "Italian Fascism and the Middle Classes." *Who Were the Fascists: Social Roots of European Fascism.* eds. Stein Ugelvik Larsen et. al. Bergen: Universitetsforlaget 1980.

De Grazia, Victoria. *The Culture of Consent: Mass Organization of Leisure in Fascist Italy.* Cambridge, Eng.: Cambridge University Press 1981.

De Ianni, Nicola. *Gli Affari di Agnelli e Gualino, 1917-1927.* Napoli: Prismi 1998.

De Luna, Giovanni. "Storiografiat." *Belfagor,* no. 4 (luglio 1984).

Dewerpe, Alain. "Verso l'Italia industriale." *Storia dell'economia italiana: L'Età contemporanea, un paese nuovo.* ed. Ruggiero Romano. Torino: Einaudi 1991.

Fauri, Francesca. "The Role of Fiat in the Development of the Italian Car Industry in the 1950s." *Business History Review,* vol. 70, no. 2 (Summer 1996).

Federico, Giovanni. "Italy, 1860-1940: A Little-Known Success Story." *The Economic History Review,* vol. 49, no. 4 (1996).

Ferrante, Marco. *Casa Agnelli: Storie e personaggi dell'ultima dinastia italiana.* Milano: Oscar Mondadori 2007.

Firpo, Luigi. *Gente di Piemonte.* Milano: Mursia 1983.

Forsyth, Douglas J. *The Crisis of Liberal Italy: Monetary and Financial Policy, 1914-1922.* Cambridge, Eng.: Cambridge University Press 1993.

Franck, Louis. *Il Corporativismo e l'economia dell'Italia fascista.* ed. Nicola Tranfaglia. Torino: Bollati Boringhieri 1990.

Franzina, Emilio. "Alle Origini dell'Italia industriale: Ideologia e impresa in A. Rossi." *Classe,* no. 4 (1971).

Franzina, Emilio. *La Transizione dolce: Storie del Veneto tra '800 e '900.* Verona: Cierre 1991.

Friedman, Alan. *Agnelli and the Network of Italian Power.* London: A. Mandarin Paperbacks 1988.

Fumian, Carlo. *La Città del lavoro: Un'Utopia agroindustriale nel Veneto contempora-*

334

neo. Venezia: Marsilio 1990.

Galli della Loggia, Ernesto. *L'Identità italiana*. Bologna: Mulino 1998.

Galli della Loggia, Ernesto. "La Fiat e L'Italia." *Grande impresa e sviluppo italiano:
Studi per i cento anni della Fiat*. eds. Cesare Annibaldi and Giuseppe Berta.
Bologna: Mulino 1999.

Genovese, Eugene D. *Roll, Jordan, Roll: The World the Slaves Made*. New York: Vin-
tage Books 1972.

Gentile, Emilio. "Fascism in Power: The Totalitarian Experiment." *Liberal and Fas-
cist Italy: Short Oxford History of Italy*. ed. Adrian Lyttelton. Oxford: Oxford
University Press 2002.

Gershenkron, Alexander. *Economic Backwardness in Historical Perspective*. Cam-
bridge, Mass.: Harvard University Press 1962.

Giacosa, Dante. *I miei 40 anni di progettazione alla Fiat*. Milano: Automobilia 1979.

Goody, Jack. *The East in West*. Cambridge, Eng.: Cambridge University Press 1996.

Gramsci, Antonio. *Quaderni del carcere*, vol. I-IV. ed. Valentino Gerratana. Torino:
Einaudi 1975.

Greenfield, Kent R. review of Rosario Romeo, *Risorgimento e capitalismo*. *The Amer-
ican Historical Review* 65: 3 (1960).

Gregor, A. James. "Fascism and Modernization: Some Addenda." *World Politics*,
vol. 26, no. 3 (April 1974).

Gregor, A. James. "Professor Renzo De Felice and the Fascist Phenomenon." *World
Politics*, vol. 30, no. 3 (April 1978).

Gregor, A. James. *Interpretations of Fascism*. 2nd ed. New Brunswick: Transaction
Publishers 2000.

Gribaudi, Maurizio. *Mondo operaio e mito operaio: Spazi e percorsi sociali a Torino
nel primo Novecento*. Torino: Einaudi 1987.

Griffin, Roger ed. *International Fascism: Theories, Causes and the New Consensus*.
London: Oxford University Press 1998.

Guarneri, Felice. *Battaglie economiche fra le due guerre*. Bologna: Mulino 1988.

Guiotto, Luigi. *La Fabbrica totale: Paternalismo industriale e città sociali in Italia*. Milano: Feltrinelli 1979.

Herf, Jeffrey. *Reactionary Modernism: Technology, Culture, and Politics in Weimar and the Third Reich*. Cambridge, Eng.: Cambridge University Press 1984.

Hounshell, David A. *From the American System to Mass Production, 1800-1932: The Development of Manufacturing Technology in the United States*. Baltimore: The Johns Hopkins University Press 1984.

Hughes, H. Stuart. *The United States and Italy*. 2nd ed. New York: The Norton Library 1968.

Hunecke, Volker. *Classe operaia e rivoluzione industriale a Milano, 1859-1892*. Bologna: Mulino 1982.

James, Harold. *Family Capitalism: Wendels, Haniels, Falcks, and the Continental European Model*. Cambridge, Mass.: The Belknap Press of Harvard University Press 2006.

Jocteau, Gian Carlo. "Torino e il fascismo." *Torino dal fascismo alla repubblica. Storia illustrata di Torino*. ed. Valerio Castronovo. Milano: Elio Sellino 1993.

Jones, Geoffrey. *Merchants to Multinationals: British Trading Companies in the Nineteenth and Twentieth Centuries*. Oxford: Oxford University Press 2000.

Jones, Geoffrey and Mary B. Rose. "Family Capitalism." *Family Capitalism*. eds. Geoffrey Jones and Mary B. Rose. New York: Routledge 2012.

Lanaro, Silvio. "Genealogia di un modello." *Storia d'Italia. Le Regioni dall' Unità ad oggi 2: Il Veneto*, ed. Silvio Lanaro. Torino: Einaudi 1984.

Lanaro, Silvio. *L'Italia nuova: Identità e sviluppo, 1861-1988*. Torino: Einaudi 1988.

Lanaro, Silvio. *Nazione e lavoro: Saggio sulla cultura borghese in Italia, 1870-1925*. Venezia: Marsilio 1988.

Landes, David S. "What do Bosses Really do?" *The Journal of Economics History*, vol. 46, no. 3 (1986).

336

Landes, David S. "Small is Beautiful. Small is Beautiful?" *Piccola e grande impresa: un problema storico.* Milano: Franco Angeli 1987.

Landes, David S. "L'Automobile e lo sviluppo industriale." *Grande impresa e sviluppo italiano: Studi per i cento anni della Fiat.* eds. Cesare Annibaldi and Giuseppe Berta. Bologna: Mulino 1999.

Landes, David S. *Dynasties: Fortunes and Misfortunes of the World Great Family Businesses.* New York: Penguin Books 2006.

Lazonick, William. *Business Organisation and the Myth of the Market Economy.* Cambridge, Eng.: Cambridge University Press 1991.

Levi, Fabio. *L'Idea del buon padre.* Torino: Rosenberg & Sellier 1984.

Levi, Giovanni. *Inheriting Power: The Story of an Exorcist.* tr. Lydia Cochrane. Chicago: University of Chicago Press 1988.

Levra, Umberto and Nicola Tranfaglia eds. *Torino fra liberalismo e fascismo.* Milano: Franco Angeli 1987.

Locke, Richard M. *Remaking the Italian Economy.* Ithaca: Cornell University Press 1995.

Lyttelton, Adrian. *The Seizure of Power: Fascism in Italy, 1919-1929.* Princeton: Princeton University Press 1973.

Mack Smith, Denis. *Italy: A Modern History.* Ann Arbor: University of Michigan Press 1959.

Mack Smith, Denis. *Mussolini: A Biography.* New York: Vintage Books 1983.

Magliaretta, Leopoldo. "Pellegrino, carpone, purchè si vada: Sviluppo economico e opzione politica nel pensiero di Fedele Lampertico." *La Scienza moderata: Fedele Lampertico e l'Italia liberale.* ed. Renato Camurri. Milano: Franco Angeli 1992.

Maier, Charles S. "Some Recent Studies of Fascism." *The Journal of Modern History,* vol. 48, no. 3 (1976).

Maier, Charles S. *In Search of Stability: Explorations in Historical Political Economy.*

Cambridge, Eng.: Cambridge University Press 1987.

Maier, Charles S. *Recasting Bourgeois Europe: Stabilization in France, Germany, and Italy in the Decade after World War I.* 2nd ed. Princeton: Princeton University Press 1988.

Mandell, Nikki. *The Corporation as Family: The Gendering of Corporate Welfare, 1890-1930.* Chapel Hill and London: The University of North Carolina Press 2002.

Marangon, Massimiliano. "Il Recupero mito-logico del modo di produzione germanico e le basi etnoculturali della modernizzazione rossiana." *Schio e Alessandro Rossi: Imprenditorialità, politica, cultura e paesaggi sociali del secondo Ottocento.* ed. Giovanni Luigi Fontana. Roma: Edizioni di Storia e Letteratura 1985.

Marglin, Stephen A. "What do Bosses do?: The Origins and Functions of Hierarchy in Capitalist Production." *Review of Radical Political Economics*, vol. 6, no. 2 (1974).

Mason, Tim. "The Primacy of Politics: Politics and Economics in National Socialist Germany." *The Nature of Fascism.* ed. S. J. Woolf. New York: Random House 1968.

Mason, Tim. "Italy and Modernization: A Montage." *History Workshop Journal*, vol. 25 (Spring 1988).

Melograni, Piero. *Gli Industriali e Mussolini: Rapporti tra Confindustria e fascismo dal 1919 al 1929.* Milano: Longanesi 1972.

Merlini, Giovanni. *Il Passato, il presente e l'avvenire della industria manifatturiera in Lombardia.* Milano: Libreria di Francesco Sanvito 1857.

Meyer III, Stephen. *The Five Dollar Day: Labor Management and Social Control in the Ford Motor Company, 1908-1921.* Albany: State University of New York Press 1981.

Ministero per la Costituente. *Rapporto della Commissione Economica presentato all'Assemblea Costituente II:* Industria. Roma: Istituto Poligrafico dello Stato 1946.

Montagnana, Mario. *Ricordi di un operaio torinese.* Roma: Rinascita 1952.

Mosse, George L. ed. *International Fascism: New Thoughts and New Approaches.* London: SAGE Publications 1979.

Muehlebach, Andrea. *The Moral Neoliberal: Welfare and Citizenship in Italy.* Chicago: The University of Chicago Press 2012.

Musso, Stefano. *Gli Operai di Torino, 1900-1920.* Milano: Feltrinelli 1980.

Musso, Stefano. "La Famiglia operaia." *La Famiglia italiana dall'Ottocento a oggi.* ed. Piero Melograni. Roma: Laterza 1988.

Musso, Stefano. *Storia del lavoro in Italia dall'Unitàa oggi.* Venezia: Marsilio 2002.

Olmo, Carlo ed. *Il Lingotto, 1915-1939: l'Architettura, l'immagine, il lavoro.* Torino: Umberto Allemandi 1994.

Olmo, Carlo ed. *Mirafiori, 1936-1962.* Torino: Umberto Allemandi 1997.

Ori, Angiolo Silvio. *Storia di una dinastia: Gli Agnelli e la Fiat.* Roma: Riuniti 1996.

Painter, Jr., Borden W. "Renzo De Felice and the Historiography of Italian Fascism." *The American Historical Review*, vol. 95, no. 2 (April 1990).

Passerini, Luisa. *Fascism in Popular Memory: The Cultural Experience of the Turin Working Class.* Cambridge, Eng.: Cambridge University Press 1987.

Passerini, Luisa and Marcella Filippa. "Memorie di Mirafiori." *Mirafiori, 1936-1962.* ed. Carlo Olmo. Torino: Umberto Allemandi 1997.

Passmore, Kevin. "Theories of Fascism: A Critique from the Perspective of Women's and Gender History." *Rethinking the Nature of Fascism: Comparative Perspectives.* ed. António Costa Pinto. New York: Palgrave Macmillan 2011.

Payne, Stanley G. *A History of Fascism, 1914-1945.* Madison: The University of Wisconsin Press 1995.

Perrone, Nico. *Enrico Mattei.* Bologna: Mulino 2001.

Petri, Rolf. *Storia economica d'Italia.* Bologna: Mulino 2002.

Piore, Michael J. and Charles F. Sabel. *The Second Industrial Divide: Possibilities for Prosperity*. New York: Basic Books 1984.

Pistone, Sergio. "Italian Political Parties and Pressure Groups in the Discussion on European Union." *Documents on the History of European Integration 3: The Struggle for European Union by Political Parties and Pressure Groups in Western European Countries 1945-1950*. eds. Walter Lipgens and Wilfried Loth. Berlin and New York: Walter de Gruyter 1988.

Procacci, Giuliano. *History of the Italian People*. London: Weidenfeld and Nicolson 1970.

Puccio, Umberto. "Carlo Cattaneo storico ed ideologo della borghesia e dello sviluppo capitalistico." *Studi Storici*, no. 4 (1970).

Rabellotti, Roberta. *External Economies and Cooperation in Industrial Districts: A Comparison of Italy and Mexico*. New York: Macmillan Press Ltd. 1997.

Ramella, Franco. *Terra e telai: Sistemi di parentela e manifattura nel Biellese dell'Ottocento*. Torino: Einaudi 1984.

Revelli, Marco. *Lavorare in Fiat*. Milano: Garzanti 1989.

Riall, Lucy. *Risorgimento: The History of Italy from Napoleon to Nation State*. New York: Palgrave Macmillan 2009.

Romanelli, Raffaele. "Political Debate, Social History and the Italian 'borghesia'." *The Journal of Modern History*, vol. 63, no. 4 (December 1991).

Romano, Roberto. *I Caprotti: l'Avventura economica e umana di una dinastia industriale della Brianza*. Milano: Franco Angeli 1980.

Romano, Roberto. *I Crespi: Origini, fortuna e tramonto di una dinastia lombarda*. Milano: Franco Angeli 1985.

Romano, Roberto. "Romagnosi, Messedaglia, la 'scuola lombardo-veneta': La Costruzione di un sapere sociale." *La Scienza moderata: Fedele Lampertico e l'Italia liberale*. ed. Renato Camurri. Milano: Franco Angeli 1992.

Romeo, Rosario. *Risorgimento e capitalismo*. Bari: Laterza 1959.

Romeo, Rosario. *Breve storia della grande industria in Italia, 1861-1961*. Bologna: Cappelli 1961.

Rossi, A.(Angelo Tasca). *The Rise of Italian Fascism, 1918-1922*. London: Methuen 1938.

Rossi, Ernesto. *I Padroni del vapore*. Bari: Laterza 1955.

Rugafiori, Paride. "Il Manager demiurgo." *Studi Storici*, no. 26 (gennaio-marzo 1985).

Rugafiori, Paride. *Rockefeller d'Italia: Gerolamo Gaslini Imprenditore e Filantropo*. Roma: Donzelli Editore 2009.

Sabel, Charles F. and Jonathan Zeitlin. "Historical Alternatives to Mass Production: Politics, Markets and Technology in Nineteenth Century Industrialization." *Past & Present*, vol. 108 (1985).

Sapelli, Giulio. *Fascismo, grande industria e sindacato: Il caso di Torino, 1929/1935*. Milano: Feltrinelli 1975.

Sarti, Roland. "Fascist Modernization in Italy: Traditional or Revolutionary?" *The American Historical Review*, vol. 75, no. 4 (April 1970).

Sarti, Roland. *Fascism and the Industrial Leadership in Italy, 1919-1940: A Study in the Expansion of Private Power under Fascism*. Berkeley: University of California Press 1971.

Segreto, Luciano. "Entrepreneurs and the Fascist Regime in Italy: From the Honeymoon to the Divorce." *Enterprise in the Period of Fascism in Europe*. eds. Harold James and Jakob Tanner. Aldershot: Ashgate 2002.

Segreto, Luciano. *I Feltrinelli: Storia di una dinastia imprenditoriale 1854-1942*. Milano: Feltrinelli 2011.

Sereni, Emilio. *Il Capitalismo nelle campagne 1860-1900*. Torino: Einaudi 1968.

Sewell, Jr., William H. "Crooked Line." *The American Historical Review*, vol. 113, no. 2 (2008).

Spadolini, Giovanni. *Gli Uomini che fecero l'Italia*. Milano: Longanesi 1971.

Spirito, Ugo. *Il Corporativismo*. Firenze: Sansoni 1970.

Supple, Barry. "Scale and Scope: Alfred Chandler and the Dynamics of Industrial Capitalism." *The Economic History Review*, vol. 44, no. 3 (1991).

Sylla, Richard and Gianni Toniolo eds. *Patterns of European Industrialization: The Nineteenth Century*. London: Routledge 1991.

Thompson, Edward P. *The Poverty of Theory & Other Essays*. New York and London: Monthly Review Press 1978.

Thompson, Edward P. *Customs in Common*. London: Penguin Books 1991.

Togliatti, Palmiro. *Lectures on Fascism*. International Publishers 1976.

Tolliday, Steven and Jonathan Zeitlin. "Introduction: Employers and Industrial Relations between Theory and History." *The Power to Manage?: Employers and Industrial Relations in Comparative-Historical Perspective*. London: Routledge 1991.

Tone, Andrea. *The Business of Benevolence: Industrial Paternalism in Progressive America*. Ithaca: Cornell University Press 1997.

Toniolo, Gianni. *An Economic History of Liberal Italy 1850–1918*. London and New York: Routledge 1990.

Tranfaglia, Nicola. *Labirinto italiano: Il Fascismo, l'antifascismo, gli storici*. Firenze: Nuova Italia 1989.

Tranfaglia, Nicola. *La Prima guerra mondiale e il fascismo*. Milano: TEA 1995.

Tranfaglia, Nicola. "Consenso e no per Renzo De Felice." *Il Ponte*, no. 6 (giugno 1996).

Tranfaglia, Nicola. *Un Passato scomodo: Fascismo e postfascismo*. Roma: Laterza 1996.

Tranfaglia, Nicola. *Fascismi e modernizzazione in Europa*. Torino: Bollati Boringhieri 2001.

Trento, Sandro. *Il Capitalismo italiano*. Bologna: Mulino 2012.

Tullio-Altan, Carlo. *Nostra Italia: Arretratezza socioculturale, clientelismo, trasformismo e ribellismo dall'unità ad oggi*. Milano: Feltrinelli 1986.

Turani, Giuseppe. *L'Avvocato, 1966-1985: Il Capitalismo italiano fra rinuncia e ripresa*. Milano: Sperling & Kupfer Editori 1985.

Turner, Jr., Henry A. "Fascism and Modernization." *World Politics*, vol. 24, no. 4 (1972).

Welk, William G. *Fascist Economic Policy*. Cambridge, Mass.: Harvard University Press 1938.

Woolf, S. J. "Did a Fascist Economic System exist?" *The Nature of Fascism*. ed. S. J. Woolf. New York: Random House 1968.

Yanagisako, Sylvia Junko. *Producing Culture and Capital: Family Firms in Italy*. Princeton and Oxford: Princeton University Press 2002.

Zamagni, Vera. *The Economic History of Italy, 1860-1990*. Oxford: Clarendon Press 1993.

Zunz, Olivier. *Philanthropy in America: A History*. Princeton: Princeton University Press 2012.

그람시, 안토니오 『옥중수고 I: 정치 편』. 이상훈 옮김. 거름 1993.

그람시, 안토니오 『옥중수고 II: 철학·역사·문화 편』. 이상훈 옮김. 거름 1993.

듀건, 크리스토퍼 『미완의 통일 이탈리아사』. 김정하 옮김. 개마고원 2001.

베버, 막스 『프로테스탄티즘의 윤리와 자본주의 정신』. 박성수 옮김. 문예출판사 1996.

브레이버맨, 해리 『노동과 독점자본: 20세기에서의 노동의 쇠퇴』. 이한주·강남훈 옮김. 제6판. 까치 1998.

비숍, 매튜, 마이클 그린 『박애자본주의』. 안진환 옮김. 사월의 책 2010.

슘페터, 요셉 『경제발전의 이론: 기업가 이윤, 자본, 신용, 이자, 경기순환에 관한 연구』. 박영호 옮김. 박영률출판사 2005.

심상완 「이태리 피아트자동차의 구조조정과 노사관계」. 『구조조정의 정치: 세계 자동차산업의 합리화와 노동』. 조돈문 외. 문화과학사 1999.

엥달, 윌리엄 『석유 지정학이 파헤친 20세기 세계사의 진실: 영국과 미국의 세계 지배체제와 그 메커니즘』. 서미석 옮김. 길 2007.

월러스틴, 이매뉴얼 외『자본주의는 미래가 있는가』. 성백용 옮김. 창비 2014.

윌리엄스, 레이먼드『시골과 도시』. 이현석 옮김. 나남 2013.

장문석『민족주의 길들이기: 로마 몰락에서 유럽 통합까지 다시 쓰는 민족주의의 역사』. 지식의풍경 2007.

장문석「파시즘과 근대성: 미국주의에 대한 인식과 표상을 중심으로」.『지중해지역연구』 10권 4호(2008).

장문석『피아트와 파시즘: 기업은 국가를 어떻게 활용했는가』. 지식의풍경 2009.

장문석「19세기 롬바르디아-베네토의 좋은 아버지의 이념: 로마뇨시(Gian Domenico Romagnosi)에서 로시(Alessandro Rossi)까지」.『대구사학』 100권 (2010).

장문석「기업가의 사회적 이상: 비토리오 발레타의 경우」.『역사와 담론』 62집 (2012).

장문석「파시스트 이탈리아의 엘리트 갈등과 국가 구성: 토리노의 파시스트들과 기업가들, 1922~1929」.『대구사학』 113권(2013).

장문석「가족기업의 개념과 역사: 이탈리아의 경우를 중심으로」.『대구사학』 118권(2015).

장문석「이탈리아의 가족 자본주의와 '부덴브로크 신드롬': 롬바르디아의 경우를 중심으로」.『서양사연구』 52집(2015).

콘, 마거릿『래디컬 스페이스: 협동조합, 민중회관, 노동회의소』. 장문석 옮김. 삼천리 2013.

톰슨, 에드워드 파머『이론의 빈곤』. 변상출 옮김. 책세상 2013.

Putnam, Robert D.『사회적 자본과 민주주의』. 안청시 외 옮김. 박영사 2000.

폴라니, 칼『거대한 변환: 우리시대의 정치적·경제적 기원』. 박현수 옮김. 민음사 1991.

하일브로너, 로버트 L., 윌리엄 밀버그『자본주의: 어디서 와서 어디로 가는가』. 홍기빈 옮김. 미지북스 2010.

허쉬먼, 앨버트 O.『열정과 이해관계』. 김승현 옮김. 나남 1994.

홉스봄, 에릭『극단의 시대: 20세기 역사』. 이용우 옮김. 까치 1997.

홍하상『유럽 명품 기업의 정신』. 을유문화사 2013.

후쿠야마, 프랜시스『트러스트: 사회도덕과 번영의 창조』. 구승회 옮김. 한국경제
　　신문사 1996.

356